本书出版得到河北省教育厅人文社科重点研究基地
——河北大学政府管理与公共政策研究中心资助

日本大学校发展研究

王文利　著

人民出版社

序　言

呈现在读者诸君面前的这部《日本大学校发展研究》，是王文利教授在其博士学位论文基础上，经过精心修改而成的。作为文利攻读博士学位期间的指导教师，看到他能够将博士学位论文付梓出版，我深感欣慰。

本书探讨的是在日本现代职业训练领域扮演重要角色的独特机构——大学校的发展历程。上世纪 90 年代至本世纪初，我曾多次赴日本做访问学者，其时便对日本发达的现代职业训练有了深刻印象。言其发达，一方面体现于完备的职业训练法律法规体系，另一方面更体现于其极富特色的职业训练机构，而大学校当属其中的典型代表。自二战结束以来，以高等职业训练为主要职能的大学校充分发挥其办学优势，为日本的经济腾飞和社会各领域的发展输送了大量高级实用人才，并促成了日本高等教育多元格局的形成。鉴于大学校在日本现代职业训练体系中的重要地位，及其在推动日本经济社会发展和高等教育多元格局形成中所发挥的独特作用，以日本大学校为对象进行系统研究，特别是从教育史的角度对日本大学校的发展历程开展针对性研究，无疑具有较高的学术价值和现实意义。

然而颇为遗憾的是，受种种因素制约，无论是日本本土，还是我国学界，有关日本大学校发展史的研究在很长一段时期内都几乎是空白。为在此方面有所突破，2006 年文利开始攻读博士学位以后，经过我们长期的深入交流和酝酿，最终决定将日本大学校的历史发展作为他的博士论文选题。让人感到欣慰的是，文利博士克服种种困难（试举一例，由于国内有关日本大学校的原始资料寥寥无几，为此文利曾利用赴日短期访问的机会，先后考察了十余所大学校，搜集到大量珍贵的一手史料），完成了博士论文的撰写，并顺利通过了毕业答辩。在答辩时，与会专家对论文给予了充分肯定和高度认可。此后,文利并未停止在此领域的研究,而是结合有关专家的建议,在进一步整理、消化文献史料的基础上,对论文进行了近乎苛刻的修改和完善。可以说,呈现在读者面前的这部著作,凝聚了文利的大量心血,也充分体现出文利在学术研究上的执着与坚持。

本书采用纵向梳理与横向分析交叉的方式,对近代以来特别是二战之后日本大学校的演进历程和发展现状进行系统阐述,并结合个案剖析与比较研究,深入分析了日本大学校发展的历史经验、基本特征和影响因素,较为系统地呈现出日本大学校的整体图景。具体内容包括如下五个方面:

其一,作者对大学校自明治维新创立以来的发展进程进行了较为全面细致的梳理。本书将大学校的发展演变分为五个阶段,即:明治初期日本大学校的设立及调整、明治中期以后日本大学校的衰微与存续、战后日本经济恢复时期大学校的重建与转型、日本经济高速增长时期大学校的扩充与快速发展、日本经济低迷时期大学校的变革与发展,分阶段对不同时期大学校的具体发展实践和阶段性特征进行了客观呈现。

其二,在历史梳理的基础上,作者对当代日本大学校的现状特征进行全方位和多角度的分析解读,内容涉及大学校的目标定位、教育对象、师资构成、类型结构、区域布局以及管理体制等,有助于读者进一步把握日本大学校的现实特征。

第三,作者基于整体与个体相结合的研究范式,选取日本大学校群中最具代表性的职业能力开发综合大学校、警察大学校、防卫大学校等三所大学校为个案,对各校的历史变迁、课程设置和教育训练方法等进行详细考察,借以充分分析日本大学校的职业训练理念及办学模式。

第四,在当今各国的教育体系中,大学校不独为日本所有,法国也有同一称谓的教育机构(法语称之为"grande école")。那么,两国的大学校究竟有何异同?为厘清这两者的内在关系,作者采取比较研究的方法,从本质属性、类型结构、层次结构、招生选拔、培养模式等多方面对法、日两国的大学校进行了深入的对比分析。这种研究不但有助于廓清有关两国大学校关系的认识,同时也进一步提升了大学校研究的广度和高度。

第五,在历史研究和比较研究的基础上,作者还对日本大学校的发展历程进行了颇有深度的历史反思,全面探讨了日本大学校的地位作用、基本特征、影响因素以及存在的现实问题,总结了日本大学校的发展经验。

研究教育史的目的,在于解释现实教育问题,而解释的真正目的在于汲取经验教训、关照现实。当前我国高等教育正处于变革转型的关键时期,改革的目的在于改变高等学校"同质化"现象,解决高层次应用型人才短缺问题。本书通过对日本大学校发展史的系统研究,揭示了日本在培养高层次应用型人才方面的体制机制和模式特征,可为我国高等教育的转型改革、路径选择以及培养模式等提供有益的借鉴和启示。

当然,由于作者选择的是日本大学校这一颇具挑战性的研究对象,研究难度大,特别是文献资料相对匮乏,因此书中不免存在诸多瑕疵和不足,尤其在相关数据统计和历史研究方面缺乏应有的准确和细腻。这些瑕疵和不足还有待读者诸君的指正。不过,瑕不掩瑜,作为国内首部以日本大学校发展史为主题的学术专著,文利的这部著作达到了预期的研究目的,整体上是值得肯定和鼓励的。

在本书出版之际,我真诚地希望文利博士能以此为契机,进行深入持续研究,产出系列成果,为教育史学科的发展贡献自己的一份力量。

是为序。

李文英

2015 年 8 月于

河北大学紫园

（本序作者为河北大学教育学院教授、博士生导师李文英）

目　　录

绪　论

一、研究缘起

日本历史长河奔腾流急,而在每一个历史转折点,这个国家都展现出一种新的面貌。[①] 19 世纪 60 年代,当东方一系列国家相继沦为殖民地、半殖民地时期,处于东亚一隅的日本借助明治维新而跃居世界列强之列;二战之后,因战争失败而使国家几乎陷于崩溃境地的日本再次伺机而起,成为世界经济强国。近代以来日本的两次崛起,是世界史上的一个非常值得关注的现象。世界各国学者曾从政治、经济、文化、教育、民族特性乃至特殊的自然环境等不同角度对这一现象进行了全方面解读。尽管结论不一,但至少有一点得到了各国学者的广泛认同,即明治维新以来日本所奉行的"教育先行"发展战略是促成其民族崛起和国家强盛的关键因素。正如日本原文部大臣荒木万寿夫所说的那样:"明治至今,我国的社会和经济发展,特别是战后经济发展的速度惊人,为世界所注视,造成此种情况的重要原因,可归结为教育的普及与发达。"[②]日本著名经济学家大来佐武郎也说:"发展教育、培养人才是建立现代化经济的第一要素,必须造就大量有知识有能力的人才,这是发展经济的重要基础和保证。"[③]

近代以来日本的发展进程始终与教育改革相伴而行。日本近(现)代化进程在宏观上可以划分为三个阶段:明治维新至二战结束的近代产业化阶段;战后至 20 世纪 80 年代的高度产业化阶段;20 世纪 80 年代以来向后

---

① 〔美〕埃德温·赖肖尔:《日本人》,孟胜德译,上海译文出版社 1980 年版,第 1 页。
② 〔日〕日本文部省调查局:《日本经济发展与教育》,吉林人民出版社 1978 年版,序言。
③ 李永连:《战后日本人力开发与教育》,河北人民出版社 1993 年版,第 94 页。

1

工业化过渡的富裕社会阶段。① 在不同阶段,均有大规模的教育改革与之随行。在第一阶段,1872 年日本颁布《学制令》,创立近代学制。后历经《教育令》《改正教育令》《第二次改正教育令》三次改革实验,到 1886 年颁布《学校令》,日本确立了比较完备的国民教育制度,为"殖产兴业""富国强兵""文明开化"三大国策的实施提供了有力保证,促使日本快速走上资本主义道路。第二次世界大战后,在美国的主持下,日本开始进行民主化改革,教育改革亦是其重要组成部分。政府相继颁布了《教育基本法》和《学校教育法》,扭转了学校教育的理念、价值和方向,摈弃了军国主义教育,确立了现代民主教育制度,从而使日本经济得以在 20 世纪五六十年代迅速崛起,步入世界经济强国之列。20 世纪 80 年代以来,新技术革命及其引发的新产业革命和经济转型向纵深发展,日本为了全面推进"科学技术创造立国"的战略构想,开始了"第三次教育改革",改革的力度、深度和广度都可谓空前,且改革更加注重基础性、开放性、创造性和国际性,尤其是把培养创新人才、提高知识创新和技术创新能力作为改革的思维基点,以此适应知识经济时代的人才需求。

纵观日本教育(近)现代化进程,日本始终将高等教育作为优先发展的战略重点和方向。1869 年大学校的设立,揭开了日本高等教育近代化的序幕。其后,随着日本高等教育的演进,"大学校"这一称谓几度存废,职能几经变更,反映出日本高等教育改革与发展的轨迹,折射出日本高等教育理念的变迁。

在日本,大学校的称谓最早出现于 1869 年(明治二年),当时,明治政府颁布政令,在昌平学校(1868 年 6 月建立)的基础上成立"大学校",该校既有教学职能,同时又是全国最高教育行政领导机关。② 翌年,大学校作为全国最高教育行政领导机关的角色被新成立的文部省所取代,成为单纯的教学机构。明治初期,日本近代产业极度落后且发展缓慢。为扭转这一局

---

① 田晓虹:《日本现代化进程中的家庭关系嬗变》,《日本学刊》2004 年第 1 期,第 89 页。

② 贺国庆等:《外国高等教育史》,人民教育出版社 2003 年版,第 331 页。

面,明治政府推行"殖产兴业"政策,大力引进西方近代产业和先进技术。产业移植和发展资本主义经济急需一大批技术人才和管理人才。为此,日本明治政府积极推进高等教育改革,1877 年将东京开成学校与东京医学校合并,改称为"东京大学",设立法、理、文、医四个学部,成为日本近代教育史上的第一所大学。同时,从 19 世纪 70 年代起,日本政府各省厅开始创办专门的职业教育训练机构,如工学寮(1877 年改为工部大学校)、农业学校、商业学校、商船学校等。1886 年《帝国大学令》颁布后,工部大学校并入帝国大学,以此为标志,大学校彻底退出了日本国民教育体系。但是在军事教育领域,大学校这种教育机构类型仍以陆军大学校和海军大学校的形式得以保留,并延续至二战终止。

二战结束之后,在美国的指导下,日本进行民主化改革,废除了传统文官制度,建立起现代公务员制度。现代公务员制度的实施迫切需要建立与之相应的公务员选拔、培养、培训制度,以提高公务员的整体素质能力。公务员职业训练的兴起,为大学校的重建与转型提供了历史契机。1948 年,日本国家安全委员警察厅将中央警察学校升格为警察大学校,以此为标志,日本大学校的发展进入到新的历史阶段。20 世纪 50 年代,日本各省厅陆续建立一批直属的"文教设施"机关,初步形成了有一定规模、以公务员教育和训练为主要特征的大学校群。

日本政治体制改革的同时,经济的恢复与发展也引发了面向各产业的职业训练活动的兴起。由此,职业教育和职业训练开始分化,职业训练作为一个独立的系统迅速发展起来。1947 年,日本政府相继制定《劳动基准法》和《职业安定法》,奠定了战后日本职业训练的基础。1958 年,日本颁布《职业训练法》,这是日本职业训练的基本法。根据该法日本设立了面向产业发展培养高度技能者的中央职业训练所(1965 年改为职业训练大学校)。20 世纪 70 年代,日本政府对《职业训练法》进行了多次修订,明确公共职业训练和企业职业训练的分工,增设职业训练短期大学校和技能开发中心,大学校呈现出多样化发展的特征。20 世纪 80 年代,日本经济进入结构调整时期,对职业训练提出了新的要求,日本政府遂于 1985 年公布了《职业能力开发促进法》,以取代原来的《职业训练法》。新法案突破了原来狭义的职业训练的范畴,致力于更广泛的职业能力开发的促进工作。《职业能力开发促进法》颁布后,日本政府又在20世纪八九十年代对其进行了多次修订和完善,逐步构建起了面向21世纪的终身职业能力开发体系。在这一进程中,大学校其因在职业训练中的特殊地位和为特殊行业、特殊领域培养专门人才的职能,一直发挥着重要的示范和引领作用。

综上所述,大学校的产生和发展几乎伴随近代以来日本教育现代化的主要进程,折射出日本高等教育理念的变迁。从明治初期开展精英教育,到19世纪80年代以后为日本培养军事及相关领域人才(尽管在一定程度上助长了日本的军国主义,但仅就学校的育人功能而言,大学校的人才培养效率仍值得肯定),再到二战后通过高级职业训练为日本政治民主化改革和经济快速发展提供优质人才,成为日本在经济高速发展时期人力资源开发和职业能力建设的重要途径。大学校的历史演变展示了这一学校类型的独特功能,其在日本教育史上的地位、作用和价值值得人们关注、研究。这是笔者选择日本大学校发展史作为研究课题的基本动机。

二、研究意义

在日本近代以来高等教育的发展演变过程中,大学校是一个非常特殊的历史现象。这种特殊性表现在大学校在日本高等教育发展史上所具有特殊的历史地位、特殊的历史使命和特殊的职能作用。但是,由于大学校发展的复杂性以及其"非主流教育"的属性,并没有引起国内外教育史学界足够的关注,日本大学校有怎样的历史渊源?战后大学校因何设立?经历了那些发展阶段?每个阶段又体现出那些特征?大学校又有怎样发展规律和经验?诸如此类有关大学校发展的问题,国内外学者尚未进行系统的梳理和分析,至今没有一本关于大学校发展史的著作问世。因此,梳理日本大学校百年发展史,澄清有关历史细节,不仅可以深化对这种独特学校类型的认识,充实对日本职业训练发展史的研究,同时对拓展日本教育史的研究范围和研究边界,也有着重要的理论价值。

从现实来看,改革开放三十多年来,我国高等教育改革发展取得了成绩显著,实现了从精英教育到大众化教育的转变,为经济社会的发展提供了强有力的人才保障和智力支持。然而,我国高等教育结构的改造和重构未能科学地预见国家和经济社会发展的趋势和方向,大学的同质化发展、高等职业教育训练的滞后、人才培养规格类型的单一等问题成为制约高等教育科学持续发展的重要因素。进入 21 世纪后,随着经济全球化趋势的加强以及高新技术产业的高速发展,特别是我国工业现代化进程的加快,社会经济发展与人才需求之间的结构性矛盾日益突出。据有关专家分析,我国研究开发人才和技能人才比例远低于发达国家水平,技能人才明显不足,目前我国高级技工仅占技术工人的 3.5%,而发达国家这一比例约为 40%。① 由此可见,我国现阶段调整产业结构转变经济增长方式的发展模式面临的最大问题是高等教育结构失衡所导致的高层次应用型人才匮乏的困境。战后,日本构建起了一个在世界范围内独具特色的高等教育体系,它由实施普通高等教育的大学,实施高等职业教育的短期大学、高等专门学校和专修学校,实施高等职业训练的大学校三种不同属性的教育机构组成。三种教育类型各自定位明确、分担机能、优势互补、相互竞争,构成了适应社会经济发展多样需求的完整的高等教育体系。在该体系中,大学校扮演了不可或缺的重要角色,它所承担的高等职业训练职能也成为日本高等教育最具特色的制度设计之一。因此,探究日本大学校的历史演进规律,分析其体制机制特征,总结其发展经验,有助于我们借鉴日本高等职业训练的发展模式,构建适应我国现代化进程的高等职业训练体系。

　　纵观世界发达国家现代化进程,可以发现,完善的职业训练体系往往是实现产业现代化的关键性因素。日本就是一个典型的例子。二战后,伴随经济发展和产业结构的递进,日本逐步建立了颇具特色的职业训练体系,作为公共职业训练主要承担者的大学校,经过战后六十多年的发展、扩张、调整、充实与提高,为日本以效率为价值取向的行政改革培养了一大批优秀管理人才,也为日本经济发展培养了一大批高素质的技能型人才和经济管理者,成为日本战后再度崛起的有效助力。他山之石,可以攻玉,在今天这样一个大变革、大开放的时代,从历史与现实的角度考察研究日本大学校这一

---

① 　吴启迪、胡瑞文:《教育发展总体研究》,《教育研究》2010 年第 7 期,第 4 页。

特殊学校群的发展历程和基本特征,剖析日本高等职业训练发展的内在机制,对于构建具有中国特色的高等职业训练体系具有重要的借鉴意义。

三、文献综述

1.国内研究现状综述

笔者选择以日本大学校的历史发展为研究课题之后,首先从搜集国内有关研究资料入手,试图获取有价值的先行研究成果。但是,有关日本大学校的研究成果十分薄弱。这种研究现状,一方面说明该课题的研究是一项开创性的工作;另一方面可以预见该课题研究将面临较大的难度。根据日本大学校的基本属性,笔者又拓宽了资料的搜集范围,将视线投向国内关于近代以来日本职业教育和职业训练的研究成果,希图从中获得更多关于大学校的信息。通过文献梳理和研读,发现有关大学校的研究散见于日本职业教育和职业训练的研究成果之中。这些成果为本书的研究或提供背景资料,或提供有价值的线索,或提供可资借鉴的研究方法和思路。

饶丛满、梁忠义主编的《当代日本职业训练》(山西教育出版社,1997年)是国内一部较为系统研究日本职业训练的著作。该书梳理了日本职业训练的历史沿革,并以战后日本经济演进和职业训练政策适应性变革为依据,将战后日本职业训练的发展归纳为五个阶段:经济复兴与职业训练体制的复兴、重组;技术革新与职业训练体制的确立;经济高速增长与终身职业训练体制的组建;产业调整与职业训练体制的再调整;经济结构的转换与《职业能力开发促进法》的制定。作者系统剖析了日本职业训练制度的运行机制,并以企业内职业训练为研究重点,对企业内职业训练的组织与机构、形态与方法、实施过程与效果评价进行了系统阐述,在此基础上对日本职业训练的特征、问题和发展趋势作了客观评析。该书对全面了解日本职业训练的历史演变和把握日本职业训练的运行机制具有重要借鉴价值。

胡国勇著《日本高等职业教育研究》(上海教育出版社,2008年)一书以"中等后职业教育"的视角,深入探讨了日本高等职业教育的历史演进、发展现状与基本结构,对高等职业教育体系中的短期大学、高等专门学校、专门学校、公共职业训练机构等各类学校进行了专门研究。尽管作者将公共职业训练归属为高等职业教育范畴的观点值得商榷,但其中关于日本公共职业训练特别是大学校的研究内容为本课题研究提供了重要材料和路径指引。首先,作者从日本职业训练立法的角度,将战后公共职业训练的发展分为四个时期,即战后经济恢复与《职业安定法》、《劳动基准法》时期,经济高速发展与《职业训练法》时期,石油危机与《职业训练法》改正时期以及80年代中期以后的《职业能力开发促进法》时期,并对每个时期的政策措施进行了剖析和解读;其次,作者对日本职业训练体系和公共职业训练的类型结构进行了介绍与分析;第三,作者以日本职业训练短期大学校、职业能力开发综合大学校为例,介绍了日本大学校的培养目标、课程编制、训练方法及训练效果等情况。

朱文富所著《日本近代职业教育发展研究》(河北大学出版社,1999年)对日本明治维新以来职业教育的发展演变进行了深入研究,分析了日本职业教育发生、发展的历史背景和动因,探讨了职业教育体系形成的过程与特点,总结了日本职业教育发展的经验与教训。纵观日本职业教育发展史,职业教育与职业培训一脉相承,交织发展,难分彼此。该著作为本课题的研究提供了许多有价值的史料和线索,如关于"技术传习"制度的考证,关于日本近代职业训练机构(如东京职工学校、实业补习学校、青年训练所等)的创办与运行等内容,对我们考察日本早期职业训练提供了较为翔实的资料。

梁忠义主编的《战后日本教育——日本经济现代化与教育》(吉林教育出版社,1988年),从经济现代化的视角探讨了战后日本教育改革的发展历程。其中第四章"日本的社会教育和企业内教育"对公共职业训练和企业内职业训练作了简要分析。该书虽然没有对大学校进行专门研究,但有关背景材料和观点对本研究有较大启发。

此外,翟海魂著《发达国家职业技术教育历史演进》(上海教育出版社,2008年)、匡瑛著《比较高等职业教育:发展与变革》(上海教育出版社,2006年)、瞿葆奎主编《日本教育改革》(人民教育出版社,1991年)、黄长著主编《国外专业人才培养战略与实施》(社会科学文献出版社,2006年)、丁建弘主编《发达国家现代化道路》(北京大学出版社,1999年)、吴建华著

《东瀛史论》(人民出版社,2006 年)、孙执中著《战后日本经济史》(人民出版社,2006 年)、薛敬孝、白雪洁著《当代日本产业结构研究》(天津人民出版社,2002 年)等著作都为本课题的研究提供了直接或间接的材料。

近年来,随着我国职业教育训练事业的发展,学界对日本职业训练及大学校的关注度有所加强,并陆续发表了一系列学术论文,如《战后日本职业教育制度的演进》(教育与职业,2010 年第 5 期,李文英)、《日本农业教育的现状、特点及启示》(比较教育研究,2004 年第 10 期,李文英)、《日本职业培训制度的特点、问题与发展趋势》(外国教育研究,1994 年第 5 期,梁忠义)、《战后日本职业训练管理体制研究》(东北师范大学学报,1996 年第 2期,饶丛满)、《以企业内职业训练为主的日本职业训练体系》(日本问题研究,2000 年第 3 期,孔海燕、闫燕)、《日本公务员培训制度的改革及其对我国的启示》(现代日本经济,2003 年第 5 期,张昌玉)、《日本的终身职业能力训练》(中国职业技术教育,2003 年第 9 期,张继文)、《战后日本职业培训的沿革及发展现状》(职教通讯,2004 年第 10 期,李德方)、《关于日本职业能力开发大学校的考察》(职业技术教育,第 16 期,李德方、远藤晃贤)、《发达国家公共职业训练政策比较》(职教通讯,2007 年第 1 期,胡国勇)、《战后日本职业训练立法的历史沿革及其启示》(职业与成人教育,2006 年第 1 期,肖丽)等。这些论文或多或少地涉及日本大学校的历史、现状及其特征,为本课题的研究奠定了一定基础。

2. 国外研究现状综述

既然以日本大学校发展史为研究对象,那么日本国内原始文献的搜集整理就成为本课题研究的首要任务。作者曾求助日本友人和留学日本的同事搜集关于大学校的资料,后又赴日本考察了多所大学校,竭尽所能搜集日本学者关于大学校的研究成果以及校史资料。从目前的文献资料来看,日本国内尚无专门研究大学校发展史的著作,但有些文献资料特别是大学校的校史资料对研究日本大学校的历史发展极具史料价值。

市川昭午、慌井克弘等编著的《大学校研究》(玉川大学出版部,1993年)是日本当前唯一一部研究日本大学校现状的著作。作者从组织论的角度阐述了大学校的组织结构、组织分工以及职能作用。全书共分八章,主要介绍了日本大学校的类型(省厅所管学校和部局所管学校)、内涵及特征,大学校的教育训练对象,大学校教育训练的层次结构(研究生类型、大学本科类型、职业训练类型、研讨类型、进修类型),大学校在终身职业训练中的作用,大学校和一条校的合作与竞争等。该著作对大学校全方位多角度的分析,有助于我们深入了解和把握大学校这种特殊教育训练机构的属性、内涵和特征,更为研究日本大学校的历史发展奠定了坚实基础。

田中万年、大木容一编著的《终身职业能力开发—劳动者的"学习论"》(蓝欣等译,南开大学出版社,2008 年)一书从终身学习理论出发,对日本公共职业训练和企业内职业训练的体制、政策与问题进行了深入分析与论述,并且分别就失业者、学校应届毕业生、在职员工、残疾人、女性职员和白领职员等不同对象的职业能力开发问题进行了历史回顾与现实分析,指出终身学习的核心价值在于劳动者的职业训练,在于劳动者为了职业的学习。《终身职业能力开发—劳动者的"学习论"》一书所提出的观点、所进行的分析、所提供的信息,不仅对职业训练的改革发展有指导意义,而且对于我们系统地了解与认识日本以大学校为主体的终身职业能力开发体系,研究在其不同历史时期的政策走向,把握其发展趋势都具有重要的价值。

隅谷三喜男编著《日本职业训练发展史》(日本劳动协会,1970、1971年)一书是日本第一部全面详细考察战前日本职业训练发展演变的著作。该著作以日本近代产业的演变轨迹为线索,分析了日本技能者培养制度的流变、形态、原因及政策因素。作者根据日本技能者培养的组织形式和制度特点,将战前日本职业训练的发展划分为三种形式六个阶段:(1)传习生制度的设立与解体(幕末至明治 10 年);(2)手艺人徒弟制度的传承和发展(明治 10 年至明治 20 年);(3)工场徒弟制度的形成和发展(明治 20 年至明治 30 年);(4)养成工制度的萌生(明治 40 年至大正 10 年);(5)养成工制度的确立和发展(大正末年至昭和 10 年);(6)养成工制度的法制化及其解体(昭和 10 年至二战结束)。经过半个多世纪的历史演变,日本在二战终结前逐渐形成了适应产业扩张和技术进步的以工场技能者养成为主要形式的职业训练制度,为战后日本现代职业训练体系的形成奠定了基础。作为一部全景式研究日本职业训练发展史的著作,尽管其时间跨度截止到二战结束,但对于我们了解日本职业训练的渊源,洞悉其早期发展演变的规律和特征,具有十分重要的价值。

笔者在日本考察期间与职业能力开发综合大学校、防卫大学校的专家教授进行了交流和访谈,并通过各种途径搜集到了职业能力开发综合大学校、警察大学校、防卫大学校、税务大学校等十几所学校的校史资料。校史内容丰富翔实,历史脉络清晰。校史一般分为总论、各论与资料篇三部分,分别记述了大学校成立以来的发展历程,训练课程设置情况、学科特色、科目设置与变革,训练内容的调整与充实等。另外,通过访问日本大学校的网站,获取了大量有价值的资料,包括大学校的历史沿革、设置依据与目的,课程设置、组织与运营、学生招募与毕业去向等,这些资料的汇总整理,为研究日本大学校的发展提供最为直接的原始材料。

除有关著作和校史外,日本学者撰写的论文、调研报告等对了解日本职业训练和大学校的发展也具有重要的参考价值。田中万年教授长期致力于日本职业训练研究,著述颇丰,不仅出版了《日本职业训练课程》(烛台社,1986 年)、《终身职业能力开发—劳动者的"学习论"》(学文社,2005 年)、《职业训练原理》(职业训练教材研究会,2006 年)等多部著作,还发表了《终身学习与提高职业训练的课题》(职业能力开发研究,1990 年 9 月)、《日本人权意识中的职业训练观》(产业教育研究,第 30 卷第 2 号,2000 年 7 月)、《职业训练课程的历史研究》(指导学科报告系列,No. 12,1993 年)、《职业训练与教育观点论析》(职业能力开发研究,第 13 卷,1995 年 3 月)、《雇佣保险法的变迁及其职能》(职业能力开发研究,第 15 卷,1997 年 9 月)、《职业训练指导员育成体系的再构造》(职业能力开发研究,第 17 卷,1999 年)、《职业教育学的地位和结构》(职业能力开发研究,第 30 卷第 2 号,2000 年 7 月)等,田中万年教授的研究不仅促进了日本职业训练学科的建立与发展,而且有利于我们了解与认识日本公共职业训练的思想观念及模式特征。其他学者的论文也从多方面、多角度为研究日本大学校的改革发展提供了有益帮助,如六车正章《省厅大学校设置的法令依据与学位授予》(学位研究,第 15 号,2001 年 11 月)、寺田盛纪《日本职业教育和训练的研究状况及其课题》(陆素菊译,华东师范大学学报·教育科学版,2001 年

3月）、楠原祖一郎《对职业辅导的考察》（社会事业研究，第13卷第3号，1923年3月）、《职业训练的课题》（职业教育学论文集第3卷，多摩出版，1984年）、户田胜也《在职者训练的理论与实践》（雇佣问题研究会编论文集，2001年）、奥津真里《接受职业训练学员的意识与再就业行为——职业训练与求职活动》（《劳动政策报告书》，No.23，2005年）、今野浩一郎、大木荣一《日本企业教育训练投资战略》（企业和人才，2000年6月5日号）等等。

综上所述，国内外学界关于日本大学校的研究主要两个方面的特点：一是国内关于日本大学校的专门研究寥寥无几，关于其历史的系统研究尚属空白，相关成果仅为大学校发展史的研究提供了有价值的背景资料和线索；二是作为第一手文献的校史资料为本研究提供了原始素材，对于梳理大学校的发展脉络具有重要价值。

四、研究内容

本书将采用纵向梳理与横向分析交叉、宏观叙事与微观分析相结合的方式，对近代以来日本大学校的演进历程和发展现状进行系统分析，并结合个案剖析和比较研究，深入探讨日本大学校发展的历史经验、基本特征、影响因素等内容，以期全面呈现日本大学校的发展全景。本书除绪论外，研究的主体内容分为六章，各章内容分述如下：

第一章专门就大学校及其相关概念的内涵及特征进行界定分析，概括和分析日本职业教育训练体系的构成与特征。

第二章系统梳理大学校自明治维新创立以来的发展进程，并探讨其演变规律和阶段性特征。主要包括：明治初期大学校的设立及调整；明治中期以后大学校的衰微与存续；战后日本经济恢复时期大学校的重建与转型；经济高速增长时期大学校的扩充与发展；经济低迷时期大学校的改革与完善。

第三章全面阐述和分析日本大学校的培养目标、训练类型、教师队伍、管理体制以及体系结构和空间布局。

第四章选取最具代表性的职业能力开发综合大学校、警察大学校、防卫大学校三所大学校为个案进行分析,包括历史变迁、课程设置及内容、教育训练方法等,借以深入了解日本大学校人才培养的理念、机制和模式。

第五章对法、日两国大学校的本质属性、类型结构、层次结构、招生选拔、培养模式等方面进行比较分析,以深化对日本大学校本质特征的认识和理解。

第六章深入探讨分析日本大学校的地位与作用、影响因素、基本特征及其对日本高等教育的影响,进而总结概括出日本大学校发展的历史经验。

五、研究方法

为了全面、真实、准确地把握日本大学校的历史演进,揭示大学校发生、发展的动因、阶段特征及体制机制,本课题将在历史唯物主义指导下,采用以下主要研究方法。

1.文献研究法

文献研究法是通过调查文献来获得资料,从而全面地、正确地了解、掌握所要研究问题的一种方法。从国内外研究现状来看,关于日本大学校发展史的研究尚属为未开垦的处女地,因此,史料的收集、整理、鉴定、分析是本课题研究的一项基础工作。作者一方面搜集与大学校有关的文献资料,包括著作、论文、法律法规、政策文件等,努力从中寻找大学校的发展线索和背景资料,并以此为依据,界定大学校的发展阶段;另一方面通过各种途径广泛收集日本各个大学校的校史资料,并对庞杂的校史资料进行综合整理,分析归纳,概括出大学校发展的阶段性特征。

2.个案研究法

个案研究法是描述性研究和实地调查的一种方法,是史学研究常用的一种方法。笔者在实地考察、深层访谈的基础上,以日本职业能力开发综合大学校、警察大学校和防卫大学校为个案进行深入分析,从微观层面考察大学校的发展变化,深入分析大学校的办学理念、办学特色和办学模式。

3.比较研究法

比较研究是教育史研究常用的方法,是对同时并存的教育现象进行比较,从中找出同一时期不同国度或不同地区教育制度或教育实践的异同。作为一种独特的学校类型,大学校尤以在法国和日本两国的发展最具代表性,且两国之间的大学校又存在一定历史渊源。为此,本书采用比较研究的方法,对法、日两国大学校进行横向对比,借此揭示两国大学校的不同特征。

第一章 概念界定及日本职业教育训练体系

　　日本大学校创办于明治维新初期,始为高等教育机构;重建于第二次世界大战之后,担当起高等职业训练的角色。在日本教育史上大学校作为一种特殊的教育现象,见证了日本高等教育发生、发展以及体系构造变化的历史轨迹。因此,开展对大学校的研究具有重要的理论价值和现实意义。一般来说,对于任何一项科学研究,概念是理论思维和表达的基本单位,概念的界定则是科学研究的支撑点和出发点。因此,对大学校以及相关核心概念的界定是本研究的第一步,对其依存体系的分析也是本研究的先行铺陈。

第一节 概念界定

一、大学校

　　大学校是法国、日本等国家所特有的学校类型,通常是指独立于公共高等教育构架之外以培养高层次应用型人才为主要职能的教育机构。大学校是工业革命时代的产物。随着社会发展和科技进步,18世纪中期,法国迎来了工业革命的曙光。为了摆脱中世纪以来传统大学保守、僵化、封闭的桎梏,法国创办了一批新型的高等教育机构,如炮兵学校(1720年)、桥梁公路学校(1747年)、军事工程学校(1749年)、造船学校(1765年)、巴黎矿业学校(1783年)等,这些学校统称为"大学校"(法文 Grande Ecole)。大学校以其实用的办学定位和重科技、重实践的教学特点,为法国培养了一大批高层次应用性专门人才,并因此得以延续和兴盛,成为法国现代高等教育"双轨制"中的"一轨"。

日本的大学校最初源自于法国,但两者在性质、功能等方面又有所区别。明治初期,日本效仿法国教育体制设立大学校,兼具全国最高教育行政机构和最高学府双重属性,从这一属性来看,此时的日本大学校更接近于法国的帝国大学体制。此后经过长期演变,大学校逐渐发展成为承担职业训练的专门教育机构。这种转变主要是在二战结束之后完成的。战后,日本实行全方位的改革,教育改革是其重要组成部分。1947年日本政府相继颁布实施了《教育基本法》、《学校教育法》,对战前复杂的带有明显阶级性和教育机会不平等性的学校体系进行彻底改革,并建立了六三三四单轨学制。日本《学校教育法》第一章明确规定了学校的范围(小学、初中、高中、大学、盲人学校、聋哑人学校、养护学校和幼儿园)、学校的设置标准、学校的管理与经费负担、校长与教员资格及任免、学生的惩戒、健康检查与卫生保健设施等,以上所列学校一般称之为"一条校"或正规学校。该法第八章对各级各类学校以外施行的类似学校教育的"各种学校"、学校与社会教育的含义等作了规定,同时,严格规定不得随意使用大学和大学院名称。但不存在对于"大学校"这个名称的使用禁令。《学校教育法》第八条第二款规定,各行政机关在法律规定的可管理事务范围内可以设置文教研究设施为主的各种设施机关。基于该条款,日本国家和地方行政机关设置了大量文教研修设施,其名称多种多样,条件千差万别,如大学校、学校、学院、学园、研修所、养成所、讲习所、教习所、训练所、训练校、研究所、教育中心、研修馆、研修中心等,在这些文教设施中、一般来说大学校属于具有学校形态的高级职业训练机构,其他多属于短期职业培训性质的研修机构。

战后初期得以重建的大学校是基于公务员初任和在职训练以及特殊行业特殊领域的特殊人才的培养而设的,因此,它与战前大学的功能、属性、目的和社会地位完全不同,开始担当职业训练机构的角色,成为日本职业训练体系的重要组成部分。日本学者市川昭午在《大学校研究》(日本玉川大学出版部,1993年)一书中对大学校的类型进行了分析,认为从行政隶属角度来看,大学校可分为省厅管辖和部局管辖两类。前者是指文部省以外的国家行政机关设置并运营的类似学校教育的训练机构;后者是指教育行政厅以外的地方行政机关所管辖的类似于学校的文教设施。从教育训练对象及目的来看,大学校又可分为两类:一类是以公务员的培养和研修为目的的"职员训练设施";一类以劳动者的职业技能训练为目的的"职业训练设施"。由此可见,日本大学校具有三个明显特征:一是非文部省管辖,学校教育制度之外的"文教设施";二是具有学校形态却无统一设置标准的"准学校";三是以高级职业训练为目的。本书的研究对象正是这一意义上的大学校群。

二、职业教育与职业训练

职业教育,顾明远主编的《教育大辞典》(上海教育出版社,1998 年)定义为:"传授某种职业或生产劳动知识和技能的教育";《中国大百科全书》(中国大百科全书出版社,2002 年)则定义为"给予学生从事某种职业或生产劳动所需要的知识和技能的教育";《中华人民共和国职业教育法》将其笼统表述为:"职业教育是国家教育事业的重要组成部分,是促进经济社会发展和劳动就业的重要途径。"对于这个概念,在不同的国家、不同的时期表述各不相同,目前较为权威的表述是联合国教科文组织在《国际教育标准分类法》中使用的概念,即"职业或技术教育",其要义为"主要是为引导学生掌握在某一特定的职业或行业或某类职业中从业所需的实用技能、专门知识和认识而设计的"教育。

职业训练,在我国一般称之为"职业培训"或职业技能培训。在《教育大辞典》(上海教育出版社,1998 年版)中与职业训练相近的名词有职业技能训练、技能训练、养成训练、追加训练、晋级训练、工长训练、在职训练、脱产训练、正规训练、非正规训练等,以上名词更多地反映了职业训练的目的、形式与种类。1962 年,国际劳工组织(International Labour Organization)将职业训练界定为:"在经济活动的所有领域,为了就职及升迁(提高)而进行的准备或再培训。"①更准确地说,职业训练是指以职业标准、职业规范为主要内容,以培养劳动者职业技能为主要目标的职业教育活动,包括从业前训

---

① 李德方:《战后日本职业培训的沿革与发展现状》,《职教通讯》2004 年第 10 期,第 61 页。

练、在岗训练、转岗转业训练、再就业训练以及其他技能性训练。

职业教育与职业训练既有共性特征,又有一定差异性。从一般教育意义上来说,职业教育包含职业训练,都是以职业技能培养为主要内容的教育活动。这种共性特征,往往导致职业教育与职业训练边界模糊,概念混淆。职业教育是一种使受教育者获得从事某种职业所需要的知识、技能和道德的教育,职业教育的基本目标具有双重特征,既职业性与教育性;职业训练则是根据不同职业岗位的要求对受训者进行职业知识与实际技能培养的社会教育活动,严格来讲,职业训练的基本目标具有职业性的单一性特征。具体来讲,二者本质区别主要有以下几个点:1.培养的对象不同。职业教育主要是后备劳动力,职业训练主要是现实的劳动力。2.培养目标不同。职业教育的目标是在传授科学文化知识的基础上,着力培养学生的实际技能,在教学过程中关注学生全面发展;而职业训练是人力资源开发的重要途径,其培养目标是在具有一定的基础知识和基本技能的基础上,进行知识与技术的更新、充实与提高。3.教学内容不同。职业教育的教学内容与范围面较为宽泛,专业指向性较差;而职业训练针对性比较强,专业化程度高。4.管理的主体不同。职业教育和职业训练分属教育行政部门和劳动行政部门管辖。

据考证,在日本"职业教育"这一概念大概出现在1920年,有一篇题为"话说职业教育"的论文发表在杂志上,从此,日本开始广泛地使用职业教育这一概念。"职业训练"一词的广泛使用始于1958年《职业训练法》颁布之后。关于职业教育和职业训练的划分与界定则始于战后,近年来日本学界关于是否超越这种反映行政分工而非学术性的概念规定,把教育和训练的概念统合起来使用的呼声正日趋高涨。这种呼声一方面反映出职业教育和职业训练的趋同性,另一方面也反映出职业训练学者企盼社会地位的认可。二者无论是统合还是独立,其双轨并行却是不争的事实。关于职业教育和职业训练的界定,日本学者寺田盛纪认为:职业教育主要指在文部省行政指导下的学校职业教育以及职业观、人生观的养成教育;职业训练主要指文部省管辖以外的所谓"学校外",即劳动省所管辖的,在公共职业训练设施以及私有企业中所进行的职业教育,或是对希望就业者所进行的技能培训为主的教育。① 日本《职业训练法》对职业训练与学校职业教育之间的关系作出如下阐释:职业训练在内容、方法等方面,要尽可能避免与根据学校教育法进行的学校教育的重复,同时又要保持两者之间的密切联系。学校职业教育其内容重点放在基础性、一般性知识传授与品行的陶冶上,与此相对,职业训练原则上以学校教育修了者为对象,将重点置于通过现实的具体的自身体验掌握特定职业所必要的技能与知识。②

三、公共职业训练与企业职业训练

在我国,由于职业训练事业发展相对滞后,学界对该领域关注度较低,致使很多与职业训练有关的名词未被严格界定。查阅《教育大辞典》、《中国大百科全书》等工具书,均未发现公共职业训练、企业职业训练专属词条。从现实情况来看,我国职业训练大致包括:劳动部门主管的以失业救济为主的公共训练;由政府行政部门举办的以提高公务员素质能力为主的各类培训;由大中型企业主办的面向企业内职工的在职提高训练等,从主办者和受训对象来看,前两项属公共职业训练,后者属企业职业训练。

在日本,职业训练事业在二战之后得到迅速发展,自 20 世纪 50 年代末实现制度化之后,逐渐形成了由公共职业训练和企业职业训练组成的庞大的职业训练体系,其中公共职业训练由国家、都道府县、市町村及雇佣事业团体设置的机构承担,企业职业训练由企业自行设置的机构承担。尽管后者的出现要晚于前者,发展迅速,其规模和数量远远超过了前者。

据日本职业能力开发综合大学校教授田中万年考证,公共职业训练一词最早出现于尾高煌之助的著作《企业内教育的时代》(岩波书店,1993年),但该书并没有就其含义做出明确界定。田中万年从制度层面将公共职业训练界定为:根据《职业能力开发促进法》等法令实施的职业训练。③

---

① [日]寺田盛纪:《日本职业教育和训练的研究状况及其课题》,陆素菊译,《华东师范大学学报(教育科学版)》2001 年第 3 期,第 44 页。

② 胡国勇:《日本高等职业教育研究》,上海教育出版社 2008 年版,第 216 页。

③ [日]田中万年、大木容一:《终身职业能力开发—劳动者的"学习论"》,蓝欣译,南开大学出版社 2008 年版,第 18 页。

但该界定过于宽泛和笼统。为了便于理解,日本学者大多从职业训练的"经营主体"来界定公共职业训练和企业内职业训练。一般来说,公共职业训练是指在国家、都道府县、市町村及雇佣事业团体设置的职业训练机构进行的技能培训,主要职能包括:为无力实施职业训练的中小企业提供训练其雇佣工人的服务;对失业、转业人员进行能力再开发训练;对残疾人实施职业训练;实施特殊领域的职业训练。企业内职业训练是指企业自行设置、以企业内职工技能提高为主的职业训练,主要职能包括:一般工人的教育训练;技术人员的教育训练;管理人员与领导人员的教育训练。

综上所述,公共职业训练的对象十分广泛,不仅有公务员,还有企业在职职工、企业失业、转业人员以及残障人士。企业职业训练的对象主要是本企业在职职工。从训练方法来看,公共职业训练注重课堂教学、知识讲授,企业职业训练大都以职场训练为主,与生产实际密切联系并在生产过程中开展,针对性、实践性强;从结构上看,日本职业训练体系形成了以企业职业训练为主导,以公共职业训练为辅的格局。

第二节　日本职业教育训练体系

日本是世界范围内职业教育训练最发达的国家之一。日本职业教育训练发轫于明治中期,经过一百多年的发展演变,逐渐形成了符合本国国情、适应本国发展的颇具特色的职业教育训练体系,对日本现代化的推进和实现发挥了极其重要的作用。

一、职业教育训练体系的构成

日本明治维新以来,经过 1872 年《学制令》、1879 年的《教育令》、1886 年的《学校令》以及 1899 年《实业学校令》等一系列改革和调整,逐步构成了一个包括小学系统、中学系统、大学系统、实业学校系统的结构复杂的近代学校体系。战后,日本以美国教育制度为样板,建立起了六三三四单轨制,它试图以单一化的学校体系代替战前结构复杂、种类繁多的学校系统。但是,随着日本经济社会的恢复与快速发展,这种线性单轨制的学校体系越来越不适应社会发展需要,教育结构的重构成为日本教育改革的重点。职业教育训练的兴起及其体系形成,极大地改变和丰富了日本整个教育体系。20世纪60年代后,伴随新技术革命、产业结构升级以及社会现代化程度提高,人们将目光更多的投向中等后教育的延长和丰富,"中等后教育"这一概念开始广泛使用。目前日本社会中等后教育的各种教育机构和设施呈现出纷繁复杂的形态和类型,发挥着多样的人才培养功能。日本学者喜多村和之对日本中等后教育的体系构造进行了研究(图1-1)①,认为日本中等后教育制度的构成应包括高等教育和继续教育两部分。高等教育是学校教育的延展,主要进行教养教育和专业教育,而继续教育承担的是大学教育不能有效提供的专门技术教育与训练。两者相互保持一定的独立并发挥各自的作用。中等后教育制度这一复杂的体系,它包含着学校教育与社会教育两大系统,无论是教育机构还是课程内容既具有高等教育的特性又具有继续教育的特性。

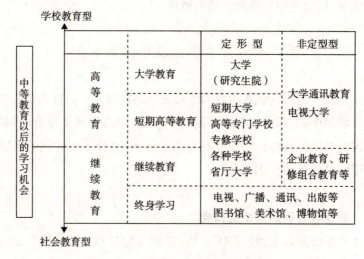

图1-1 日本中等后教育的制度构造

关于职业教育与职业训练,由于二者在内容、方式及功能作用等方面具

---

① [日]喜多村和之:《高等教育的比较研究》,玉川大学出版部1986年版,第173页。

有高度相似性,因此,国内学者一般将职业教育与职业训练统合起来,视作一个综合体系。如李文英教授对日本职业教育进行了深入研究,认为日本职业教育是由学校职业教育系统(包括专业高中、综合高中、专修学校、高等专门学校、短期大学、技术科学大学和专业研究生教育机构)和社会职业教育系统(包括公共职业训练体系和企业内教育)构成的立体交叉、开放贯通、机动灵活的职业教育制度体系。① 由于研究视角的不同,必然带来不同的认识和理解。在日本学界也存在职业教育与职业训练是统是合之争。其实战后日本职业教育和职业训练作为两种不同教育活动,并行发展,职能分担,分别构成了相互联系、相互补充而又相互独立的体系。

日本职业教育始于明治维新,至20世纪初基本形成了以中等职业技术教育为中心的职业教育体系。第二次世界大战后,随着教育改革的推进和经济社会的发展,逐步形成了适应产业高度化的以高等职业教育为中心的职业教育体系。战后初期日本学校职业教育体系仅仅包括职业高中和暂时性质的短期大学,20世纪60年代随着短期大学法律地位的确立和高等专门学校的创办,初步确立以高等职业教育为中心的职业教育体系;20世纪70年代,随着专修学校制度的创立和技术大学的设立,日本职业教育体系得到进一步扩充;20世纪90年代以来随着高级专门职业硕士课程的设置,特别是专门研究生院的创建,日本职业教育开始向研究生层次拓展。至此,日本形成了包括专业高中、综合高中、专修学校、高等专门学校、技术科学大学和专业研究生院构成的多层次多类别的现代职业教育体系。

战后日本职业训练与职业教育开始分化,并逐渐形成了相对独立的职业训练体系。1947年伴随《劳动基准法》、《职业安定法》的颁布实施,形成了战后初期日本职业训练的基本框架,它包括根据职业安定法实施的职业训练(公共职业训练),根据劳动基准法进行的职业训练(企业内职业训练),以及由其他法令规定的职业训练(为就业于特定职业,与资格相联系的教育训练)。1958年日本颁布《职业训练法》,从法律层面确立了战后日

① 李文英:《"战后"日本职业教育制度的演进》,《教育与职业》2010年第5期,第29页。

本职业训练制度。其后,《职业训练法》在1969年、1978年经过两次大的修订,对职业训练体系进行了再编,充实和加强公共职业训练机构,包括职业训练校(都道府县)、职业训练短期大学校(事业团)、职业训练大学校(事业团)、技能开发中心(事业团)、障碍者职业训练校等。1985年日本颁布《职业能力开发促进法》以取代《职业训练法》,强调进行贯穿劳动者整个职业生涯,有阶段的、成体系的、适宜的、必要的能力开发。该法经过历次修改,至21世纪初形成了日本现有的职业训练体系(图1-2)。① 职业训练体系大致分为两个部分,即企业内职业训练以及公共职业训练。日本公共职业训练始于失业者对策,后逐渐转向技能者培养,并逐渐提升到"实践型技术者"培养,随着中等后期教育的普及,其培养对象也逐渐从初中毕业生转为高中毕业生,从中等后期教育的补充逐渐成为高等职业训练的重要部分。

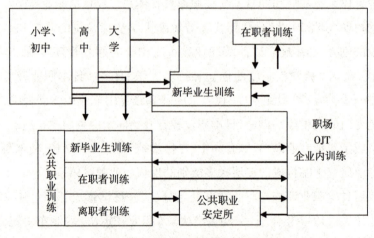

图1-2 日本职业训练体系示意图

二、职业教育训练体系的特征

世界发达国家现代化的经验表明,完善的职业教育训练体系是实现产业现代化的关键性因素。战后,伴随技术革新和产业结构的递进,日本逐步

---

① 胡国勇:《日本高等职业教育研究》,上海教育出版社2008年版,第210页。

建立了颇具特色的职业教育训练体系,甚至在职业教育与训练领域堪称典范的德国都出现了"向日本学习"的口号。通过对日本职业教育训练体系的形成和构成分析,我们可以概括出其基本特征。

1. 多样性

多样性特征是日本职业教育训练体系的显著特征。从管理角度来看,既有文部科学省管辖的学校教育制度之内的各类职业教育学校,如职业高中、短期大学、高等专门学校、专修学校等,也有厚生劳动省管辖的学校教育制度之外的公共职业训练机构,如职业能力开发中心、职业开发学校、职业开发短期大学校、职业能力开发大学校等;从培养对象来看,既有政府各省厅举办的以公务员为培养对象的各种教育培训机构,也有文部科学省和厚生劳动省举办的以产业技术者为培养对象的职业教育训练机构;从经费来源来看,既有"公共产品"属性的职业教育学校和公共职业训练机构,也有企业主办的以提高职工职业素质和技能的企业内职业训练机构。职业教育训练的多样化趋势是日本经济社会发展和社会分工日趋细化的必然结果,极大地满足了社会对各类人才的多样化的需求。

2. 层次性

战后日本构建了一个涵盖初等、中等和高等纵向递进的三个层次组成的职业教育训练系统。职业教育训练层次的丰富和扩展是日本经济发展梯度性的客观存在和社会劳动日趋专业化、专门化和高度化趋势下所形成的一个鲜明特征。在学校职业教育领域由最初的职业高中、综合高中,到设立专科层次的短期大学、专修学校,高等专门学校,再到本科层次的技术科学大学,继而设立专业研究生院,逐步构建起了多层次的职业教育体系。在职业训练领域,基于《职业训练法》《职业能力开发促进法》,日本构建起了由职业能力开发中心、职业能力开发学校、职业能力开发短期大学校、职业能力开发大学校组成职业训练体系,其中既有中等水平的训练课程,也有专科和本科层次的训练课程,还有硕士、博士层次的训练课程。日本职业教育训练体系的形成表明,体系总是以层次结构变化的形式向前推进的。不同的教育层次具有不同的教育功能和教育内容,这正是职业教育训练体系完整性的具体体现。

3. 互补性

从日本学者喜多村和之提出的日本中等后教育的体系构造来看,职业教育与职业训练分别属于学校教育和社会教育两个不同的系统,完全隔离,分担机能,互不融通。学校教育制度之内的职业教育,因其相对的封闭性、有限性,不可能完全承担起整个社会职业技能培养的任务。因此,作为一种制度性补充,建立更为广泛、更加灵活、更加多样的职业训练制度也是社会发展的必然要求。职业教育与职业训练共存共生,相互补充的体制机制是日本职业教育训练体系的特征之一。

第二章 日本大学校的历史嬗变

近代以来,具有高等教育属性的日本大学校伴随着社会风云变幻、兴衰沉浮,始终处于震荡与变革、困惑与抉择的变化之中。1869 年,日本明治政府在中央官职改革中设立大学校作为全国最高学府和最高教育行政管理机构。由于国、汉、洋三个学派的纷争,1870 年,明治政府将大学校改称为大学。1871 年,日本政府设立文部省,原大学校承担的管理全国教育事业的职能被剥离出来,转归文部省负责。19 世纪 70 年代,随着近代产业的兴起,日本明治政府各省厅开始兴办培养各类技术人才的专门学校,在这一过程中,大学校这一称谓又被重新启用,1877 年工部省组建工部大学校,开启了日本高等工程教育的先河。1886 年《帝国大学令》颁布后,工部大学校并入帝国大学,标志着大学校在国民教育体系的退出,不过在军事教育领域大学校仍以陆军大学校和海军大学校的形式存续,直至二战结束被废止。

战后,随着日本政治民主化改革特别是现代公务员体系的建立,大学校作为一种新型教育训练机构开始重新出现在日本教育舞台上。1948 年,日本在原中央警察学校的基础上组建警察大学校,揭开了战后日本大学校发展的新篇章。到 20 世纪 50 年代,日本已经初步建立起以公务员教育训练为主的大学校群。20 世纪 50 年代末期以后,日本进入经济高速增长期,着眼于经济发展、致力于职业训练的大学校得到迅速发展和扩充,大学校体系逐渐形成并成为日本教育系统的重要组成部分,在日本经济社会发展进程中发挥了不可替代的积极作用。

就历史的连续性和发展性而言,以二战为分野的日本大学校于上述两个历史阶段之间有着不可分割的内在联系。从明治维新到二战结束的 70 余年间,尽管大学校废立多变,甚至在一定程度上难以称之为日本教育系统中一个稳定的学校类型,但这一时期大学校的发展经历和职能作用却为二战后的重建与转型奠定了可靠的实践基础。战后大学校成为日本公务员和经济产业人才的教育与训练机构,很显然,大学校的这种转型与二战前以工部大学校和陆、海军大学校为代表的两类大学校的办学活动之间存在着直接的历史渊源与内在联系。

第一节 明治初期日本大学校的设立及调整(1868—1880 年)

高等教育作为一种社会现象,作为一种文化系统,是人类社会发展到一定阶段的产物。高等教育的形成与发展,归根到底是为了适应社会生产和生活的需要。因此,任何社会的高等教育不可能超越社会的需要而独立、盲目的发展。日本明治维新作为一场资产阶级革命,它迫切需要建立以培养高层次专门人才为目的的高等教育机构来适应资本主义的发展。正是在这种背景下,日本近代高等教育制度开始逐步建立。1868 年日本明治维新伊始,即设立高等教育机构—大学校。明治维新作为一场社会生产关系的深刻革命,在其初期,整个社会包括教育系统处于一种动荡变革之中,大学校作为高等教育机构,必然随着高等教育的变革而不断发生变化。

一、大学校设立的历史背景

在英国资产阶级革命影响下,欧美主要国家在 19 世纪上半期相继完成了资产阶级革命,社会生产进入近代产业化阶段,资本主义制度开始走向巩固、发展和繁荣。而同时期的东方诸国,特别是中国、日本由于实行"闭关锁国"政策,依然沉睡在以自然经济、农业经济为主的封建帝国的睡梦中,但这种怡然自得的梦乡很快被打破了。继 1840 年鸦片战争中国被欧美列强叩开国门后,欧美列强又将殖民利剑指向了孤悬茫茫太平洋的岛国——日本。1853 年,美国海军准将马修·培里率领庞大舰队驶进日本港口,在西方"坚船利炮"的胁迫下,日本不得不解除两个多世纪之久的锁国政策,重新开放门户,并签订了一系列不平等条约。

　　面对下层庶民的起义浪潮与西方武力威胁的双重压力,日本幕府开始推行教育普及与道德教化的教育政策。在这一背景之下,幕府学校、藩校、乡校、私塾与寺子屋迅速发展起来。至 1867 年日本明治维新的前夜,日本全国的藩校超过 200 多所,乡学超过 500 多所,私塾达到 1500 所,寺子屋超过 1 万多所。① 在日本教育普及的同时,西方教育被大量翻译介绍到日本,不仅包括西方的科学技术,西方的教育制度、教育思想也被日本翻译介绍过来。幕末,日本的洋学者对欧美的教育制度进行调查研究。最具有代表性的调查研究是福泽谕吉的《西洋事情》(1866 年),详细介绍了西方学校制度的概况,成为明治初期有识之士了解近代西方学校制度、制定新的学制的重要参考。

　　幕府中以首席老中阿部正弘为首的改革派,认识到传统的教育机构已经不能适应新形势的需要,决定建立以西方实学为基础的新式教育机构,于是番书调所、开成所、医学所等洋式教育机构应运而生。开国之后,日本不仅积极创办洋式学校,而且还派使节团、留学生到西方诸国考察、学习西方社会制度和先进科学技术。1860 年 2 月,日本幕府首次向欧美国家派遣使节团,随团同去的有福泽谕吉、中滨万次郎、小野友五郎等著名知识分子,他们在幕末至明治初期的启蒙活动中,通过传播新知识,发挥了重要作用,为明治维新及日本近代化做出了重大贡献。1861 年,幕府向美国派遣留学生,学习造船技术。1862 年,幕府派遣西周和津田真道赴荷兰留学。西周和津田真道在莱顿大学学习了自然法、国际公法、国家法、经济、统计等“五科”以及哲学,并将这些处在历史转折时期的日本最需要了解和掌握的理论、知识介绍到了日本,使西学具有了涵盖自然科学和人文、社会科学的广泛内容。1865 年,又派遣五名学生赴俄罗斯留学。1866 年,幕府取消了出国禁令,海外留学生的人数急剧增加。使节团的出访考察和留学生的派遣,极大地拓宽了日本人的视野,激发了日本有识之士变法图强的意志。

　　1853 年,发生的“黑船来航”事件及其一系列不平等条约的签订,彻底

---

　　①　吴光辉:《转型与建构—日本高等教育近代化研究》,世界知识出版社 2007 年版,第 39 页。

动摇了已陷入重重危机的德川幕府的统治基础。在这种形势下,日本全国的"倒幕运动"迅速高涨,此起彼伏,1868 年,德川幕府被推翻,明治天皇政府建立。明治政府立即着手对政治、经济、军事和文化教育等方面进行改革,以维护民族独立,发展资本主义。"倒幕开国"和由政府自上而下实行资产阶级性质的改革,统称为"明治维新"。

1968 年 4 月 6 日,明治天皇率公卿诸侯祭祀天地神祇,宣读五条誓文:1. 广兴会议,万机决于公论。2. 上下一心,大展经纶。3. 公卿与武家同心,以至于庶民,须使各遂志人心不倦。4. 破旧来之陋习,立基于天地之公道。5. 求知识于世界,大振皇基。《御誓文》宣示了明治政府内政、外交、军事、文化教育的施政纲领,开启了日本近代化的进程。

在明治维新过程中,日本政府自上而下地实行了一系列的改革:废除封建武士等级特权;废藩置县建立中央集权制国家;实行土地改革,推行新地税制;殖产兴业,发展资本主义等。这一系列的资产阶级改革,体现了明治政府的基本国策,即政治上的"富国强兵"、经济上的"殖产兴业"和文化教育事业上的"文明开化"。三大政策中,文明开化是关键,是基础。当时明治政府提出的教育改革思路是:普及初等教育,提高国民的文化知识水准;创办高等教育机关,培养近代化所需要的高级人才;通过技术教育,迅速消化、吸收和掌握从欧美摄取来的科学技术成果。

日本明治维新的成功,其根本原因之一就是政府对教育的高度重视,将教育作为"立国之本"。1868 年,明治政府发布《王政复古大号令》,明确指出"登用人才乃是第一急务"。1868 年,明治政府的主要领导人木户孝允在给朝廷的建议书《振兴普通教育乃当务之急》中特别强调:"国家富强的基础在于人民的富强,当平民百姓尚未脱离无识贫弱之境时。王政维新的美名终究也只能是徒有其名而已,对抗世界强国之目的也必然难以达到。因此,使平民百姓知识进步,取舍文明各国之规则,徐徐振兴全国之学校,大办教育,实为当今之一大急务。"①1871 年,他又指出:"要想人才继出,千年不断,只有寄希望于教育。"1868 年,明治政府的另一位领导人岩仓具视积极

---

① ［日］岩波讲座:《现代教育学》第五卷,岩波书店 1962 年版,第 27 页。

倡议"调查研究学制之事",建立日本近代学制,并指出:"皇国前途其根本在于兹,为最大之事。"①1870年,岩仓具视再次强调:"使国家进入文明,走向富强,不言而喻在于启发人智。"大隈重信更是一语中的地指出:"文明进步的关键在于教育。"②正是明治政府领导者具有这种高瞻远瞩的战略眼光,明治维新才彻底扭转了沦为殖民地的命运。总的来说,明治维新的教育改革启动了日本高等教育近代化的进程,为大学校的设立奠定了基础。

二、近代高等教育制度的发轫与大学校的设立

为实现国家的真正统一,1869年,明治政府实行"奉还版籍"和"废藩置县"政策,完成中央集权的第一步。明治政府的政治改革,消除了封建领主的分散割据,完成了全国的统一,使日本人民结成为一个统一的民族。明治改革,与封建社会那种单纯的政权转手不同,它使日本从封建制度转化为资本主义制度,为在全国实行社会的、经济的、教育的改革铺平了道路。因此,它具有划时代的进步意义和革命意义。③ 维新初期,尽管存在着革新势力与保守势力的对立斗争,但是代表保守势力的皇族、公卿、藩主等主张的"诸事应根据神武之始"的复古主义难以阻挡资产阶级革命的历史潮流,"文明开化"的思想逐步占据主导地位。维新时期的紧要任务开始由政体改革转向教育改革。

在这种背景下,近代高等教育体制的建立成为明治政府首先考虑的问题。为此,参议伊藤博文多次向天皇建议:"为了提高国民的知识水平,应在东西两京设立大学校,在府县和郡村设立小学;大学应有大学规则,改变旧学风;不论边远地方,人人都应该放射出知识的光辉。"④伊藤博文的建议不仅反映了洋学者建设近代化国家的普及教育理念,而且提出了建立近代高等教育制度的主张。另一位维新派的重要人物岩仓具视也非常重视近代

---

① [日]岩仓公旧迹保存会:《岩仓公实记》中卷,1927年版,第602—603页。

② [日]大隈侯八十五年史编纂会:《大隈侯八十五年季史》第一卷,1926年版,第449页。

③ 王桂:《日本教育史》,吉林教育出版社1987年版,第336页。

④ [日]现代教育学讲座:《日本近代教育史》,岩波书店1962年版,第27—28页。

高等教育体制建立,在《济世—策论》之中指出:"为了选拔培养人才,就应该在国内设置研究国、汉、洋学各种学问的大学校,受观察使府管辖。"①

明治初期,在复古主义与革新主义两派的共同推动下,日本恢复了京都的学习院(不久改为大学寮代),而后又成立了皇学所和汉学所。它们的出现,标志着封建时代教育制度的复活,京都的大学寮代,与封建时代的大学寮一样具有教育行政管理的性质。而皇学所和汉学所也承袭了传统的教育内容与教育方式,可以说是古代教育机构的再现和复活。

1869 年 7 月,明治政府再次改革中央官制:1. 设立神祇官,与太政官并列,以借助神权提高皇权。2. 太政官掌管各部,辅佐天皇"宸断万机",下设民政、大藏、宫内、刑部、兵部、外务等六个行政省(部)和大学校及弹正台(相当于现在日本的最高警察本部兼最高检察厅)。在明治政府的官制中,大学校不仅是日本最高学府,同时,又是日本最高教育行政厅,管辖教育行政事务。在大学校的官制中,设有"大博士、中博士、小博士"、"大得业生、中得业生、小得业生"等官阶。大学校的设立标志着日本近代高等教育制度开始创立。此后,明治政府接收了德川幕府设立的三所高等教育机构:昌平坂学问所、开成学问所和西洋医学所,并将它们改称为昌平学校、开成学校和医学校。随着中央官制的改革,大学体制初步形成,以国学和汉学为中心的昌平学校改称为大学校,下辖开成学校(大学南校)、兵学校和医学校(大学东校)。1969 年,明治政府对大学校的指导思想作了如下之规定,"盖神典国典之要,在尊皇道、辩国体,此可谓皇国之目的、学者之先务。汉士孝悌彝伦之教、治国平天下之道,西洋格物穷理、开化日新之学,皆斯道之所在,学校之所宜讲究采择者也"②。大学校的规程意在统合和、汉、洋学的意图,指出大学校的目的在于探明"道之体",开成、医学两校在于研究"道之用"。由此可见,大学校的规程仍然延续了幕府末期佐久间象山所倡导的"东洋道德、西洋艺术(科学技术之意)"的"体用"原则,并将皇道之学作为国民教育的根本放在了首要位置。

① [日]梅根悟监修,世界教育史研究会编:《世界教育史大系—日本教育史》,讲谈社 1978 年版,第 189—190 页。
② [日]村上俊亮、坂田吉雄:《明治文化史》第 3 卷,洋洋社 1955 年版,第 25 页。

三、文部省的设置与大学校行政职能的剥离

明治初期，国学、汉学和洋学三个学派围绕教育思想、旧式学校改革等问题展开激烈争论。国学的代表人物长谷川昭道认为"皇学"乃是"总文武、贯古今、统括世界之三才至大之学"，强调以"皇道"为标准来构建新的学问体系，而把曾经作为"正学"的儒学贬为"外藩学"，并排斥在新的学问体系之外。国学的提倡，儒学的贬低，不可避免地受到儒学学者的抵制与反对，1869 年，昌平学校的学生在汉学者的鼓动下掀起了一场固守汉学反对国学的运动。国学与汉学之争，是关于教育根本之争，两者都想维护其传统地位并争取教育的主导权。无论国学还是汉学，其复古主义思想显然与明治维新的要求背道而驰，必然遭到革新势力、洋学者的激烈反对。在革新派大久保利通、木户孝允等的推荐下，明治政府起用在"开成所"任教的一批洋学者和启蒙主义学者先后到新政府任职。由于洋学者得到政府中革新派和明治天皇的支持，在这场纷争中，文明开化的教育思想开始占据主导地位，教育改革开始全面展开。

为了解决大学纷争，1870 年，明治政府将大学校改称大学，开成所成为大学南校，医学所成为大学东校。同年 3 月，洋学派仿照欧洲学制，制定了大学规则和中小学规则。其中《大学规则》包括学体、学制、贡法、试法、学费、学科六大部分，指出大学乃至整个教育的指导思想在于："道之体也，无物不在，无时不存，其理则纲常，其事则刑政。学校，所以讲斯道、施实用于天下国家者也。然则孝悌彝伦之教、治国平天下之道，格物穷理日新之学，皆宜穷究，其内外相兼，彼此相资，须合于所谓本天地之公道，求知识于世界之圣旨。"①不仅如此，《大学规则》还规定：摈弃以往以国别区分学科领域的设置方法，设立教科、法科、文科、理科、医科五大学科。而且，各个学科直接采用那个时期的西洋译著。大学规则的制定，标志着日本在近代高等教育制度创建中迈出了重要一步，它要求无论是汉学还是国学，抑或是洋学，皆服从明治初期的"求知识于世界"文明开化的宗旨。前后两个规则的出

---

① ［日］文部省教育史编纂会：《明治以降教育制度发达史》第 1 卷，日本教育资料调查会 1938 年版，第 139 页。

台,引发了国学、汉学、洋学之间的纷争,尤其是围绕教育主导权的论争,可谓冲突不断,日益激化。然而,由于洋学风潮日益高涨,陈腐落后的国学、汉学终究敌不住近代科学,逐渐丧失了其支配地位。1970 年 8 月,明治政府关闭了保守势力占据的大学校即昌平学校,重点扶植传授洋学的大学南校(开成学校)和传授西医的大学东校(医学校)。这样,明治初期,主张文明开化的洋学者的启蒙思想成为主导思想,文明开化的教育方针得以确立。①

明治初期,在新旧体制转换交替之中,日本高等教育的管理机构可以说依旧沿袭了传统的大学寮制度,大学校不仅是一个教育机构,也是整个国家教育的行政管理机构。为了改革传统的教育制度,实现近代的中央集权式的国家体制,模仿西方国家,设立专门的教育管理机构也就成为一个首要问题。就是在这一背景下,近代文化教育的专门管理机构—文部省得以设置,近代日本中央集权式的高等教育体制也由此而逐步形成。

1871 年,废藩置县后,明治天皇睦仁(名)将权力进一步集中,对官制又做了如下安排:在太政官以下设正院和左右二院。正院设太政大臣、纳言、参议和各省。太政大臣辅佐天皇总揽政务、祭祀、外交大权;纳言在太政大臣缺职之时代其执政;参议为太政大臣和纳言之副职,协助二官管理政务;各省各部有大藏省、司法省、兵部省、外务省、工部省、文部省、教部省、内务省。左院掌管立法,设议长一人,三等级议员各若干人。右院由各省副官组成,负责草拟法案,审核各省工作。在这一体制下,作为政府机构的各省,并非是直接对天皇负责,而是受参议的节制。以主张文明开化的大久保利通、木户孝允、大隈重信为代表的地方武士担任了政府机构的参议,置身于贵族出身的太政、左、右大臣与各省之间,掌握了政府行政的实权。就这样,在"王政复古"的口号下宣告成立的文部省的运作,实际掌握在了一批主张推行文明开化政策的参议之手。

在此次官制改革中,模仿近代西方学政一元化的教育机构而重构教育行政体制是明治政体改革的一个主要任务。1871 年 9 月 2 日,政府首脑太

---

① 李文英:《模仿、自立与创新—近代日本学习欧美教育研究》,河北教育出版社 2001年版,第 43 页。

政官宣布:"今废大学,设置文部省。"作为全国的教育行政管理机构,文部省掌管全国各府县的学校和一切教育事业,文部省长官即文部卿"掌总判教育事务,管大中小学校"。首任文部卿是大木乔任,文部大辅是江藤新平,下设少辅、大丞、少丞诸官职。江藤新平上任伊始,就与研究法国的学者箕作麟祥等人一道商议制定了文部省的官制与职权,为文部省的组织机构的建立奠定了基础。新的政治体制虽然带有浓厚的封建主义色彩,但不可否认,文部省的设置,标志着中央集权下的教育统一管理机构开始出现。

明治维新之初,日本教育运行体制依旧沿袭了传统的"太学"的运作模式,那一时期的大学校,既是新政府治下的最高学府,也是最高的教育行政机构。但是,文部省的成立打破了传统的模式,改变了传统的高等教育实施机构与高等教育管理机构合二为一的局面,标志着独立的教育管理行政机构的诞生。

总之,文部省的设置,可以更为有效的推广文明开化的教育方针,积极地统一实行聘任外国教员,向外派遣留学生的措施,逐步完善教育制度,推动国际教育交流,从而奠定了日本作为近代化国家的政治基础。尤其是对于近代日本高等教育而言,文部省的设置使近代日本高等教育机构的创建与发展成为可能。

四、专门学校创办与工部大学校的设立

文部省成立后,大力推进教育改革,试图建立近代学校体系。1872 年 9 月,颁发《学制令》及《太政官有关学制之布告》。前者规划了近代学制的宏伟蓝图;后者则全面阐述了新教育政策,否定了修身、齐家、治国、平天下的封建教育思想,其中"国民皆学"的平等教育原则,强调"实学"的功利主义目的等,体现了日本资产阶级的近代教育观,具有划时代的进步意义,为日本教育事业的发展奠定了政策基础。

明治初期日本高等教育机构的创设,主要集中体现在专门学校这一领域,而近代大学的发展反而之滞后于专门学校,可以说这是明治时期教育文化的特质之一。1972 年的《学制》涉及了大学区的设立与大学的创建问题,但因各种条件尚不成熟,直到 1877 年才建成第一所真正意义上的近代大学——东京大学。1873 年,文部省颁布了《学制二编追加》,在这个共 24 章的规定中,专门学校是这样被定义的:"由外国教师教授专门学科(法律、医学、天文学、数学、物理、化学和工业等)的高级学校。"由于在专门学校里使用外语授课,因而要求学生必须有较高的外语水平,为此又设置了外国语学校,外国语学校招收接受过初等教育者,而专门学校招收接受过中等教育者。专门学校对入学者先进行 3 年预科教育,然后是 2~4 年专门教育(本科)。由此可见,专门学校是教授一系列实用型课程、具有高等教育属性的高等教育机构。

《学制二编追加》把这种特别的"专门学校"在制度上确立下来,反映出日本高等教育近代化的独特性。在《学制》的规定中,作为正规的高等教育机构只能设立大学。但是,创办近代大学,首先需要一批系统地学过西方学术技艺的日本教师。因此,《学制二编追加》还规定,专门学校的毕业生是为了将来"采取我国语言教授我国之人"①,也就是说,专门学校的最初职责如同师范学校一样,在于培养教授日本人的日本教师。因此,聘任外国教师采用外语传授高深知识之专门学校,成为创办新式大学所需优秀师资的主要来源。

1873 年,文部省建立了唯一一所官立综合性专门教育机构——开成学校,开成学校是由以前的第一大学区第一中学改称而成,其组织形态也发生改变,成为一所既不属中学,又不属大学,而应该说是介于两者中间的学校。在《学制二编追加》颁布之前,这样的学校在学制中根本找不到其存在的依据,专门学校从这个意义上说也是特别的学校。

总之,开成学校(明治七年改称东京开成学校)和已建立的东京医学校这两所官立学校,作为"由外国教师传授高深学问的学校",开始用专门学校的名称来称呼。但当时用专门学校来称呼的,实际上不仅仅是按照《学制二编追加》的规定之"传授高深学问"的学校。1875 年,日本《文部省年报》对专门学校进行了统计,除官立两所外,还有公立 1 所、私立 5 所;翌年,其数量增加到公立 5 所、私立 6 所。这些公、私立专门学校是以医、法、农等专

---

① [日]天野郁夫:《近代日本高等教育研究》,玉川大学出版部 1998 年版,第 20 页。

门教育为目的的学校。但它们与两所官立专门学校不同,既不是"外国教师"用外语传授的学校,也不是"传授高深学问"的学校。这是与《学制二编追加》中所说的"专门学校"明显不同性质的学校。与其这样,倒不如说是把无法纳入《学制》中的"小学、中学、大学"等正规的学校体系框架中的专门教育机构,在没有明确的法律依据的情况下,全部用专门学校的名称来称呼之。

富国强兵、殖产兴业与文明开化是日本明治维新的三大目标。迫于欧美列强武力而开国的日本,清醒地认识到如果不能实现富国强兵,国家将会沦落为欧美列强的殖民地。因此,日本政府一方面实行产业移植主义,另一方面积极推动外语、法学、商业、工业等一批实用科学的教育。明治初年,日本近代资本主义产业大部分是在西方技术专家的指导下建立起来的,这些技术专家不仅是生产活动的指导者,而且是生产技术的传播者。在他们的带动下,各产业部门都不同程度地开展了技术传习活动,其中,比较突出的有工矿业、纺织业和造船业。[1] 技术传习活动,属于企业内教育,虽然针对性强,办学形式灵活,但毕竟规模和水平有限,难以满足产业扩展的需要。同时,文部省直属学校培养的管理人才和技术人才远不能满足政府提倡的殖产兴业的要求。为了培养更多的技术人才和管理人才,尤其是产业移植活动所急需的高级技术人才,政府的内务省、工部省、大藏省等官厅机构也开始创办独立的专门学校。1871 年,工部省在东京延冈藩邸设立工学寮,这是日本最早的官立工业学校,此外,工部省还设立了一些教授工业技术的速成教育机构,如灯台挂学校、电讯寮技术学堂、造船寮横须贺学堂、制铁寮学堂等。1872 年,北海道开拓使厅创办了日本最早的农业专门学校——札幌农业学校,以培育农业拓殖人才。1874 年,内务省设立农事修学场(后改为驹场农业学校),面向全国培养新型农业人才。1871 年,司法省设立明法寮,进行法学研究,培养法律人才。1874 年,大藏省设立银行学局,开创了日本近代的商业教育。此外,日本的有志之士还创立了诸多私立专门学校,如,森有礼创办的商法讲习所、岩崎弥太郎设立的三菱商船学校、小林重太郎创立的函馆商船学校等。

---

① 朱文富:《日本近代职业教育发展研究》,河北大学出版社 1999 年版,第 30 页。

从专门学校的历史演进来看,专门学校的创办是明治初期日本教育改革或教育实验的一个重要举措,它为日本近代大学的形成进行了先期探索,并在内容和形式上做好了充分准备,从这种意义上说,专门学校是日本近代大学的雏形。如工部大学校成为东京大学工学部的前身,札幌农业学校几经变迁演变为北海道大学,商法讲习所后改名为东京高等商业学校,成为今天一桥大学的前身等等。由此可见,日本近代高等教育机构逐步"从无序到有序、从单轨制到双轨制、从民间兴学到国家大力办学、从注重实用性到实用性与科学性并重"①。

专门学校创办之初,尽管办学目的明确,但由于缺乏统一领导和规范,专门学校的名称五花八门,形式多种多样,内容千差万别,规模大小不一,学者吴光辉称之为专门学校发展之初的"混迷"形态。正是在这种情况下,大学校的名称也被使用,其中最有影响是工部省创立的工部大学校。从历史上来看,工部大学校的设立揭开了日本高等工业教育的序幕,为日本近代工业化做出了巨大贡献。

1870 年 12 月,明治政府成立工部省,统辖矿山、钢铁、铁道、电信诸般事业,肩负振兴日本近代工业革命的使命。日本产业移植活动急需大批高级技术人才,聘任外国专家成为明治政府的唯一选择,1970 年工部省雇佣外国人约 90 人,1871 年为 170 人,到后来的 1874 年达到顶峰,其数量约300 人。② 对外国技术专家过度依赖引起了日本有志之士的忧虑:"若始终借助他们的力量来成就我们的功业,虽可达成一时开化之状况,但万世富强的基础却很难确立。"③为了减少并逐渐取代这些外国技术专家,尽快实现技术独立,发展民族产业,建立人才养成学校成为这一时期教育发展的主要任务。1871 年 8 月,工部省在东京设立工学寮,后改为工部大学校。其职责是"以奖励开发工学,奠定发家立业之本为当务之急",目的在于"培养在

① 吴光辉:《转型与建构—日本高等教育近代化研究》,世界知识出版社 2007 年版,第147 页。

② 朱文富:《日本近代职业教育发展研究》,河北大学出版社 1999 年版,第 37 页。

③ [日]三好信浩:《日本教育的开国—外国教师与近代日本》,福村出版社 1986 年版,第 273 页。

工部任职的工业技术官"①。根据 1872 年 3 月公布的《工学部学校建设概要》规定,工学寮由小学部和大学部两部分组成。小学部学制 2 年,招收 16 岁以下的学生,完全按西洋方式施教,学习期满经考试成绩合格者进入大学部进行专业教育;大学部学制 4 年,专业学习 2 年,实践学习 2 年,设有土木、机械、电讯、建筑、实地化学、矿山、熔铸等七个专业。1873 年 8 月大学部举行入学考试,共招收 52 人;1874 年 2 月小学部成立,第一批学生招收 53 人。工学寮聘请了大量外国教师,其中以英国人居多,最高达到 16 人,英国格拉斯哥大学教授亨瑞·戴尔(Henry Dyer)出任大学部校长。戴尔是日本工业教育的奠基者,开创了新型工业教育模式,并由此形成了具有日本特色的工程教育体制。戴尔对欧洲各国的工业教育制度进行了充分调研,本着建立新型工科大学的理念,制定了工学寮的学校规程,实施颇具特色的培养方式。其规程要求学生在 6 年学习期间,每年有 6 个月在寮中学习,其余 6 个月到工作现场学习技术,最后 2 年完全在工作现场实习,也就是说采用的是"在寮学习和实地修业相交叉"的三明治方式。② 这种将科学和技术有机结合起来的办学理念不仅在当时具有进步意义,而且也对世界工业教育的发展产生了深远影响。

　　1877 年,工部省将工学寮大学部和 1876 年成立的工部美术学校合并,改名为工部大学校。为节省经费开支,重点培养高级技术人才,同年废除小学部。1879 年,工部大学校培养出了第一批毕业生共 33 人。按照当初计划,工部省选派 11 名成绩优秀者到英国留学,工部省在申请留学的上奏函中清晰表明了设立大学校及派出留学的目的及意义:"工部大学校设立以来,入校生徒学艺递进,到今年已陆续毕业,而且将来所有的学生都会毕业。用他们代替外籍教师,最终可以全部废除外国人的雇佣,由日本人自己推动工业",③1882 年,工部大学校扩充专业设置,增设了造船官吏专业和造船

────────────────

　　① 朱文富:《日本近代职业教育发展研究》,河北大学出版社 1999 年版,第 36 页。

　　② 李文英:《模仿、自立与创新—近代日本学习欧美教育研究》,河北教育出版社 2001 年版,第 82 页。

　　③ ［日］三好信浩:《日本教育的开国—外国教师与近代日本》,福村出版社 1986 年版,第 273 页。

专业,至此,工部大学校共设置 9 个专业。1885 年,随着日本内阁制的建立,工部省废除,工部大学校移交文部省管辖。1886 年,随着《帝国大学令》的公布,工部大学校与东京大学工艺部合并为工科大学,成为东京大学工学部的前身。据统计,从 1879 年到 1886 年,工部大学校共为日本培养了 213 名高级技术人才,其中大部分人成为日本工业生产和工业教育的先行者和中坚力量。

第二节 明治中期以后日本大学校的
衰微与存续(1881—1945 年)

一、大学校衰微的历史背景

明治政府成立后,如何改造旧的社会体制,发展资本主义成为明治维新的重大课题。对于缺乏资本主义发展经验的日本领导人来说,其选择的捷径唯有移植欧美资本主义制度,并逐步加以改造。为此,1871 年明治政府派出以右大臣岩仓具视为全权大使的数以百计的庞大代表团赴欧美考察西方政治经济文化教育制度,寻求发展资本主义的政治制度和经济模式。经过十余年的模仿、移植,日本在较短的时期内建立起了适应资本主义发展的各类体制机制。① (见表 2-1)

表 2-1 明治时期日本引进的各种体制

来 源	机 构	年 份
英 国	海 军	1869
英 国	电报系统	1869
英 国	邮政系统	1872
英 国	邮政储蓄	1875
法 国	陆 军	1869
法 国	小学系统	1872

---

① [英]托马斯·K.麦格劳:《现代资本主义:三次工业革命中的成功者》,赵文书等译,江苏人民出版社 2000 年版,第 499 页。

续表

来　源	机　构	年　份
法　国	警察系统	1874
法　国	司法系统	1872
美　国	小学系统	1979
美　国	国家银行系统	1872
德　国	陆　军	1878
比利时	日本银行	1882

　　毫无疑问,日本资本主义的发展是建立在一定的工业发展基础之上的,而这种基础是相当薄弱的。明治新政府成立后,为达到富国强兵的目标,立即着手推行殖产兴业的政策。在大久保利通和木户孝允等人的推动下,日本政府进一步落实了有利于资本主义发展的政策。首先政府接管原幕藩建立经营的各种军工厂和矿山企业;其次由政府直接出资引进和移植西方各国的先进技术设备,兴办各种模范工厂和实验场;第三制定各种企业保护法,建立和发放各种产业助成金和低息贷款,大力鼓励和扶植民间企业的成长。明治政府负责日本近代产业的有两大部门,工部省与内务省。工部省的重点在铁路、电信、机械和矿山等方面;内务省则主要以纺织业为主。在纺织工业方面,内务省创办一批纺织企业,如富冈缫丝厂、千住呢绒厂、爱知纺纱厂、新田丁丝纺厂和广岛纺纱厂等,内务省以这些官办的企业为示范,引导和带动民间兴办近代资本主义产业。移植欧美近代资本主义产业是日本明治初期产业发展的另一条路径。明治政府成立后,除从幕府手中接收了大批工厂、矿山外,还创办了东京炮兵工厂、大阪炮兵工厂、兵库造船所长崎造船所、赤羽制造厂等一批新工厂。这些官办的工厂企业,大量引进欧美国家的先进生产技术和设备,使其具备了近代工业的规模和水平,其中年产上千吨的深川水泥厂被视为日本移植近代化学工业的一个开端。此外,工部省在铁路建设、矿山开采、机器制造等方面成效显著,初步建立一个由采矿——冶炼——机器制造等三个部门构成的近代工业体系,为日本整个近代工业的发展奠定了基础。

日本近代工业的建立和产业革命的兴起,对日本教育特别是高等教育的发展产生了深刻影响。生产力的发展客观上对教育的发展提出了更高的要求,要求教育能够提供更多的掌握近代科学技术知识的人才。为此,日本明治政府开始着手近代大学体系的建构,以满足社会经济快速发展对大量专门人才的迫切需求。但是《学制》提出的教育改革的设想,由于过于宏大,严重脱离日本的国情,致使改革预期难以实现。特别是关于建立大学体系的构想更是力不能及难以完成。因此,建立符合国情真正意义上近代大学成为日本明治政府的重要课题。1877 年东京开成学校与东京医学校合并,改称为"东京大学",成为日本近代史上的第一所综合性的大学。1879年《教育令》以及 1886 年《学校令》的颁布,日本开始对学校教育制度进行了整顿和规范,作为具有专门学校性质的大学校日渐衰微,并逐步退出国民教育体系,仅留存在军事教育领域。

二、《教育令》的颁布与文部省对教育统一领导权的确立

明治时期日本教育改革经历了一条曲折、艰难而复杂的过程,从 1872年颁布《学制令》建立近代学校教育制度起,到 1890 年颁布《教育敕语》时止,在这十八年中间,日本无论是在教育政策方面,还是在教育制度方面都经过了反复的试验。1872 年颁布的《学制》由于计划宏大,脱离日本实际,颁布之后即遭到多方指责和抵制,新学制仅仅维持了七年即被废除,1879年 3 月,文部省颁布《教育令》。《教育令》是由极为推崇美国教育制度的文部大辅田中不二麿制定的,因此,《教育令》放弃了法国干涉主义和整齐划一主义,而以英、美功利主义和自由主义为其思想内核,故又称"自由教育令"。

《教育令》首先强调了政府的统一管辖权与监督权,规定"全国的教育事务皆由文部卿统摄,故学校、幼稚园、书籍馆等无论公立私立之别,皆在文部卿的监督之内。"其次,对于地方的初级教育权,在文部省统一管辖内,由各个町村选举自己的学务委员,根据人民的自由意志自主地设置与监督学校。第三,对各类学校进行了"合法性"确认。《教育令》规定,"学校是指小学校、中学校、大学校、师范学校、专门学校、其他各种学校";"大学校为教授法学、理学、医学、文学等专门诸科之场所"，这里所谓的大学校，即指东京大学(虽然名称是东京大学，但在法律条文中还是将东京大学定为大学校之类)，采取了文部卿直接管辖的方式；《教育令》还对师范学校、专门学校做了相应规定，师范学校是"培养教员之场所"，专门学校是"教授专门一科之学术的场所"。相关规定为各类学校的发展提供了法律保证。

《教育令》的实施造成了日本教育的自由放任，并导致日本教育，特别是基础教育的混乱倒退现象，从而引起社会各界不满与批评。1880年，文部卿田中不二麿调离文部省，河野敏镰接任文部卿，日本的文教政策开始由西化主义向保守的国粹主义教育转变。在河野敏镰的积极推动下，1881年，日本政府公布了《改正教育令》，《改正教育令》"折中《学制》和自由教育令，实行劝学主义"①。《改正教育令》进一步强化了中央对教育的监督权力。明确规定：无论公立、私立学校的设置、停办一律由中央决定；小学校的学期、授课日数、时数由文部省统一规定；教学科目须依据文部省颁布的纲要，由地方官根据当地情况编制安排；学务委员由选举制改为任命制，教员任免由地方官批准。

如前所述，《教育令》对"学校"概念及类型进行了界定，而《改正教育令》对学校类型做了重新认定："学校是指小学校、中学校、大学校、师范学校、专门学校、农学校、商业学校、职工学校、其他各种学校。"在该法令中，将农业学校、商业学校、职工学校从专门学校中剥离出来，作为独立的学校类型正式列入法律条文中，并做了如下规定："农业学校是传授农耕学业之场所，商业学校是传授商卖学业之场所，职工学校是传授各种工艺技术之场所。"②《改正教育令》对"学校"概念及类型进行重新界定源于两个方面的原因：一是1880年以后，随着普通教育制度的逐步确立，发展职业教育的呼声日渐高涨，因此，文部省要求各府县根据各地实情设置中学校及专门学校、农业学校、商业学校、职业学校等；二是明治维新以来，为了推行"殖产兴业"的国策，各个省厅独自设立了一批专门学校，游离文部省管辖之外，

---

① ［日］稻富荣次郎：《明治初期教育思想的研究》，福村出版社1959年版，第154页。
② ［日］文部省：《学制百年史》，帝国地方行政学会1973年版，第31页。

实施自我管理。随着文部省对教育监督权力的加强,关于专门学校管理机制的争论日益增多。1881 年 4 月,日本进行行政改革,废工部省,设置农商务省,并做出了让其接管原工部省、内务省管辖的各种职业学校和职业教育设施的规定。这一规定与《改正教育令》的第一条相矛盾,因而遭到文部省的强烈抗议,文部卿福冈孝弟多次向太政官上书,强烈要求将专门学校的管理权置于文部省之下。为了平息争端,太政官将上述矛盾提请参事院审议裁决,参事院认为,"如果只考虑实业上的便利,就会使一般教育失去平衡,从而影响整体教育的进步。"①基于参事院的意见,明治政府决定,除与实业发展密切相关的农学博物馆和商船学校仍由农商务省管辖外,其他各种学校统归文部省管理。文部省对教育的统一领导权确立,不仅有利于解决了明治维新以来高等教育机构,尤其是专门学校政出多门、各行其是、混乱无序的"混迷"状态,而且也为建立具有近代大学之根本内涵的大学体系奠定了基础。

三、《帝国大学令》的颁布与大学校退出国民教育体系

日本 1872 年《学制令》颁布,确立了近代学制,其后经过《教育令》《改正教育令》《学校令》《实业学校令》等几个阶段的修改和调整,构建起了包括小学系统、中学系统、大学系统、实业学校系统等组成的近代学校网络体系。日本近代国民教育制度的建立,一般认为以森有礼的教育改革为标志。1885 年,明治政府建立了内阁制度,森有礼担当首任文部大臣。在森有礼的主导下,日本明治政府 1886 年制定了《帝国大学令》,将东京大学改为帝国大学,同时,颁布《师范学校令》《小学校令》《中学校令》和《学位令》,这些法令被统称为《学校令》。根据《学校令》,日本建立起以小学为基础的连贯的学校系统,形成以高等小学→普通中学→高等中学→帝国大学为直系,以高等小学→普通师范学校→高等师范学校为旁系的两大学校系统。

1886 年 3 月 2 日颁布的《帝国大学令》,是森有礼担任文部大臣后颁布的首条法令。森有礼的教育改革一方面强调实施立宪政治必不可缺的前提

---

① [日]原正敏:《技术教育的历史与展望》,开隆堂 1975 年版,第 135 页。

条件在于培养立宪的国民（臣民），为此必须确立国家主义教育体制；①另一方面采取德国双轨制教育制度，建立英才教育和大众教育两个体系，认为作为英才教育的大学，不仅是教授知识的场所，也应是"学问的场所"，由此明确了近代大学的两项基本职能，即人才培养和科学研究。森有礼对日本大学的改造源于19世纪德国大学的发展模式，即"形成单学科教授，强调高度专门研究，以研究为基础进行教学"。德国的大学制度在很长时期成为公认的国际模式，对世界各国尤其日本高等教育的发展产生了深远影响。

《帝国大学令》全文由14条构成，其要点如下：1. 帝国大学的宗旨是"应国家之需要，以教授学术技艺及考究其蕴奥为目的的教育机构"。2. 帝国大学由大学院及分科大学组成。大学院是"考究学术技艺之蕴奥"的场所，分科大学是"教授学术技艺之理论及应用"的场所。分科大学设有法科大学、医科大学、工科大学、文科大学及理科大学。3. 帝国大学的职员、教员采取"敕任"或"奏任制度"，总长（校长）"秉承文部大臣之命统辖帝国大学"并兼任法科大学长之职务。4. 帝国大学设立评议会及评议官制度，评议学科课程及大学自身发展诸问题。

《学校令》的颁布，标志着日本近代国家主义教育体制的确立；《帝国大学令》的颁布，建立起了日本近代高等教育体制。诚如学者吴光辉认为那样，日本高等教育近代化的基本模式可以表述为：思想是根本前提、制度是基本标志、机构是外在表现、课程是内在基础。《帝国大学令》颁布之后，日本唯一的一所大学——东京大学改名为"帝国大学"。森有礼按照德国大学模式对帝国大学进行了多方位的改造，使之真正成为一所具有"近代大学"内涵的高等教育机构。

第一，帝国大学具备了近代大学的基本职能。1870年，威廉·冯·洪堡创办德国柏林大学，它颠覆了中世纪以来传统大学的模式，倡导"学术自由"和"教学与研究相统一"。它树立了现代大学的完美典范，被誉为"现代大学之父"。教学与研究相统一，既体现为大学的社会职能，也体现为大学的教学原则，更反映出应社会发展需求而产生的近代大学的基本理念。日

———————

① 王桂：《日本教育史》，吉林教育出版社1987年版，第160页。

本明治初期,科学技术十分落后,近代工业非常幼弱,在此基础上创建的高等教育机构,其主要任务是"求知识于世界",因此,无论是初创的大学校、还是专门学校,抑或是东京大学等高等教育机构,其基本职能无非是传授知识,培养人才。如《学制二编追加》中规定:专门学校是"由外国教师教授专门学科(法律、医学、天文学、数学、物理、化学和工业等)的高级学校"。《教育令》也明确规定:"大学校为教授法学、理学、医学、文学等专门诸科之场所。"森有礼在对日本旧大学的改造过程中,摄取了德国大学的教学与研究相统一的基本理念,明确指出帝国大学的宗旨是"应国家之需要,以教授学术技艺及考究其蕴奥为目的的教育机构"。由此确立了日本帝国大学人才培养与科学研究的基本职能,并推动了日本科学技术的自立与进步。

第二,形成了近代大学的组织形式与学科结构。《帝国大学令》规定帝国大学由大学院和分科大学组成。大学院以研究"高深的学问"为主;分科大学则以专业教育为主。1886年3月,帝国大学制定了《大学院规程》,标志着日本研究生教育制度的开端。帝国大学采用分科学制,东京大学原有的几个学部改称为法政大学、文科大学、医科大学及理科大学,原工部省管辖的工科大学校,农务省管辖的东京农林学校和山林学校合并组建的农科大学,相继成为帝国大学的工科大学和农科大学。经过改组合并调整,帝国大学的分科大学达到6所,大学的学科体系得到进一步充实和扩展。

第三,建立起了近代学位制度。1877年,日本创办第一所近代化的大学—东京大学。1879年6月制定学位授予规则,同年7月开始授予学位,授予毕业生以"学士"称号。1887年继《帝国大学令》之后,日本正式颁布《学位令》,建立了日本近代学位制度,形成了新的研究生院制度。《学位令》规定:(1)研究生学位分为博士和大博士两种。博士的种类有法学、文学、医学、理学、工学五种。对于大博士学位有特别严格规定,必须被确认为在学术上有特殊功绩者,经内阁会议审议后方可授予。(2)学位授予权归文部大臣。(3)帝国大学只负责学位候补人的审定和推荐。(4)授予的资格:帝国大学研究生院毕业,正式考试合格者;帝国大学评议会推荐者;经帝国大学评议会论文审查合格者。此后,《学位令》经过三次修改完善,最终确立了比较完备的近代学位制度。

日本近代大学的发展过程,是社会政治、经济、文化共同作用的结果,是不断摆脱封建官学影响而逐步引进吸收西方大学模式的过程,也是日本学者在探索中对大学本质理解不断深化的过程。纵观明治维新以来日本高等教育机构的演变,近代大学体制的建构,经历了从无序到有序,从混乱到规范的发展形态。1868 年明治政府在中央官制中首次设立大学校以来,大学校之名几经废立,其主体与职能多有变化,但大学校的高等教育属性一直未变,并始终处于教育结构的最高层次。如果说,从明治维新初期的大学校到东京大学的建立是日本高等教育处于摸索阶段的话,那么,帝国大学的出现,应视为日本高等教育开始走向独自发展的道路。帝国大学体制的确立,结束了日本自明治维新以来高等教育机构变化之频繁、发展之复杂的局面,以 1886 年工部大学校与东京大学工艺部合并为帝国大学的工科大学为标志,"大学校"彻底退出国民教育体系。

四、大学校在军事教育领域的存续

如前所述,1886 年,日本政府颁布《帝国大学令》之后,文部省加强了对高等教育的统辖和监督,相继将原来工部省管辖的工部大学校,农务省管辖的东京农林学校和山林学校合并组建成为帝国大学的工科大学和农科大学,从而建立了统一规范的大学体系,"大学校"这一称谓正式退出国民教育体系。但是在军事教育领域,作为培养陆军、海军高级军官的高等教育机构——陆军大学校、海军大学校则一直延续至二战结束。

不可否认,明治时期国家主义教育体制的确立,确实加速了日本追赶西方列强的近代化进程。但是日本教育自身却并没有随着"富国强兵"而完成其近代化进程。相反,狭隘的国家主义理念以及政治统治教育的管理模式形成了近代日本教育的"病理性格",最终被封建军国思想所支配,成为天皇制政权对内维护专制统治,对外侵略扩张的工具。① 1890 年,明治天皇颁布《教育敕语》,确定以儒家思想道德为中心的国粹主义教育方针,从此日本军国主义教育便正式确立并日益强化。

---

① 于洪波:《日本教育的文化透视》,河北大学出版社 2003 年版,第 209—210 页。

军事人才的培养是富国强兵和军事变革成功的关键。明治政府敏锐地认识到这一点,木户孝允在 1869 年就建议说:"取舍文明各国之规则,渐次振兴军事学校,实乃今日一大急务"。当时世界上海军最强大的国家是英国,陆军最强大的国家是法国。于是,日本明治政府于 1870 年确立了"海军英吉利式,陆军法兰西式"的军队改革方针。

随着日本经济实力的增强,明治政府开始加大军事投入,极力扩充军备。据统计,1893 年之前历年的军费开支分别占岁出总额的 25% 至 31% 左右,1881 年至 1887 年,日本陆军费用增加了 40% 以上,海军经费增长了200%。如果说明治初期日本"强兵"目的,是为了实现民族独立,抵御外来侵略,那么后来"强兵"的国策,则是试图通过穷兵黩武,对外掠夺,实现强大国家的目的。由此,随着国力的逐渐增强,日本的角色发生了彻底转变,由曾被侵略被殖民的国家转变为侵略性极强的国家。出于对内专制统治的目的和对外侵略扩张的国家发展策略,作为海洋岛国的日本优先发展陆军和海军两种军事力量,在对外侵略战争中,日本军国主义教育内容不仅渗透到各级各类学校,而且还形成了日本近代独具特色的军事教育体系。

1. 陆军大学校

在日本军事教育系统,陆军形成了陆军幼年学校—陆军士官学校—陆军大学校逐级递进、相互衔接的初、中、高三级教育体系。陆军士官学校是日本最早建立的以培养陆军主官的军事学校。明治初期,为了达到富国强兵的目的,1868 年,明治政府在京都设立"兵学校",1869 年,迁至大阪改名为"大阪兵学寮"。1874 年,明治政府正式制订《陆军士官学校条例》,并以兵学寮为基础组建陆军士官学校。陆军士官学校成立初期采用法国式军事教育制度,学生被称为"士官生"。学制因兵科不同而有所区别,步兵和骑兵科学习年限为 2 年;炮兵和工兵科学习年限开始为 3 年,第二年改为 4年,到 1881 年又延长至 5 年。1871 年,普法战争爆发,法国军队战败。由此,日本陆军认为德国的陆军制度要优于法国,于是改为实行德国陆军制,建立以参谋本部为核心的指挥制度,注重对士兵的战斗训练和战术教育。

陆军士官学校在大阪兵学寮时代,即设置了"幼年学舍"附属机构,兵学寮改称陆军士官学校以后,幼年兵舍也改称"陆军幼年学校",除了东京的陆军中央幼年学校以外,在仙台、名古屋、大阪、广岛、熊本等地还设有陆军地方幼年学校。陆军幼年学校招收初中毕业生,学生首先在地方幼年学校学习 3 年,然后集中到中央幼年学校再学习 2 年,学习期满可免试升入陆军士官学校,进一步学习深造。

　　陆军大学校是日本陆军培养军事精英的高等学府,于 1882 年依据陆军大学校条例及参谋养成之目的而设置。1883 年,陆军大学校初设于东京港区北青山,首期招生 10 人。设校两年后,陆军参谋本部延请德国军事学院的雅克布·梅克尔少校担任陆军大学校军事教官,引进德国军事参谋教育与制度。陆军大学校考试选拔非常严格,报考资格为陆军士官学校毕业且成绩在前 20% 的毕业生;在部队有两年以上经历,未满 30 岁的少尉、中尉军官。考试分为初审和再审 2 次,入学率仅 10%。学制为步兵、骑兵三年,炮兵、工兵为两年。陆军大学校的课程分普通学和军事学两类。普通学包括交通、历史、数学、统计、国际公法、法律、外语等 7 门课程,共 608 课时。军事学再分为学科和术科两种,学科包括马学、卫生、会计、兵器、建筑、参谋学要务、战史、战术、海战术、地形、沙盘、要塞战术等 12 门课程,共 1796 课时;术科包括马术、参观、野外测量、现地战术、参谋演习拉练、战史旅行、基层勤务、秋季演习、参加特别大演习等 9 门实务课程,共 1110 课时。1923 年设置专攻科,1933 年设置研究部与专科,加强陆军组织、战略及战术的研究与探讨。日本陆军内的各类学校通常由教育总监部统辖,但陆军大学校却由参谋本部直接管辖,学生毕业后的人事安排由参谋本部直接处理。至二战结束,陆军大学校共培养了 3485 名毕业生,有一大批毕业生升至将、大佐级高阶军官,几乎垄断了所有陆军的核心位置,形成"无将不是陆大出"局面。

　　2. 海军大学校

　　明治维新初期,日本无论是经济基础还是军事实力都比较弱小,因此,明治政府秉承"专守防卫"军事理念,以建立"常备陆军"为新政权首要的军事任务。但是,基于海防战略和"御外侮"的现实需求,特别是在对外扩张野心的驱动下,日本海军近代化加速推进。为了奠定海军的基础,明治政府首先将重点放在海军人才的培养上。1868 年 7 月军务官的奏折内容集中反映了这一思想,"耀皇威于海外非海军莫属,当今应大兴海军。……有鉴于皇国精通技艺之士甚少,故兴办学校为建设海军之根本。拟在兵库创办学校,以建立海军之基础"①。为此,1870 年,明治政府在东京的筑地开设的"海军操练所",第二年操练所改名为"海军兵学寮",到 1876 年又改名为"海军兵学校"。与陆军一样,日本海军在一开始也是采用的法国式教育,但海军的转型比陆军更早,从海军操练所设立开始就从原来的法国式教育转到了英国式教育。1873 年,受日本海军邀请以阿奇博尔德·道格拉斯少校为首的 34 名英国教官抵日,开始对日本海军学校的教育体制机制按照英国模式进行全面规划和改造。道格拉斯少校不仅拟定了学校章程,还对基础课、专业理论课以及舰上实践的比重和分布做了详细规定。英国教官在日本任教时间长达 17 年,为日本海军教育近代化做出了重要贡献。海军兵学校学制一开始是 3 年,从 1932 年延长到 4 年,由于受侵略战争的影响,学制一再缩短,最后减到 2 年零 4 个月。之所以会出现这种变化,简言之,可以说一切为了战争、一切因为战争。学生毕业后任命为少尉候补生,分配到专门的练习舰队,经过半年左右的远洋航海和训练以后再任命为少尉军官。

随着日本海军逐渐壮大和地位的提升,日本海军省在 1888 年设立海军大学校,学制 3 年,是培养海军高级将领的高等学府。海军大学校报考资格为海军兵学校毕业且排名在前 20%,军衔要求是大尉或少佐,比陆军大学校高一级。海军大学校从一开始的培养目标就是海军高级将领,不像陆军大学校那样定位在"参谋"上。这是因为参谋在日本海军没有像在陆军那么重要,海军的指挥权在舰队司令长官手里,参谋只是出谋划策,没有必要非是海军大学校毕业,当然,担任各舰队参谋的大都是海军大学校的毕业生。

在日本军事教育系统内,像陆军士官学校、海军兵学校这种直接培养军官的学校被称为"补充学校",这种"补充学校"在陆军系列还有培养军需后勤军官的"陆军经理学校"和培养宪兵的"陆军宪兵学校"以及培养军医和兽医的"陆军军医学校"和"陆军兽医学校"等;海军则有"海军经理学校"和培养轮机部门军官的"海军机关学校"以及"海军军医学校"等等。除"补

---

① [日]外山三郎:《日本海军史》,龚建国译,解放军出版社 1988 年版,第 13 页。

充学校"之外,日本还存在一类被称作"实施学校"的机构,主要对现役军官实施技能提高训练,像陆军的骑兵学校、步兵学校、战车学校、野炮兵学校、重炮兵学校、高射学校、工兵学校、通信学校、辎重兵学校,海军的气象学校、潜水学校、通信学校、电测学校、炮术学校、航海学校等。这类学校的学员全部是陆军士官学校或者海军兵学校毕业后,再经选拔入学深造。

从明治初期到甲午战争前,经过二十多年的创建、充实、扩张,日本已经形成了军兵种学校门类齐全,军官培训系统化、专门化的近代军事教育体系。从种类上分,既有军事技术学校,又有军事指挥学校;从层次上分,既有培养一般军事指挥人才的初级学校,又有培养军官战略眼光的陆海军最高学府。据统计,从日俄战争到第二次世界大战结束,日本的中高级军官90%都毕业于陆海军最高学府。这种训练体制适应了战争的需要,顺应了世界军事变革的潮流。但是,随着军事教育的发达和军事实力的增强,日本发动了一次又一次对外侵略和扩张,最终将自己拖入了灾难深重的战争深渊。1945年8月日本战败二战结束,日本在近代建立和发展起来的军国主义高等教育体制彻底崩溃,美军占领当局宣布废除陆军大学校和海军大学校,自此存在日本近代历史尘迹中达半个多世纪的大学校退出了高等教育的领域。

第三节 战后日本经济恢复时期大学校的重建与转型(1946—1957年)

日本大学校的历史演变,以第二次世界大战结束为分界线,可分为前后两个历史发展时期。战前,日本大学校名称的存废流变反映出日本大学创建、调整、重组、充实、统一这样一种阶段过程以及其所处社会错综复杂、变化多端和法无定法的教育生态。明治之初,日本政府设立大学校其意图是效仿法国大学校建立一所有别于传统大学的以培养社会发展所需实用人才的综合性大学,无论是1877年建立的具有近代意义的东京大学,还是1886年重组的东京帝国大学,一直承袭了大学校初建时期的初衷。在国民教育体系中,大学校的存在尽管短暂,但其始终是明治时期教育最高层次和精英化教育的象征。同样,在日本军事教育体系中,大学校也是实施军事精英教育的高等学府学。

1945年8月15日,日本接受《波茨坦宣言》,向同盟国无条件投降。从这时起,一直到1951年签订旧金山和约,日本一直处于盟军(实为美军)的占领状态。日本政府根据占领当局的旨意并迫于国内民主势力,对日本社会的政治、经济进行所谓民主改革,同时也对战前教育体制进行全面改革。1947年3月,日本相继颁布了民主教育改革的指导性法规——《教育基本法》和《学校教育法》。《教育基本法》根据新宪法的基本精神明确规定了教育的指导思想、原则、方针与政策,它以和平、民主的教育代替军国主义的、国家主义的教育;以法令主义代替敕令主义。《学校教育法》成为新学制改革和新学校体系建立的依据,它废除了旧学制的复杂多轨制,建立起六、三、三、四单轨制;它以单一化的学校体系代替战前结构复杂、种类繁多的学校系统。《学校教育法》明确规定了学校的范围、学校的设置标准、学校的管理以及学校教学目的与内容等,同时,也对正规学校以外的类似学校教育的"各种学校"做出了相关规定。可以说,这条规定为大学校等各种学校的建立预留了法律依据和发展空间。经过短暂的社会改革与整顿,日本开始步入和平有序的发展道路,单一化学校体系也逐渐暴露出存在的弊端,由于学校体系中职业教育与训练机构的缺失,导致社会发展和产业进步急需的高级专门人才处于无处培养的空白状态。而此时,旧制高等教育机关的调整改造正在进行,新制大学体系尚未建立。在这种背景下,日本政府各省厅依据相关法令,开始设立专门培训机构,并逐步升格为培养和训练高级专门人才的大学校,大学校的重建由此展开。

一、大学校重建的历史背景

任何事物的产生、发展和消失,都是各种因素共同作用的结果,都有其深刻的社会背景和原因。承前所述,日本明治维新时期大学校的创建是日本近代大学发展的肇端,它承载了日本高等教育近代化的历史使命。战后日本大学校的重建与职能的转变,不仅是社会变革的一部分,也是日本社会发展各种要素共同作用的结果。正是战后日本社会的剧烈变革,催生了不同于历史前期的、传统意义大学内涵的大学校。

1. 战后初期日本政治改革与社会秩序恢复

日本战后改革是继明治维新以来日本的又一次重大变革。如果说明治维新是外力推动下的自主变革,是基于西方压力做出的反应与选择,那么战后变革则是在外力直接干涉下的强制改造,是清除军国主义,专制主义而进行的全面变革。体制转轨时期,旧体制被打破,而新体制还未建立,制度不健全,法制不完善,由此造成了日本社会的混乱虚脱状态。

1945 年 9 月,美国占领当局公布了《投降后初期美国对日方针》,阐明了占领和改造日本的目标与政策,即(A)保证使日本不再成为对美国以及世界安全与和平的威胁;(B)建立一个和平而又负责的政府。该政府应该尊重他国权利,应支持联合国宪章的理想与原则所表明的美国之目的①。在这一总体目标之下,美国占领当局首先解除了日本军队的武装和解散了日本军队;其次,向日本政府发出了《关于民权自由的指令》,要求释放所有政治犯,废除《治安维持法》和特高警察,免除内务大臣、警保局长、警视总监、各都道府县警察部长的职务。10 月,美国占领当局指令币原喜重郎内阁实行五大改革,即妇女参加政权与妇女解放;保障工人团结权和团体交涉权;废除具有压制性质的各种制度;教育的自由主义化;经济结构民主化。为了实现改造日本的目标,建立民主化的政治体制,"公职驱逐"与旧政体解散的工作随即在日本展开。1946 年 1 月,美国占领当局发出解散右翼团体及裁撤军国主义头目公职的指令,规定所有战争的"协助者",一概从政界、经济界、言论界的岗位上离开,结果约 12 万名旧政府公务员遭到"放逐"(解职)的命运。

美国占领当局为了彻底消除日本军国主义、专制主义因素,确立资产阶级民主政治体制,修改明治时期制定的《大日本帝国宪法》成为其政治改革的基础工作。币原内阁以占领当局提供的新宪法草案为蓝本,制定出了《宪法修改草案纲要》,经新选出的议会审议,新宪法《日本国宪法》于 1946 年 11 月 3 日公布,1947 年 5 月 3 日开始生效。新宪法确立了主权属于国

---

① 王桂:《日本教育史》,吉林教育出版社 1985 年版,第 264 页。

民、尊重基本人权、确保国际和平三大原则。同时,根据新宪法精神,国会两院又先后制定了《国会法》、《内阁法》、《地方自治法》、《国家公务员法》等法律,从而形成了日本现代政治制度。

从《投降后初期美国对日方针》到《日本国宪法》颁布实施,日本用了不到三年时间完成了体制转轨,迅速摆脱了战后初期的混乱不堪的状态,并建立起战后日本社会的基本框架。正如阪本太郎所说,日本"在短时间里就取得了出色的成效"。① 新体制的建立,新秩序的形成,为日本经济社会的发展奠定了坚实的基础,但是政府机构运行的主体——公务员队伍的建设未能与机构改革同步,机构运行仍处于紊乱、低效的状态。其原因有三,一是在"公职驱逐"中,大批旧政府公务员被解职,造成岗位空置,严重影响政府机构的正常运行;二是新招募的公务员未经过专门训练,缺乏必要的专业知识与技能;三是新旧体制转换过程中,新旧观念并存,新旧思想冲撞,这种社会集体意识的失调是导致社会失序、失范的深层次原因。为了解决上述问题,日本政府各省厅纷纷设立各种培训机构,加强对公务员的培养与训练。该时期公务员的培训有两种,一是对原本技术娴熟、性格驯顺的日本官吏进行改造。许多旧政府的公务员由此重新回到政府岗位上来。他们如同旧机器上的零件,拆卸——是因为曾经为旧机器服务;起用——则因为旧机器已经过整顿与改装;二是对新招募的公务员进行业务短期培训,提高其处理行政事务能力和水平。

总之,战后初期日本实行的民主改革,不仅推动社会经济结构发生较大的变化,也对社会生产关系作了局部调整,建立起适应当代经济发展的资产阶级民主制度、组织形式和管理体制,从而将国民中蕴藏的劳动智慧和创造力激发释放出来,成为推动社会经济高速发展的内生动力。

2. 战后初期日本经济改革与经济的重建

日本战败投降后,国内经济、政治均处于极度混乱状态。由于旧的战时经济体制已告废,新的经济体制又未能建立,生产停顿,失业剧增,生活必需品缺乏供应,人民生活极端困苦,故有的历史学家称这一时期日本经济的特

---

① 〔日〕阪本太郎:《日本史概说》,汪向荣译,商务印书馆1992年版,第527页。

点是"混乱与虚脱。"①正是在这种背景下,日本开始了战后初期的经济改革、恢复与重建过程。

战后初期,为了铲除旧有的政权基础和经济体制,消除日本发动战争的根源,在美国占领当局的督促下,日本进行了经济民主化改革。主要包括:第一,农地改革。美国占领当局把农地改革作为日本经济民主化的第一步。农地改革的主要内容是:凡在村地主超过一町步的出租地和不在村地主的全部出租土地由政府强制收买,出售给无地或少地农民。封建地主制基本上被消灭,形成以自耕农为主体的新的土地所有制关系。第二,解散财阀。美国占领当局首先指定三井总公司等83家为持股公司,指定三井、三菱、安田、住友等十大财阀的56人为财阀家族。这些被指定者的所有股票须交给"持股公司整理委员会"处理。解散持股公司,勒令财阀家族及财阀公司负责人一律辞职,十年内不许复职。在此基础上又制定《禁止垄断法》和《经济力量过分集中排除法》,禁止卡特尔的共同行动。尽管解散财阀不彻底,但铲除了日本财阀的封建统治形式,促进了战后日本企业管理体制的改革和企业管理的现代化。第三,劳动改革。日本政府于1945年至1947年期间,先后公布了《劳动组合法》《劳动关系调整法》《劳动标准法》等,这就是所谓的"劳动三立法"。劳动立法,保护了劳动者的基本权利,实现了劳资关系的民主化。

战后日本经济的重建是从实行"倾斜生产方式"开始走上轨道的。针对战后初期经济瘫痪混乱物资奇缺的状况,日本政府于1946年8月成立了指导整个经济的"经济安定本部",对金融、物资、物价、外汇、外贸重又实行全面统制。当时日本经济复苏的最大障碍是能源不足,经济安定本部遂于1946年秋实行"倾斜生产方式"。所谓的"倾斜生产方式"就是在资金和原料严重不足的情况下,集中一切力量恢复和发展煤炭生产,用生产出来的煤炭重点供应钢铁业,再用增产的钢铁加强煤炭业。根据这个经济战略,政府专门设立的"复兴金融公库"在1947—1948年向煤炭业发放了475亿日元的贷款,占该公库全部贷款总额的36%。这期间日本煤炭产量和钢产量实

---

① 孙执中:《荣衰论—战后日本经济史》,人民出版社2006年版,第1页。

现大幅增长。1948 年,日本经济出现了初步好转的迹象,工矿业生产恢复到战前的 54.6%,其中煤炭达到 90%,钢铁达到 49.2%。

日本经济恢复得到了美国的大力扶植。1948 年后,随着东西方冷战加剧,美国对日本的占领政策开始转到扶植日本恢复经济上来。具体来说,首先是削减日本对美国的战争赔偿,发还已拆迁的工业设备。其次是向日本提供恢复生产急需的资金和物资。从 1949 年到 1951 年,美国向日本提供的贷款和援助物资高达 23 亿美元。美国还直接干预日本的经济结构的改组。1948 年 12 月,美国提出了"稳定日本经济九原则"之后,次年 2 月,又提出了所谓"道奇整顿",要求日本政府采取加强税收、冻结工资、削减财政补贴、停止"复兴金融公库"放款等措施。"道奇整顿"使居民赋税加重,企业银根抽紧,货物积压,需求萎缩,但政府的财政收入在 1949 年度则首次由赤字转为盈余,货币发行量趋于减少,物价水平开始下降,猖獗一时的通货膨胀得到了缓和,为尔后的经济恢复创造了必要条件。

1950 年,朝鲜战争爆发,在战争经济强烈刺激下,日本对外出口急剧增加,轻纺工业迅速恢复发展,钢铁、机械、造船、水泥等行业的生产也有大幅度增长。整个经济生活空前活跃起来。1951 年,旧金山"和约"签订后,日本政府在实现"经济自立"的口号下,大力进行经济结构的改组和基础工业的建设。主要包括:制订钢铁、煤炭、造船、电力等行业的生产合理化计划;设立日本开发银行和日本进出口银行,对重点行业的设备投资和进出口提供长期低利贷款,支持基础工业的恢复和发展;修订税制,对企业设备实行特别折旧制度,加速设备更新,扩大资本积累。1951 年至 1955 年,日本制造业的劳动生产率提高了 47%,工业生产平均每年增长 12.3%。这一年,日本的人均国民收入超过了战前水平,从而标志着战后经济恢复的大体完成。

二、职业训练的兴起与职业训练体系的初步形成

伴随着政治改革的推进和经济恢复发展,日本职业教育和职业训练开始勃兴并逐渐分化,职业训练作为一个独立的系统迅速发展起来,为日本经济社会发展和社会的安定做出了重要贡献。因此,日本学者寺田盛纪认为

"在日本'职业教育和训练'的提法具有划时代的意义"。①

考察日本近代职业教育与训练发展史,我们可以发现战前日本职业教育与职业训练没有严格区分,包括工业、农业、商业教育在内的日本职业教育与训练,统称为实业教育。从 1880 年开始,日本对实业教育日趋重视,而实业教育的概念则在 1893 年制定的"实业补习学校规程"和 1894 年制定的"实业教育费国库补助法"中被确定下来。除在学校实施的实业教育外,在公共职业训练机构和企业进行的职业训练开始出现。20 世纪 20 年代,日本已经开始实施以失业者短期教育为目的的短期补习,并颁布了《职业介绍法》。1938 年,日本政府对该法进行了修订,明确了国家对职业介绍所的统一管辖,职业介绍所的性质从过去只解决失业问题转变为在进行职业辅导的同时,担负起劳动力调配的任务。20 世纪 30 年代的战时体制下,以军需产业、重工业为中心的产业界要求进行技能劳动者的培养,1939 年,日本政府颁布了"工场事业场/技能者养成令",职业训练首次实现了国家立法。企业内的熟练工培养由此而被制度化,根据产业需求而设立的职业辅导设施也相继建立,如国民勤劳训练所、职业辅导所、机械工养成所、干部机械养成所、地方勤劳者训练所等。

战后,日本职业训练以《劳动基准法》的制定、实施为契机开始了改组和重建。1947 年 3 月,日本在和平、自由、民主的基础上制订了《教育基本法》。主要内容包括教育目的、方针、教育机会均等、义务教育、社会教育、政治教育、宗教教育、教育行政等。该法第七条规定,国家以及地方团体应鼓励和提倡在工作场所以及社会的其他机构所进行的教育,表明了国家对职业训练事业的重视和支持。1947 年 4 月,日本颁布《劳动基准法》,对劳动基准和职业训练的目的等做出了规定。该法第八章专设"技能工养成"内容,规定在技能工养成中,必须摒弃传统徒弟制度中的封建色彩,吸取徒弟制度的长处,以保护和培养习得技能的工人为目的。该法规定,企业长期技能工的养成,其养成方法、使用者的资格、合同期限、劳动时间、劳动报酬

---

① ［日］寺田盛纪:《日本职业教育和训练的研究状况及其课题》,陆素菊译,《华东师范大学学报(教育科学版)》,2001 年 3 期,第 44 页。

等都必须遵守相关的规定,取得行政官厅许可。此外,还规定不论是学徒工、见习工还是培训工,都不能超出规定的劳动时间和劳动强度。继《劳动基准法》颁布之后,日本又制定了《技能工养成规程》。该规程规定技能工养成对象工种为 15 种,养成期间一般为 3 年(部分工种为 4 年);根据教习进度,每年至少要进行一次技能检定,并确定技能等级。①

《劳动基准法》及《技能工养成规程》颁布后,新的技能工养成制度基本建立起来,但是实施状况并不令人满意。1948 年,日本实施技能工养成的企业总共只有 67 个,技能养成工只不过 1968 人。② 造成这种状况的原因主要有两方面:一是战后初期日本社会经济秩序正处于恢复期,企业生产未能正常运转,劳动力的培养不可能成为一个迫切的问题而受到重视;二是基于《劳动基准法》的技能工养成制度,更多的是出于劳动保护的角度对技能工养成制度进行规范,因此,劳动基准监督在一定程度上抑制了企业对技能工养成的热情。

1949 年,日本以"道奇计划"的实施为开端,开始步入重建独立经济阶段。之后的朝鲜战争刺激了日本经济的复苏,《旧金山和约》的缔结结束了日本政治经济依附化阶段。伴随着政治经济形势的发展,日本职业训练需求逐步被激活起来。1949 年,日本劳动省在劳动基准局设置专管技能工养成的课,加强技能工养成的行政指导。1950 年,在全国各地首次实施技能工养成指导员检定。1951 年,劳动基准局设置中央技能养成指导官,各都道府县的劳动基准局亦设置地方技能养成指导官,同时指定技能工种也扩大到 120 种。同时期,日本中小企业技能工养成制度逐渐普及,由若干中小企业共同组成的"共同养成体"占据了核心地位。1951 年,《产业教育振兴法》颁布,该法在教育基本法的原则下,通过产业教育的振兴,使劳动者树立勤劳信念,在产业技术培训过程中,培养人们的创造力和经济自立能力,使国民都成为具有一定职业特长的有为人才。在地方,为了振兴地方产业,地方公共团体对"共同养成"经济援助逐渐增加,1953 年,创设技能工共同

① [日]隅谷三喜男:《日本职业训练发展史(下)》,日本劳动协会 1971 年版,第 9—15 页。
② 饶从满、梁忠义:《当代日本职业训练》,山西教育出版社 1997 年版,第 12 页。

养成费补助金制度。在上述种种激励措施的刺激和影响下,实施技能工养成的企业数、受训人数迅速增加,技能工养成制度得到了迅速普及。

与技能工养成并行成为战后日本职业训练重要组成部分的还有职业辅导。战后初期日本经济凋敝,社会混乱,通货膨胀高涨,特别是工厂失业者、复员军人、归国者等充斥社会,失业问题尤为严重。据有关统计,战争结束后,日本的完全失业者多达 500 万人,加上从海外撤回的无业者和复员军人,到 1945 年末失业者共达 1300 万人。① 在这种情况下,日本社会发展的首要任务就是恢复秩序、稳定经济、恢复生产。作为失业对策,战前的各种职业辅导设施经过改组,成为简易的职业训练设施。截至 1946 年末,日本全国共有 432 所辅导设施,辅导工种总数为 523 个,其中建筑 145 个、木工112 个、机械 51 个、手工业 61 个等,② 辅导期一般 3 个月或 6 个月。从职业辅导的主要工种来看,战后初期的职业训练基本上是比较低级的、与日常生活相关的技能训练。

1947 年 9 月,日本设置劳动省,承担起原先由厚生省负责的职业辅导事业。同年 12 月颁布实施《职业安定法》,该法的宗旨是通过对人们进行技能培训,为有技能人员提供就业机会,从而满足工业以及其他产业的必要的劳动力,达到职业的安定和经济昌盛的目的。该法规定,为了使从业人员能够从事某种特殊技能的职业,给予教授必要的知识和技能培训。该法放宽了对职业介绍所的限制,规定除政府机构的职业介绍所以外,其他机构可以创办以赢利为目的的机构。根据这部法律,职业辅导所被改为公共职业辅导所,设定全国统一的辅导标准。为了谋求职业辅导的全国统一及其高标准,政府进而将职业辅导的设置、经营,交由都道府县在国家统一的指导、监督和援助之下进行。据有关统计,1948 年 8 月,日本共有公共职业辅导所485 所,辅导工种 469 个,定员数为 22000 多人,由于训练期为 6 个月,所以一年可训练约 45000 人。③ 伴随着日本经济的恢复与重建,职业辅导事业逐步摆脱了原先的失业对策的性质,开始将重心转向技能工的培养上,其辅

---

① 〔日〕家永三郎:《日本历史》第 8 卷,三省堂 1952 年版,第 36 页。
② 〔日〕国立教育研究所编:《日本近代教育百年史》第 10 卷,1974 年版,第 397 页。
③ 〔日〕隅谷三喜男:《日本职业训练发展史(下)》,日本劳动协会 1971 年版,第 26 页。

导内容进一步充实,辅导工种更为高级化。在这样的形势下,出现了作为失业保险福利设施的综合职业辅导所,其经营委托给都道府县。随着《劳动福利事业团法》的制定,1957 年以后逐渐移交劳动福利事业团管辖。1961年《雇佣促进事业团法》制定后,其运营由雇佣促进事业团负责。

总之,《劳动基准法》及《职业安定法》的颁布实施,奠定了日本战后职业训练的制度基础,职业训练开始作为一种独立的教育形态而得到确认。前者对劳动基准和职业训练的目的等作了规定,成为战后日本企业内训练的基础;后者明确了辅导事业处于国家的指导、监督与援助之下,该法的宗旨是通过对从业人员进行技能培训,并提供就业机会,达到职业安定和经济昌盛的目的。至此,战后日本职业训练体系的基本框架形成,它包括根据《职业安定法》实施的公共职业训练,根据《劳动基准法》进行的企业职业训练。

三、现代公务员制度与公务员培训体系的形成

战后日本的经济复兴期,一般是指第二次世界大战结束后的 1945 年至完成复兴任务的 1955 年。这一时期进而又分为以恢复社会再生产秩序为目标的经济恢复阶段(1945——1950 年)和以产业合理化政策为特征的重建独立经济阶段(1950——1955 年)。① 战后初期,日本面临的主要问题是如何迅速恢复濒于崩溃的国民经济使其走上正常发展的轨道。然而,以军国主义为核心的日本近代天皇制的旧政治体制下,仍然采取国家统制经济的形式,要恢复和发展国民经济是不可能的。历史已经证明,日本近代天皇制只能导致日本经济朝着国家军事垄断资本主义的方向恶性膨胀并最终毁灭,只有对日本近代天皇制的政治体制进行根本改革,建立一套新的较为民主的政治体制,才有可能实现恢复和发展经济的目的。为此,日本在美国占领当局的直接干预下采取了一系列改革措施,制定了一系列有关改革国家政治体制的法律。主要有 1947 年的《内阁法》、《裁判所法》、《地方自治法》、《国会法》、《日本国宪法》和《国家公务员法》,1948 年的《国家行政组

---

① 饶从满、梁忠义:《当代日本职业训练》,山西教育出版社 1997 年版,第 10 页。

织法》、《政治资金规正法》和 1950 年的《公职选举法》等,其核心自然是《日本国宪法》,这些重要法律的实施,初步确立了战后日本的政治体制即资产阶级的议会民主制。日本在战后初期进行的政治体制改革对经济的恢复和发展具有十分重要的意义。这个改革剔除了战前日本国家机构中的封建因素,建立了为垄断资本服务的完全的资产阶级国家政治体制。这无疑成为战后日本经济能够摆脱战前窠臼,真正按照资本主义经济规律发展的先决条件。[①]

　　伴随民主政治体制的确立,日本建立起了欧美国家通行的现代公务员制度。一般认为,日本模式的成功在很大程度上是日本公务员制度的成功。"为政之要,唯在用人"。在促进日本经济增长问题上,日本的一个特殊方面,即公务员制度,它对日本的现代化和随后的经济成功起到了关键的作用。[②] 公务员培训制度,作为公务员素质更新机制,在整个国家公务员制度中,居于重要地位。日本政府将公务员培训看作"国政之根本"和"建立现代化经济的第一要素"。正基于这样的理念,日本战后初期即通过《国家公务员法》、《职员的教育训练》等形式将公务员培训教育法规化、制度化。公务员培训制度的建立与发展,为大学校的战后重建提供了前提条件。

　　1. 日本现代公务员制度的建立

　　公务员制度,是指国家对公务员制度的总称,是国家机构中公务员的构成、任用、晋升、奖惩、保障以及分类管理等制度和体制,是国家政治体制的重要组成部分。明治维新时期,日本以欧洲为样板建立了近代官吏制度。其特征是:(1)天皇总揽统治大权,所有的官吏都是"天皇的官吏";(2)官吏任用重视身份等级,贵族享有特权;(3)与官吏职务有关的法律均以天皇敕命为基础;(4)官吏凌驾于一般国民之上。战后,在美国占领当局的主导下,日本采取了一系列政治、经济的民主化改革措施。1946 年 11 月,日本颁布《日本国宪法》使日本国政治体制开始从天皇专制制向议会民主制转

---

　　① 蒋立峰:《战后日本的政治体制改革及国家对发展经济的作用》,《日本研究》1987 年第 4 期,第 1 页。

　　② 金滢基等:《日本的公务员制度与经济发展》,中国对外翻译出版公司 1997 年版,第 3 期。

换,从而形成了日本公务员制度建立与运作的政治环境。1947年6月,日本政府公布《国家公务员法草案》,规定了公务员制度的基本原则:(1)废除专制的旧官吏制度,建立美国式的现代公务员制度,确立以"民主"和"效率"为基本原则;(2)官职的选任升迁以考试考核结果为依据;(3)薪金按照职务内容与责任大小决定;(4)为提高工作效率,建立合理的工作成绩评定、进修、保健、修养制度;(5)建立奖惩和补偿制度;(6)禁止公务员参加政党和私营企业的盈利活动;(7)剥夺公务员的团体交涉权和争议权。1946年颁布的《日本国宪法》和1947年颁布的《国家公务员法》,标志着日本官吏制度正式转变为现代公务员制度,公职人员的身份从战前的"天皇的官吏"转变为"国民的公仆"。如明治宪法规定"官吏对天皇陛下及天皇陛下的政府要忠顺勤勉","全力尽职",要宣誓忠诚天皇,要做天皇陛下及其政府的仆人,要忠心地成为天皇陛下及其政府对内进行统治,对外进行扩张侵略的忠实工具。① 新宪法第15条规定"选举和罢免公务员是国民固有的权利","一切公务员都是为全体服务,而不是为一部分服务";宪法第65条规定"行政权属于内阁";第73条第4款规定内阁"按照法律规定的准则,掌管关于官吏的事务"。新宪法从根本上确立了公务员制度的法制基础。《国家公务员法》详细规定了国家公务员的考试、任用、晋升、工资、福利、进修、奖惩、退职退休等项制度。此外,日本又相继公布了《国家行政组织法》、《教育公务员特例法》、《关于一般职员的工资法律》、《关于国家公务员职阶制的法律》、《地方公务员法》。这些法律法规共同构成了战后日本公务员制度的法治基础,形成了一套较为完备的现代国家和地方公务员管理体制。

2. 日本公务员制度的特点

战后,日本以美国为蓝本建立起资产阶级民主政治体制,形成了符合本国国情并具有鲜明特色的现代公务员制度。其制度特征可概括如下:

第一,日本公务员分为国家公务员和地方公务员两类。国家公务员和地方公务员又分为"特别职"和"一般职"两种。在日本,凡是在政府机构任

---

① 阎树森:《日本公务员制度研究》,国家行政学院出版社2001年版,第47页。

职的职员都叫公务员。其中,在国家机关和国营事业中供职的称国家公务员,在地方政府和地方公营事业中供职的称地方公务员。国家公务员同地方公务员的主要区别在于,国家公务员由国家机关选任,在国家机关中工作,为国民服务,从国库中领取工资。地方公务员由地方公共团体选任,在地方公共团体机关里工作,为本地区公民服务,从地方公共团体领取工资。国家公务员和地方公务员又区分为"特别职"和"一般职"。"特别职"国家公务员指的是由公众选举或经其他特殊方法选任的职员,前者指首相、大臣、国会议员等,后者包括检察官、法官、大使、公使、政府代表以及陆海空自卫队的军官和士兵等。"一般职"国家公务员则是"特别职"公务员以外的、担负具体行政及业务工作的职员。"特别职"地方公务员除都道府县知事、副知事、出纳长、委员、市町村长及其副职外,主要指由公选任职,或经地方议会选举、任命的人员和地方开发事业团的理事长、理事、监事以及地方政府经营企业的领导人等。除了属于特别职以外的职员,为一般职地方公务员。

第二,日本公务员的任用制度有选举任用制和考试任用制两种。日本中央政府和地方各级政府的行政首长,都由国民直接选举或者间接选举产生,任期有限。都、道、府、县的知事、市长、町长、村长,全部由国民在各个选区投票直接选举,任期4年。内阁总理大臣,采取间接选举办法产生,由国民选出的国会议员在国会中投票表决,天皇任命。总理大臣和其他大臣的任期,一般不超过4年。国家和地方的最高行政长官的定期选举制,形成了国家和地方行政长官的轮换制,对国家内外政策的调整以及促进各级行政官员提高工作效率具有积极作用。同时,这也避免了国家和地方行政领导的终身制,有利于及时淘汰不称职的官员,防止独裁专制现象的产生。战后,日本政府官员除了少数由国民选举和议会表决任职外,其他官员都是经过考试合格,择优任用。日本《国家公务员法》第33条规定:"所有职员的任用,依照本法和人事院规则的规定,根据考试成绩、工作成绩或其他能力的实际考核来决定"。《国家公务员法》第46条规定:"录用考试对于具备人事院规则规定的报考资格的所有国民在平等的条件下公开进行"。公务员的各种录用考试,都公告通知,公开进行。通过考试录用的一般职国家公务员不受政局动荡影响,确保了国家机关行政工作的稳定性和连续性,工作免受损失,甚至在全国出现了"政治空白"的非常时期,也能保证国家机器的正常运转和各种政策的贯彻执行。

第三,在公务员制度中实行职级制,以此为标准,决定工资待遇,规定报考官职。职级制是日本政府按照公务员职务的种类、复杂情况和责任程度进行分类整理产生的包括职务、职别与官职等级、薪俸待遇等内容的综合人事管理体系。日本的《国家公务员法》第三章第二节对职级制作了具体的规定,并由此制定了更为详细的有关公务员职级制的法律,简称"职阶法"。人事院根据这一法律规定,对日本国家公务员的官职做出了详细分类整理,并据此确定了公务员的统一标准和薪俸报酬。在此基础之上,人事院制定了不同职级和职种的公务员考试、任免、进修等一系列的制度,职级制是日本人事管理制度的科学依据。日本公务员职级制的官职分类和等级分类是从最小的职级分类开始的,人事院将各种行政机关的官职,按照职务和责任类似的原则划分为不同的职级。职级制是日本公务员人事行政管理的依据,与之相关的等级工资制度、考试任用制度、升降级制度、福利制度和退休金制度等等,都是依据职级制具体实施的。

第四,在公务员制度中推行"年功序列制",作为公务员晋升和加薪的一个重要标准。终身雇佣制、年功序列制和企业内工会是日本企业经营管理的三件神器。年功序列制是指正式职工的工资每隔一定的期间提高一次,职位也每隔一定的期间晋升一次的惯例。年功序列制不仅普遍见之于大小企业,还在政府机构,尤其是在公务员的晋升和管理上也有反映。日本的中央省厅就非常讲究所谓"年次"的问题,就是将公务员按哪一年进入官厅,或者说在官厅连续任职的年限进行分类管理。一般来说,大学毕业生通过公务员考试、进入官厅后,通常要在最低阶的职位上干上几年,然后依照事务官、课长助理、课长、审议官、局长、事务次官的"升官图"依次递进。当然,期间也不乏越级提拔、破格使用的佼佼者。正如年功序列制度在日本企业中曾经发挥了巨大的作用一样,官厅按照"年次"即工作年限逐级提拔和任用干部的制度也为官厅的日常运作提供了相对稳定的框架。正因为如此,尽管日本的政界经常出现动荡,但公务员系统却相对稳定。战后日本现代公务员制度的形成调整了整个日本的人事关系,培养了大批能干、懂行的国家和地方行政官员。它适应了战后经济恢复的要求,在经济高速增长时期,发挥了积极作用。尤其是负责经济的官吏和经济行政机构,在经济恢复和发展中发挥的作用更大。他们"通过制定和实施各种经济政策,在国家宏观经济管理中发挥积极诱导作用,给经济发展创造有利的形势"①。

3. 日本公务员培训体系的形成

作为后发性现代化国家的日本,自二战结束后由于日本战败而被迫接受美国占领当局对日本的一系列非军事化、民主化改革。在外力推动下,日本自明治维新以后重新启动了现代化的历史进程,开始了一场全面而深刻的社会转型。旧的官僚体制被打破,现代行政体制逐步构建起来。但是,无论多么健全的行政体制和机构,如果没有一支高素质、高效率的行政管理队伍作为行政运营的主体,那么在一定意义上,这种体制只不过是个空壳而已。因此,如何提高各级政府中公务员的能力和素质、建立一支适应现代经济社会发展的高素质高水平的公务员队伍,成为战后初期日本行政改革的首要任务。

公务员培训制度,作为公务员素质的更新机制,它对于适应行政管理现代化、科学化及高效率的要求,及时更新公务员素质结构,提高公务员的实际工作能力,都占有十分重要的地位。战后,日本政府依照《国家公务员法》、《地方公务员法》和《人事院规则》等法规,建立了公务员教育培训制度,形成了从中央到地方,从高级到初级的公务员培训体系。

日本对公务员的管理是依据《国家公务员法》和《地方公务员法》来推行的,因此公务员培训制度也分为两大系统,即国家公务员培训制度和地方公务员培训制度。《国家公务员法》于 1947 年 10 月颁布,是日本国家公务员管理的基本法律依据。该法规定,各中央省厅有责任掌握公务员培训的需求,并在此基础上制定和实施培训计划。日本《国家公务员教育训练规则》规定,公务员进修培训的内容,必须是与现任官职或预计今后所任官职

---

① 张健、王金林:《日本两次跨世纪的变革》,天津社会科学院出版社 2000 年版,第105 页。

的职务和责任有密切关系的知识和技能,这些法律和规章,使日本公务员培训有法可依,并在此基础上建立了相应的制度。在日本,具有一定独立性的人事院,有权对国家公务员的培训制定总体计划和对中央各省厅的培训工作进行协调、监督。人事院对国家公务员的培训拥有很大权力,在人事院人才局下设了培训协调处和培训指导处,对中央各省厅的国家公务员培训工作进行全面指导和综合协调。另外,还设有人事院直属的公务员培训所,对各省厅的国家公务员进行培训。各中央省厅除对本部门的公务员进行岗上培训(职场培训、OJT)外,还多利用本门的专门培训机构进行大规模的脱产培训。如:职员训练所(邮政事业厅)、外务省研修所(外务省)、海关研修所(财务省)、税务大学校(国税厅)、劳动研修所(厚生劳动省)等,培训机构非常系统化、专业化。另外,根据需要,还采用委托培训的方法,委托其他省厅的培训机构、学校以及人事代理部门,对国家公务员进行脱产培训。人事院对国家公务员的培训管理已形成了人事院统筹指导、各省厅参与的纵横交错的国家公务员培训体系。人事院培训体系的特色在于,除了对不同层级的公务员进行行政管理的培训外,还组织开展“派遣培训”以及对专门从事培训工作的人员进行培训。“派遣培训”制度分为“行政官长期海外研究员制度”和“行政官短期海外研究员制度”、“行政官国内研究员制度”和“民间派遣培训制度”。这些派遣培训制度除去国内外的研究生院或研究部门脱产学习(长期为2年,短期为6个月至1年)外,还包括去国外的政府部门及民间部门挂职学习,这是日本政府为应对日本行政的复杂化、国际化而采取的人才开发措施。

日本地方公务员制度的法律依据是《地方自治法》(1947年)和《地方公务员法》(1950年),有关地方公务员的培训主要包含在《地方公务员法》的相关规定中。《地方公务员法》规定,地方政府为提高地方公务员的工作效率,必须进行公务员的培训,还规定地方政府可委托其他机构进行培训。如有关消防、警察、自治等方面的培训,主要由中央政府所属的培训机构来进行。各级地方政府还建立了如都道府县消防学校、市町村中的消防培训机构、都道府县警察学校及“培训所”等专门培训机构,对地方公务员进行能力开发和工作培训。中央政府的相关部门,在课程设置、培训方法等方面对地方政府设立的培训机构进行相应的业务指导和支援。可见,地方政府的地方公务员培训更具灵活性,而且还得到中央政府的有力支持。

总的来看,日本公务员的教育培训已经形成了一个纵横交错开放式网络结构,即从纵向上看,人事院作为公务员教育培训的领导机构,负责制定和调整中央各省厅的进修计划,组织跨省厅的公务员进修。中央各省厅在其指导下,均设有本部门的公务员研修所,制定实施自己的公务员进修计划。地方公务员的培训,则由人事院在各地的事务局和事务所负责组织实施,各地方自治体也相继成立了自治大学及培训中心,用于公务员的培训;从横向上看,日本公务员的教育培训贯穿于公务员的整个职业生涯,不同职级、不同年龄、不同岗位的公务员在其工作的不同阶段均有相应的培训计划和培训措施,从初任培训到各省厅的课长助理、课长级别以上的人员的研修等,高、中、低不同层次的公务员根据各自的工作职责的具体要求,分别安排形式内容不同的培训,并且上下衔接,达成一致。在充分利用政府系统内的培训机构的同时,还借助于大学、科研单位、民间企业等不同机构,发挥其特有的优势,拓展公务员培训的渠道。

战后日本公务员培训体系的建立与普及,与当时行政的复杂化、专业化及行政服务范围的拓宽等现代国家所共有的时代背景密切相关,同时还有一些日本自身的特殊原因,一是由于日本的学校教育没有像美国那样,随着行政事务的变化而快速提供相应的知识和技术;二是由于战后日本的宪法等行政法律体系发生了巨变,有必要对已经习惯了旧制度、旧法令的公务员进行转变观念的培训;三是战前的培训主要是严格的军队式的岗上培训,而战后的民主化改革,使这一旧制度难以为继,因此,需要工作岗位培训之外的培训机构和培训课程来加以补充;四是当时的培训带有一定的激励性质,这也在一定程度上促进了公务员参加培训的热情。

四、大学校重建的开端——警察大学校的建立

日本公务员制度及培训体系的建立客观上为大学校的重建奠定了基础,同时职业训练高级化的趋势及现实需求也为大学校的重建提供了契机。1948年,日本国家公安委员会警察厅率先将中央警察学校升格为警察大学校,开启了战后日本大学校重建的序幕。

战后,日本依据《日本国宪法》《国家公务员法》《国家行政组织法》《教育公务员特例法》《警察法》等法律,迅速建立起了国家警察制度和警察教育训练体系,其原因主要有以下几个方面:一是美国对日本的占领体制采取了"间接统治"方式,试图通过日本人的"自我管理"来达到"间接统治"日本的目的,所以,美国占领当局将重构日本政治体制作为其改造日本的首要任务,而警察制度作为统治者进行统治的工具又是政治体制改革的重中之重;二是在美国占领当局的指令下,日本政府废除了《治安维持法》,免除内务大臣、警保局长、警视总监、各都道府县警察部长的职务,社会治安处于暂时"真空"状态,急需建立新的警察制度来恢复社会秩序,维护社会治安和稳定;三是战后日本行政法律体系、行政文化都发生了巨大变化,但封建专制思想依然浓厚,必然要求日本建立相应的警察教育训练制度,转变观念,提高素质与能力。

1947 年 5 月,《日本国宪法》颁布生效后,12 月日本即颁布了战后第一部《警察法》。这部《警察法》力图对战前的警察制度进行根本性变革,采取了一些警察民主化方针,是一部彻底改变了战前中央集权性警察制度的法律。关于警察的教育训练,日本《警察法》第 27 条规定:"在警察厅的附属机关中设置教育训练机构,负责各级警察的教育训练,并由国家警察厅统一负责,制定统一的教学计划及实施细则,以便在内容和形式上保持一致,便于管理。"根据该法律,日本的警察教育训练逐步形成了比较完备的体系。除在首都东京设有全国警察的最高教育培训机构——中央警察学校外,全国 47 个都道府县均设有警察学校。另外,由于日本警察厅将全国 47 个都道府县划分为 7 个管区并设有 7 个管区警察局,警察教育管理部门也相应地设有 7 个管区警察学校,另外设有一所皇宫警察学校,从而在全国形成了完善的警察教育网络。日本的各级警察学校除统一执行全国的教学计划和实施细则外,在体制上隶属于相应的警察部门,由他们具体实施管理。

承上所述,战后日本以美国为蓝本基于分权的思想理念建立了现代警察制度,并构建了高、中、低三级警察教育训练体系。中央警察学校是日本唯一高级警官教育训练机构,处于警察教育训练体系金字塔的顶端。战后初期日本社会转型,复杂的社会形势对警察特别是高级警官的素质提出了很高的要求,不仅要有民主的思想理念、扎实的专业知识技能、较高的文化素养,更要有在复杂情况下判断、分析、解决实际问题的综合能力。

　　基于这样的形势要求,日本国家公安委员会、警察厅开始着手成立警察高等教育机构的工作。但是,日本警察厅在筹备过程中遭遇了法律上的难题,即日本《学校教育法》对"正规学校"——小学、初中、高中、大学、盲人学校、聋哑人学校、养护学校和幼儿园都做了严格界定,同时规定不得随意使用大学和大学院名称。如果建立隶属于警察厅的警察大学,显然有悖于《学校教育法》的基本精神。警察厅决定另辟蹊径,启用明治维新时期承担高等教育职能的"大学校"来命名进行警察高等教育的机构。1948 年日本警察厅将中央警察学校升格为警察大学校,负责对高级警官进行专业知识技能、行政指导及管理能力的教育训练,同时承担警务理论与实践的研究职能。日本警察大学校的创建,标志着战后大学校重建的开始,大学校作为一种特殊的高等教育形式开始延展至职业训练领域。

五、军事性质大学校群的形成及基本特征

　　第二次世界大战结束以后,到 1952 年旧金山条约生效为止,日本一直处于美国的占领之下。在这 6 年多的时间里,日本实行了一系列的社会民主化改革。这些改革,无论改革者的主观意志如何,在客观上为现代日本资本主义的形成和发展准备了条件,奠定了基础。[1] 1950 年 6 月 25 日朝鲜战争爆发,在"特需经济"的刺激下,日本一改"道奇萧条"的形势,经济上呈现繁荣的景象。到 1951 年日本经济已恢复到战前的水平,如以 1934 年至1936 年的平均水准为 100,则 1951 年的农业生产指数为 100,工矿业生产指数为 131。[2] 由此可见,1952 年日本开始进入战后发展的新阶段。国际、国内政治经济形势的变化,为日本大学校的初期发展带来了深刻影响。一是日本政府官僚不断将三权分立、现代公务员制度等西方政治理念与本国传

---

[1]　柚木学、池元吉:《中日经济及其比较研究》,吉林大学出版社 1992 年版,第 52 页。

[2]　孙执中:《荣衰论—战后日本经济史》,人民出版社 2006 年版,第 41 页。

统行政文化中的精英主义、权威主义相交融,逐步确立了日本独特的"官僚主导型"政治——行政模式,因此,建立"精英"官僚教育训练机构的呼声得到社会的广泛认同;二是50年代经济的快速发展引发了大量社会问题,需要通过教育训练来提高公务员解决复杂问题的能力,以维护社会的稳定;三是经济的发展和财政税收的增加为大学校的营建提供了可能性;四是以"朝鲜战争"为标志的东西方两大阵营的对抗日趋激烈,在美国的支持下,日本开始谋求发展军事力量,具有军事性质的大学校开始重建。

进入20世纪50年代,继警察大学校之后日本政府相继建立了多所大学校,如1951年建立海上保安大学校、1952年建立保安大学校(1954年改为防卫大学校)、1953年建立自治大学校、1954年建立航空大学校、1959年建立消防大学校等,至此,日本大学校群初步形成。从数量来看,该时期大学校数量较少,未形成一定规模,大学校的发展处于起步阶段;从培养对象和目的来看,大学校的教育训练以"特别职"公务员(警察、自卫队军官)和"一般职"公务员为主;从大学校的类别来看,具有军事性质的大学校占据主导地位,这是该时期大学校群最为显著的特征。究其原因,主要与当时日本所面对的国际政治军事形势密切相关。战后,日本新宪法的颁布确立了彻底和平的基本原则。日本宪法第9条规定,日本"永远放弃以国权发动之战争,以武力威胁或行使武力作为解决国际争端的手段","不得保持陆海空军及其他战争力量;不承认国家的交战权"。但是,随着朝鲜战争的爆发,日本开始偏离和平弃武的发展道路,快速重整军备,建立了拥有陆、海、空三军的自卫队。1950年7月,麦克阿瑟向吉田茂政府递交了《关于加强日本警察力量》的文件,指令日本组建警察预备队,增强海上保安队。8月,日本政府又相继公布了《警察保安法》、《警察预备队编制及组织章程》,并设立警察预备队总监部。1951年,日本首先设置海上保安大学校。1952年7月,日本国会通过《保安厅法》,8月根据保安厅法有关条款,设置保安大学校,作为保安厅的附属机关,承担干部保安官和干部警备官的教育训练任务。1954年6月,日本政府公布《防卫厅设置法》和《自卫队法》,根据防卫二法,保安厅改为防卫厅,保安队改为陆上自卫队,保安大学校改为防卫大学校。1954年7月,海上警备队改称海上自卫队,同时建立了航空自卫队,并设置航空大学校。20 世纪 50 年代日本"疾风骤雨"式地迅速建立起了现代军事防卫力量和军事高等教育体系,表明日本逐渐抛弃了和平发展的道路,开始在世界上谋求政治大国、军事大国的地位。

第四节　经济高速增长时期大学校的
扩充与发展(1958—1985 年)

一、大学校扩充的历史背景

从 20 世纪 50 年代下半期开始,日本进入经济高速增长时期。以"神武景气"为例,1955 年至 1957 年日本工业生产年平均增长率达 16% 左右,1956 年这一年内达 22.7%,同年内私人设备投资增长 38.72%,创战后的空前纪录。[①] 1960 年 12 月 27 日,日本池田内阁会议通过了 10 年期的《国民收入倍增计划》。"倍增计划"的实施,显著提高了国民生活水平,实现了充分就业,国民经济实现最大限度的增长。1960 至 1970 年间,日本年均经济增长率达 10.9%,高居发达国家榜首。到 1970 年该计划完成之时,日本国民生产总值增长 350%,先后超过法国和德国,仅次于美国,跃居世界第二位。70 年代后,受世界经济周期变动及能源危机的影响,日本经受了多次经济危机的冲击,但其稳定持续的增长势头一直延续到 80 年代中期,创造了令世人瞩目的高速增长"奇迹"。

关于日本经济高速增长的原因,国内外学者普遍认为其"技术立国"战略的实施是日本经济高速增长的"引擎"和原动力。根据日本科技政策史研究会的研究,在战后的 1945 年至 1959 年,日本用于购买国外专利的投入在 1951 年为 24 亿多日元,到 1959 年激增至近 223 亿日元。[②] 50 年代中期以前,日本处于经济恢复时期,主要引进电力、钢铁、汽车、造船、机械制造等基础产业部门的传统成套设备和技术。50 年代中期以后,尤其是 60 年代初开始,逐渐转向以购买专利为主来引进新兴技术。从 70 年代中期开始,

---

① 孙执中:《荣衰论—战后日本经济史》,人民出版社 2006 年版,第 76 页。
② 日本科学技术政策史研究会编:《日本科学技术政策史》,邱华盛、李向东等译,中国科学技术出版社 1997 年版,第 160 页。

为了实现从资本密集型向技术和知识密集型产业转变，又以引进尖端技术为主。由于日本的技术引进以企业为主体，以市场为导向，以培育自主创新能力为目的，因此引进的过程并非单纯性的技术引进，而是技术引进与吸收、消化和改进相结合。经济增长时期，日本经济面临的主要任务是引进和推广新技术，重点发展重化工业和新兴工业，实现工业结构和企业经营的现代化。新技术引进和推广，产业结构的调整优化，对教育提出了更高的要求，单一化的教育制度越来越不适应日本社会政治、经济和科学技术的发展变化。因此，从各个方面都提出要求建立长期的有组织有计划的技术人才培养制度的意见。早在1951年11月，政令改革委员会就向内阁提出了一项《关于改革教育制度的咨询报告》，要求"建立一个能适应社会实际需要的灵活的教育制度"。1956年9月，日本商工会议所提出于关于制定振兴中小企业的基本政策的建议，其中，从振兴中小企业的角度，提出了要整顿加强技工培训的问题，同年11月，日本经营者团体联盟提出了"关于适应新时代要求的技术教育的意见"，要求改革青少年的技能教育。关西经济同友会、东京商工会议所、全国共同技能者养成协会等团体也相继提出了这类内容的意见。1961年，日本《国民收入倍增计划》的第三章"提高人的能力和振兴科学技术"中包括：经济发展和人的能力，振兴科学技术，确立教育及职业训练制度三个问题，并提出了充实科学技术教育、扩充职业训练、增招理工科大学生、培养科技人员等发展目标和具体措施。

为了满足产业界的这一新的要求，日本政府开始修订《学校教育法》等法规，对学校教育体制和内容作了一些局部性的调整，把教育发展的重点放在各级技术人才的培养上。为此，日本先是设立多种类型的高等职业教育机构（高等专科学校、专修学校、短期大学等），继而推行高中教育结构多样化政策。作为技术人才培养训练重要途径之一的职业训练也面临产业技术变革所带来的挑战和机遇。充实、整合、提升职业训练资源，在立法层面建立长期的有组织、有计划的职业训练制度，成为该时期日本职业训练事业发展的主要任务。

二、《职业训练法》的颁布与非军事大学校的增设

1.《职业训练法》的颁布及主要内容

经过战后十年多的重建,日本经济重又得到了复苏与发展,这又带来了技术劳动者需求的扩大,由此引起了劳动力结构的巨大变化。为适应形势的发展以及各界的要求,1957 年 1 月,劳动省设置了职业训练审议会,开始调查国内外的职业训练制度,收集资料等,并计划确立新的综合性职业训练制度。同年 8 月,在劳动省内又设置了由多位专家学者组成的临时职业训练制度审议会。同年 9 月,劳动大臣向临时职业训练制度审议会提出了"关于在新的产业及雇佣形势下确立职业训练制度问题的意见"的咨询。对此,该审议会在 12 月向劳动大臣提出了"关于确立职业训练制度的咨询报告",其主要内容是如何推动政府进行职业训练,振兴企业内的职业训练,创立技能检定制度等,特别强调了为振兴职业训练而制定法律是当务之急。这个咨询报告发表后,劳动省以此为基础,制定了职业训练法草案,并在第 28 次国会上提了出来,经过众议院、参议院的修改后,《职业训练法》就被确定了下来。1958 年 5 月,日本颁布了《职业训练法》,并于 7 月开始实施。

《职业训练法》的颁布,使原来的职业辅导与技能者养成制度面目一新,代之而起的是综合的职业培训制度。该法由七章组成:即"总则"、"公共职业训练"、"企业内职业训练","职业训练指导员","技能检定","职业训练审议会","杂则"。其主要内容如下:

(1)职业训练法的目的、原则及计划

该法的目的是通过职业训练和技能检定,让职工学习必要的技能以及提高他们的技能水平,使之谋求职业的安定与提高工人的地位,从而对经济发展做出贡献。该法规定,职业训练分为公共职业训练与企业内职业训练两种。公共职业训练依托一般职业训练所、综合职业训练所、中央职业训练所、身体障碍者职业训练所等公共设施,根据雇佣、失业情况以及工业和其他产业的发展情况,有组织有计划有目的开展各类职业训练活动。劳动省负责制定有关实施职业训练的基本计划,都道府县也要制定本区域内有关实施职业训练的基本计划。

（2）公共职业训练

实施公共职业训练的一般职业训练所、综合职业训练所、中央职业训练所、身心障碍者职业训练所等，主要是由都道府县和雇用促进事业团设立。一般职业训练所，对求职者进行基础性技能训练，由都道府县设置经营。综合职业训练所，对雇佣工人及求职者进行专门性技能的职业训练，由雇佣促进事业团作为失业保险设施而设置经营。中央职业训练所，主要对职业训练进行调查研究以及培养职业训练指导员，同样由雇佣促进事业团作为失业保险设施而设置经营。身心障碍者职业训练所，以身体有残疾者为对象，适应其能力进行有针对性职业训练，由国家或都道府县设置，但国家设置的往往委托都道府县经营管理。

（3）企业职业训练

企业主对其职工所进行的职业训练，如果所设训练科目、训练期限、设施设备以及其他事项都符合劳动省所规定的标准，都道府县知事就可以根据其申请进行认定，即国家对符合标准的企业训练加以承认，并给这些企业在设施设备、派遣职业训练指导员、提供教科书以及职业训练所需要的资料等方面以各种帮助和支持。

（4）职业训练指导员

职业训练指导员采取资格制，即职业训练指导员考试合格者或1级技能检定合格者向劳动省提出申请，得到劳动大臣的许可后方可担当职业训练指导员。

（5）技能检定

技能检定是通过实际技术和专业知识的考试，来检查工人的技能水平是否合格，合格者称为技能士。技能检定分为1级和2级。

（6）职业训练审议会

为了制定职业训练计划、职业训练标准以及调查审议有关职业训练及技能检定等重要事项，设置中央和都道府县两级职业训练审议会。①

————————

① 国家教委政策法规司和职业技术教育司编：《部分国家和地区职业技术教育法规选编》，法律出版社1990年版，第13—35页。

　　从《职业训练法》的主要内容来看,制定该法的目的是促进职业的安定和提高工人的地位,同时促进经济乃至社会的发展。同时,从法律上确定了国家公共职业训练机构,如职业训练大学校、职业训练学校、职业训练短期大学校、技能开发中心和残疾人职业训练学校。此外,该法在职业训练的类型、职业训练认定、技能鉴定及其具体实施办法都做了详细的规定。《职业训练法》把过去的《职业安定法》和《劳动基准法》两者有机结合起来,将以往的职业辅导和技能工养成制度综合为一体,试图借此使公共和民间的职业训练体制有机地综合化、体系化。该法律的制定标志着战后日本劳动力政策发生了显著的质的变化,既摆脱了以往的劳动力保护和失业救济政策的性质,而将培养劳动力、促进劳动力顺利流动作为产业政策重要环节之一。该法的诞生标志着日本现代职业训练制度的确立。

　　2. 非军事大学校的增设及其特征

　　《职业训练法》的颁布实施,为日本公共职业训练的发展提供了制度保障,大学校的发展也进入一个新的历史时期,大学校的扩容开始加快,并出现了新的变化。

　　20 世纪 50 年代中期,随着日本经济的快速增长,其经济结构开始由通胀经济向稳定经济转变,统制经济向市场经济转变,封闭经济向开放经济转变。在"实现民主、公正、高效的行政"口号引导下,日本逐步确立了行政主导型市场经济模式,即行政指导被灵活地运用于经济行政管理领域,形成了一种非强制性、主动补充性、主体优势性、行为引导性、方法多样性、柔软灵活性为特征的经济行政管理模式。日本"指导式行政"理念的确立,迫切需要培养一大批掌握现代经济管理且具有专业技能的复合型行政管理人才,支撑和推进日本经济社会的快速发展。在这种需求的刺激下,日本中央行政省根据自己的业务范围和实际需求相继建立了一批大学校。1961 年运输省以海技专门学院为基础组建海技大学校,1962 年运输省以气象厅研修所为基础组建气象大学校,1963 年农林水产省以第二水产讲习所为基础组建水产大学校,1964 年大藏省成立税务大学校,1965 年劳动省将中央职业训练所改为职业训练大学校,1968 年农林水产省成立农业者大学校,1967 年建设省成立了建设大学校,1969 年劳动省成立社会保险大学校,至此,日本中央行政主体的 12 个行政省中除法务省、外务省、文部省、通产省外,大藏省、厚生省、农林省、运输省、邮政省、劳动省、建设省和自治省都建立了本系统的高等职业教育训练机构。

该时期日本大学校的发展呈现出两个显著特征,一是以培养公务员专业技能为目标的大学校开始建立,并成为这一时期的主流。如气象大学校、税务大学校、建设大学校、社会保险大学校等都是隶属行政部门的公务员培养训练附属机构,其教育课程以一般教育和专门教育并重,突出专业教育;二是以产业技术人才培养为目标的大学校开始建立。如农林水产省为促进农业、水产业的发展,建立了农业大学校、水产大学校、农业者大学校等;运输省为发展海洋运输业建立了海技大学校;劳动省为了培养、训练具有一定理论与实践技能的、对社会有用的技术劳动者和生产一线的领导者,建立了由特殊法人雇佣促进事业团运营的职业训练大学校。

三、《职业训练法》的修改及大学校多样化格局的形成

进入 20 世纪 60 年代后,日本"国民收入倍增计划"的实施,引起了工业投资的持续性增大、劳动力的流动以及产业结构的变化,特别是由于国民收入的提高,使就业的初中毕业生锐减,而高中毕业生激增,劳动市场结构发生了巨大变化。为此,产业界强烈要求改革 1958 年确立的职业训练体制。在这种情况下,日本从 1967 年开始着手对《职业训练法》进行修订,准备制定与"劳动经济的变化以及技术革新的进展相适应"的职业训练制度,经过反复的研究讨论,于 1969 年 7 月公布了修订后的职业训练法,同年 10 月开始全面实施。

新《职业训练法》由 9 章 108 条组成。第一章总则,包括职业训练的目的、定义和原则等;第二章职业训练计划,包括国家职业训练基本计划,都道府县职业训练计划等;第三章职业训练,包括职业训练体系,公共职业训练设施及各级各类职业训练校或中心,职业训练的认定及援助,职业训练指导员的任免考核等;第四章职业训练法人;第五章技能检定,包括技能检定的种类,受检定者的资格,合格证书,合格者的技术职称等;第六章技能检定协会,包括中央和都道府县两级技能检定协会的资格,业务、会员的资格等;第

七章职业训练审议会,包括中央及都道府县的两级职业训练审议会的职责、任务以及委员的产生等;第八章杂则,包括劳动大臣的建议和命令,职业训练设施的经费负担等;第九章罚则,包括违反本法条款应罚的金额等。

《职业训练法》修订之后的要点,一是把企业内训练机构和公共职业训练机构的训练标准统一起来;二是整顿规范职业训练,将其种类分为养成训练、提高训练、能力再开发训练、指导员训练等;三是扩充公共职业训练设施的业务内容,原来都道府县知事的认可制度只限于养成训练方面,而这次将它扩大到一切职业训练中;四是决定对从各方面对得到认可的职业训练进行援助。

此外,新《职业训练法》还提出,规范和加快公共职业训练的发展,鼓励各省厅、都、道、府、县、市、街、村以及职业促进团体建立和运营职业训练机构,并对受训人员的资格、教材的选择、培训科目、培训时间及技能鉴定等都做出了明确规定。据 1982 年统计,社会开办的各种公共职业训练所共有389 所,其中劳动省建立的有 89 所,地方机构建立的有 300 所,受训人数达到 31 万人。①

日本职业训练立法随着时代的变化不断地进行修改、补充和完善。70年代后,日本进入经济稳定增长时期,为适应经济发展和技术革新的需要,致力于组建终身学习体制和面向 21 世纪的终身职业能力开发新体系。1974 年 10 月,日本政府对新《职业训练法》做了第一次部分修改,根据修改后的法律,决定增设职业训练短期大学和技能开发中心。70 年代后半期,雇佣形势变得严峻,转行转业训练成为急需,为此,日本政府于 1978 年 5 月对新《职业训练法》做了第二次部分修改,公布了《部分修改职业训练法的法律》,修改的目的是要建立官民一体的灵活化、弹性化的职业训练实施体制,同时明确提出终身职业训练及技能评价是职业训练发展的根本方向。

60 年代末至 80 年代中期,随着《职业训练法》的不断修正,作为公共职业训练重要组成部分的大学校呈现出多样化的发展趋势。大学校的创办者由创建初期的政府各省厅逐步扩展到都道府县、各公共机构、特殊法人、学

---

① 吉光瑜:《战后日本的职业教育及其特点》,《日本研究》2002 年第 1 期,第 90 页。

校法人等;大学校的类型也由公务员养成与训练为主转向第一、二产业技能者的养成与训练为主。概言之,该时期日本大学校的发展有三个明显特征。第一,政府省厅创建的大学校步伐放缓,并且集中在专业技术人才的教育训练上。如1971年运输省设立培养训练航空管制官、航空管制技术官、航空管制情报官的航空保安大学校;1973年防卫厅设立培养训练自卫队医官的防卫医科大学校;此外,为满足航空业发展的需要,航空大学校1969年、1972年相继设立了仙台分校和带广分校。第二,职业训练短期大学校开始建立。根据1974年修订后的《职业训练法》,1975年,雇佣促进事业团设立的职业训练大学校附属短期学部改称为东京职业训练短期大学校。此后,都道府县的雇佣促进事业团也设立若干职业训练短期大学校,如富山职业训练短期大学校、滨松职业训练短期大学校分别于1978年、1982年开始运营。第三,以培养训练掌握现代农业技术的新型农民的农业大学校开始大量建立。1974年北海道立农业大学校率先建立后,日本都道府县纷纷建立农业大学校或短期大学校,到80年代中期,共建立了3所道府立农业大学校(北海道、京都府、大阪府),38所县立农业大学校(青森县营农大学校、青森县立农业大学校、岩手县立营农大学校、山形县立农业大学校、福岛县农业综合中心农业短期大学校、茨城县立农业大学校、栃木县立农业大学校、群马县立农大学校、埼玉县立农业大学校、千叶县立农业大学校、新潟县立农业大学校、长野县林业大学校、山梨县立农业大学校、长野县立农大学校、静冈县立农大学校、岐阜县立农业大学校、爱知县立农业大学校、滋贺县立农业大学校、兵库县立农业大学校、奈良县立农业大学校、和歌山县立农业大学校、鸟取县立农业大学校、岛根县立农业大学校、冈山县立农业大学校、广岛县立农业大学校、山口县立农业大学校、德岛县立农业大学校、香川县立农业大学校、爱媛县立农业大学校、高知县立农业大学校、福冈县立农业大学校、佐贺县立农业大学校、长崎县立农业大学校、熊本县立农业大学校、大分县立农业大学校、宫崎县立农业大学校、鹿儿岛县立农业大学校、冲绳县立农业大学校)。日本农业大学校的大量建立,将日本农业教育提高到一个新的水平,并成为该时期大学校群发展的主要特征。

第五节　经济低迷时期大学校的改革
与完善(1986—至今)

一、大学校改革的历史背景

1. 经济持续低迷与劳动雇佣制度的松动

日本在持续多年的高速增长之后,国民财富以几何级数急剧膨胀,到八十年代末,日本一跃成为世界上第二位的经济大国。随着日本经济规模的扩大和个人财富的增加,市场资本过剩。日本政府在 1987 年出台了"休养地法"和第四次"综合开发计划"。这一政策的实施,促使企业设备投资过度,诱导民间大量闲置资金投入到房地产、股票行业,引发"泡沫经济"。在"泡沫经济"时代,由于地价与股票价格相互促进,企业"抵押能力"急剧膨胀。据统计,在 1987 年至 1990 年度日本设备投资年平均增长率为 12.7%,相当于同期实际经济增长率(4,7%)的 2.7 倍。[①] 房地产价格持续高涨,同期,地价平均上涨率为 10.5%,消费者物价年平均上涨 1.8%,即地价上涨率高出物价的 4.8 倍。[②] 股票价格暴涨,是泡沫经济增长的典型征象,1985年至 1989 年是日本战后股价暴涨时期,4 年间增加了 2.7 倍,每年增28.4%。而从实际国内生产总值看,1989 年为 4091835 亿日元,1985 年则为 3429503 亿日元,4 年间递增速度为 4.5%,即平均每年股价上涨率高于 G DP 增长率 4.3 倍。这就是说,股票价格作为一种虚拟资本或者是象征经济高出实际经济的 4.3 倍,这说明泡沫经济之严重。[③] 这一"虚拟循环"带来的"泡沫"繁荣于 1989 年到达顶峰而破灭。"泡沫经济"破灭给日本经济带来了严重后果,股市急剧暴跌,不动产大幅萎缩,企业、个人资产严重缩水。东京日经平均指数从八十年代末期的 38915.87 直线下挫,到 2001 年 9 月 10 日东京日经平均指数跌至 10195.69 点的最低纪录。日本地价也从 1992 年以后持续下降,到 2001 年初,日本平均地价比上年下落 4.9%,其中

---

① 孙执中:《荣衰论—战后日本经济史》,人民出版社 2006 年版,第 209 页。
② 孙执中:《荣衰论—战后日本经济史》,人民出版社 2006 年版,第 220 页。
③ 孙执中:《荣衰论—战后日本经济史》,人民出版社 2006 年版,第 212 页。

商业用地比上年下降 7.5%,仅为 1999 年 9 月的 18%;居住用地比上年下降 4.2%,价格已与峰值时期相比下降了约 70%,蒸发掉的资产总值约为 800 万亿日元以上。在资产全面缩水的背景下,企业负债恶性膨胀,金融机构陷入困境,不良债权急剧增加,加之实体经济因经济扩张时期进行超常规模的设备投资而严重过剩,导致日本经济陷入供给严重过剩,需求空前萎缩的萧条状态。

日本向来就是一个"贸易加工型"国家,1973 年至 1975 年危机后,对外贸易的依赖程度进一步加深,形成了外需主导型经济,出口成了日本经济发展的"引擎",20 世纪 70、80 年代,日本出口增长率达到空前的高速度,由此而引发的对外贸易摩擦也达到了空前激化的程度。1985 年,美国与西方主要工业国家共同签署推动日元升值的"广场协议",日元汇率升值导致日本产品的国际价格迅速上升,出口产品的国际竞争力下降。1985 年,由于日本成为世界上最大的债权国,引起对外直接投资猛增。进入 20 世纪 90 年代以后,日本经济持续萧条,企业的竞争力下降。为了创造新的竞争优势,许多大企业的生产纷纷向国外扩展,这样既可以充分利用国外廉价的劳动力和资源,同时还可以避免关税的限制。在日本的制造业,每个企业集团中,都有大批的中小企业为之加工订货,为之完成某一道工序或制造某一个零部件,它们实际上是大企业的一个车间,是大批量生产的外延。当大公司将一部分资本转移到国外后,与之关联的一系列日本国内中小企业,就会发生减产甚至倒闭,这样,由资本输出所引起的产业空心化就必然会导致失业率的增加,日本企业借以发展的终身雇佣制便因企业的破产而面临严重的挑战。

终身雇佣制是指从各类学校毕业的求职者,一经企业正式录用直到退休始终在同一企业供职,除非出于劳动者自身的责任,企业主避免解雇员工的雇佣习惯。终身雇佣制与年功序列制、企业内工会被称作日本式经营的"三件神器"或三大支柱。在日本经济高速增长时期,终身雇佣制对日本企业的经营起到讨积极的促进作用,但是,这种雇佣制度的存在,是与当时的经营环境相对应的。在高速增长时期由于企业正处于规模扩长阶段,所从事的产业也以劳动密集型为主,企业需要大批量的劳动力,劳动力像机器设备、厂房和资金一样成为稀缺资源,供不应求。然而,随着经济高速增长条件的逐步丧失,终身雇佣制的不适应性也逐渐暴露出来。一是传统终身雇佣制度难以适应经济发展模式的转变。终身雇佣制的实质是劳动力市场的内部化,尽管这种制度有利于企业内部的人力资本蓄积,但由于劳动力在企业之间的流动性很低,降低了外部劳动力市场在全社会范围内配置劳动资源的机能,导致外部劳动力市场缺乏灵活性。在经济繁荣时期,就业与工资增长,而在经济衰退时期,就业和工资刚性较强。这样的劳动力市场对劳动力供给不能做出有效的反应。因此,当日本经济结构需要调整的时候,劳动力市场不仅不能起到积极的推动作用,反而会成为制约经济结构调整的最大障碍;二是传统终身雇佣制度难以适应经济结构调整的需要。与20世纪80年代前相比,日本的经济已经从以制造业为主转变高科技产业和服务业。对于高科技产业而言,知识和技术更新的速度非常快,它要求企业员工不断地进行知识更新和从外部劳动力市场招聘具备高技能的雇员以满足不断创新的需求,而不能仅仅只依靠内部雇员。从这个角度来看,尽管长期雇佣有利于内部雇员的忠诚和人力资本蓄积,但是也可导致雇员惰性和知识更新速度的降低,终身雇佣制难以适应这方面的变化;三是日本的人口结构也发生了重大变化,老龄化趋势越来越重。老龄化趋势的加重意味着企业雇员结构的老化,而他们难以适应技术变革和创新的需求,终身雇佣这部分雇员成为企业的负担。

1989年,日本泡沫经济崩溃之后,其经济陷入长期低迷状态,失业问题日益严峻,曾被誉为日本经济高速增长秘密的日本式雇佣制度开始出现松动甚至解体的趋势。由此,不可避免地会导致劳动力的大量流动,从而开始了就业政策由“在长期雇佣系统下的内部劳动市场基础上而实施的稳定就业”到“加强外部劳动市场,并使内部劳动市场与外部劳动市场相结合,从而谋求就业稳定”的就业政策的转换。日本就业政策的变动带来了雇佣的多样化和就业的灵活性,使得更多的劳动者需要接受更广泛的职业技能训练,相应要求日本职业训练制度为提高就业率和推动社会经济的进步承担着更大的责任。

此外,20世纪70年代以来的30年间,日本少子化现象越来越突出。出生率的下降直接导致劳动人口减少,而劳动力减少则招致老龄化问题更趋严重以及经济潜在增长动力不足等问题。日本面临严峻的少子老龄化已问题成为日本经济社会发展的制约因素。

2.新技术革命与终身学习社会的构建

战后初期,日本的科技发展远远落后于欧美,为了尽快缩短与欧美国家在科学技术和经济上的差距,日本利用"后进国"优势,积极推行独具特色的"吸收型"科学技术发展战略,大量引进国外先进技术,以推动经济快速发展。在这一时期,技术引进主要集中在钢铁、化学、电机、运输机械、电子等主导产业。有资料显示,1950~1980年,日本共引进了3.6万多项技术,支付引进费115.98亿美元。[1] 通过大规模的技术引进,日本迅速缩短并消除了与美欧国家的技术差距,实现了经济的快速发展。有资料分析认为,20世纪50年代初,日本一般的生产技术水平约落后于欧美国家20—30年,60年代初这一差距缩小到10—15年,到了70年代初,则在大多数方面基本上消除了与欧美国家的技术差距。[2] 随着日本经济赶超阶段的结束,技术引进对产业生产率的促进作用逐渐减弱,后发优势也随之消失,自主技术开发成为技术进步的主要形式。70年代后期,以微电子、新材料、生物技术等为代表的新技术革命开始兴起,日本政府极为重视新技术的研究开发,尤其是在新技术领域应用广泛的半导体和集成电路技术得到了日本政府的高度重视。在日本政府的扶植和资助下,日本5家公司组成了"超大规模集成电路技术研究组合",通过共同研究取得了巨大成功,日本半导体产业共获得1000多件专利,从此确立了日本半导体产业的竞争优势地位,成为当时世界电子元器件的供应基地。

进入20世纪80年代,为了积极应对新技术革命的挑战,日本开始制定新的国家发展战略。1980年,日本通产省发表了题为《80年代通商产业政策设想》的报告,提出了"技术立国"战略构想。随后,日本科学技术厅在《科学技术白皮书》(1980年版)中正式提出了"科学技术立国"发展战略。1986年,日本内阁会议制定了《科学技术政策大纲》,成为日本在新的阶段

---

① 钱时惕:《科技进步与世界经济发展》,河北大学出版社2000年版,第175页。
② 薛敬孝、白雪洁:《当代日本产业结构研究》,天津人民出版社2002年版,第126页。

发展科学技术的指导性纲领。在"科学技术立国"发展战略的推动下,日本在 20 世纪 80 年代的技术研究开发达到了巅峰状态,加速了日本的产业结构向技术密集型的转换过程。但是,由于泡沫经济破灭,日本制造业中以新产品开发、开拓新的经营领域和研发投资为目的的设备投资大幅消减,以半导体、微电子、精密机械为代表的主导产业在世界的竞争力逐渐降低,产业结构升级受阻。20 世纪 90 年代,以信息技术为基础的信息产业迅猛发展,成为 21 世纪的新兴产业。信息化浪潮带动了很多国家经济快速增长,美国作为信息产业革命的领头羊,在 90 年代持续取得 3%—4% 的经济增长率,失业率也从 7.5% 下降到 3.9%。而同期日本经济却陷入长达十年之久的停滞期,饱受萧条之苦。

随着科学与技术的迅速发展,人们已经不可能仅靠在学校中获得的知识、能力来维持其终身职业生活所需,不断地开发与工作相关的能力已经成为每个现代人的共同需求。由此,诞生了终身教育理论(Lifelong Education)。[①] 终身教育作为一种理念尤其是一种比较系统的理论,形成于 20 世纪 60 年代之后。关于终身教育思想的形成与确立,人们一般认为以保罗·郎格朗(Paul Lengrand)于 1965 年在联合国教科文组织的成人教育发展国际会议上所作的终身教育的报告和 1970 年发表的《终身教育导论》作为终身教育思想正式确立的标志。终身教育思想主张建立一个新的一体化教育体系,使教育从纵的方面贯穿于人的一生,从横的方面连续个人和社会生活的各个侧面,使今后的教育在每一个需要的时刻,随时都能以最好的方式提供必要的知识技能。

终身教育思想对世界各国的教育改革影响深远,意义巨大,已成为各个国家教育改革与发展的原动力和指导原则。1984 年,为了实施全面的教育改革,日本解散了原来设在文部省的咨询机构——中央教育审议会,成立了内阁总理大臣的咨询机构——临时教育审议会(简称"临教审"),就国家重大教育方针等事项进行咨询审议。在临教审首次咨询报告中将终身教育

---

① ［日］田中万年、大木荣一:《终身职业能力开发—劳动者的学习论》,蓝欣译,南开大学出版社 2008 年版,第 1 页。

（Lifelong Education）首创性地解释为"终身学习"，终身学习被定义为"从摇篮到墓地的学习论"，并赋予了职业能力开发在终身教育中的重要地位。①此后的 3 年内，日本临时教育审议会共提出 4 次报告，明确了日本教育改革的基本指导思想，即"实现向终身教育体系的转变，重视个性，实现适应国际化、信息化等时代变化的教育"。这 4 次报告使日本教育形成完善的、切合国情的终身学习理论。

在终身学习体系的建设方面，日本走在了世界其他国家的前列。1988年，日本文部省将社会发展局改名为终身学习局，作为推动终身学习体系建设的组织机构。1990 年，日本内阁通过了文部省提出的《终身学习振兴法案》。同年，日本国会通过了《关于整备振兴终身学习推进体制的法律》，并同时在文部省设立了终身学习审议会。终身学习审议会根据发展的状况和需要，及时提出对全国具有指导性的政策。如 1996 年的咨询报告从如何加强终身学习功能的角度提出各种教育机构的角色地位，即向社会开放的高等教育、根植社区的中小学、满足社区居民需要的社会教育和文化体育设施、适应终身学习需要的职业训练机构等。

总之，在 21 世纪到来之前，技术的革新和发展，已经将人类从电气化、自动化时代引领到信息时代。面对新的形势，20 世纪 80 年代日本开始审视和检讨战后建立的、日趋僵化的教育体制，并着手第三次教育改革，其改革的基本思想是重视个性的原则和向终身学习体系过渡。

二、《职业能力开发促进法》的颁布

综上所述，进入 20 世纪 80 年代，随着新技术革命的兴起与深入发展，日本的社会经济形态出现了新的变化。一是经济结构转换加快。资本密集型的传统工业部门迅速让位于技术密集型的新兴工业部门；制造业比重停止上升而第三产业的比重不断增加，特别是信息服务业的快速兴起使结构变化出现"社会服务化趋势"。二是经济结构的转换使劳动市场结构呈现

---

① ［日］田中万年、大木荣一：《终身职业能力开发—劳动者的学习论》，蓝欣译，南开大学出版社 2008 年版，第 5 页。

新特点。现代生产的高度机械化、自动化、信息化,导致体力劳动日趋智力化,脑力劳动在社会生产中的作用日趋重要;日本社会高龄化趋势日渐突出,劳动力人口中老年劳动力所占比例越来越大,"有效利用"老年劳动力成为必然选择;随着第三产业部门的扩大以及女子就业热情和愿望的增强,女子劳动力日渐增多,80 年代女子劳动力人口已占全部劳动力人口的 38.7%。[①]

这些新变化、新趋势对职业训练提出了新的课题、新要求。一方面要求职业训练增加技能工的技能深度,开发和提高职业能力;另一方面要求扩大职业训练的范围和规模,增强职业训练的灵活性。为了解决这些新课题,进一步完善中小企业内教育训练体制,提高公共职业训练的适应性、广泛性、多样性,法律修正被提上了议事日程。1984 年 7 月,日本劳动省职业训练局改为职业能力开发局。1984 年 6 月,"公共职业训练研究会"提出研究报告,指出必须将公共职业训练置于地区工人职业能力开发体系的中心地位。1984 年 11 月,"企业内职业训练研究会"提出关于"学习企业"的研究报告。1985 年 1 月,根据上述两个报告以及中央职业训练审议会的综合部会的研讨经过,劳动省向中央职业训练审议会就"职业训练法部分修改方案纲要"进行咨询。在咨询的基础上,1985 年 6 月,日本政府公布了修改后的职业训练法,即《职业能力开发促进法》,同年 9 月,公布《职业能力开发促进法实施细则》,同年 10 月开始实施。

这是自 1969 年以来,日本职业训练法修改幅度最大的一次,不仅仅是名称从《职业训练法》改为《职业能力开发促进法》(以下简称《促进法》),其内容有较大改变,就连基本理念也与过去大不相同。其目的就在于要突破原来狭义的职业训练的范畴,致力于更广泛的职业能力开发促进工作。

《职业能力开发促进法》共有 8 章 99 条。主要内容分别是:总则;职业能力开发计划;职业能力开发的促进;职业训练法人;技能检定;职业能力开发协会;职业能力开发审议会;杂则。与《职业训练法》相比,《促进法》增加了如下内容:(1)第二章"职业能力开发计划"中规定,劳动大臣必须就职业能力开发基本事项,拟订职业能力开发基本计划,都、道、府、县知事拟订相

---

① 饶丛满、梁忠义:《当代日本职业训练》,山西教育出版社 1997 年版,第 50 页。

应的职业能力开发计划。(2)第三章"职业能力开发的促进"是此次修改最多的部分,修改的重点包括两方面:一是在企业主实施职业能力开发促进措施方面,规定企业主应拟订对所雇劳动者进行职业能力开发的计划,并通过OJT 的实施,派员到公共职业训练机构受训;二是中央及都、道、府、县等实施职业训练方面,规定中央及都、道,府、县必须通过职业能力开发促进者讲习制度的实施以及职业能力开发服务中心的设置,对实行员工教育训练休假制度的企业提供各种必要的援助。此外,新法还规定中央及都、道、府、县应设立职业训练学校、技能开发中心、短期职业训练大学等职业训练机构,以便顺利实施职业训练。(3)第七章"职业能力开发审议会",这个机构相当于职业训练法中的职业训练审议会。为了审查职业能力开发计划及其他职业能力开发有关事项,因而在劳动省设置中央职业能力开发审议会,各都、道、府、县也设置相应的审议会。(4)第八章"杂则"中规定,都、道、府、县应拨付经费资助职业训练学校及残障者职业训练学校的运行,还要像以往一样,负担设施、设备所需的经费。第四、五、六章与《职业训练法》基本相同。

从新法的内容来看,主要有以下几个特点:

第一,关于职业能力开发的目的与基本理念。《促进法》第一条明确规定"为确保劳动者参加与其自身职业相关的教育训练或职业能力鉴定的机会,要有计划地、全面地构建各种政策与措施,以开发与提高劳动者的职业能力"。《促进法》第三条指出"职业能力开发的基本理念,就是要根据劳动者个人的愿望、适性特点、职业能力等条件,在不断地引导与帮助劳动者自我开发与提高的基础上,在劳动者职业生涯的各个阶段实施有计划、有系统的职业能力开发,使他们具备能及时把握并积极应对雇佣及产业发展、科学技术、产业结构调整、全球经济一体化等各种变化的能力"。《促进法》的目的与基本理念昭示了职业训练观的转变,即由之前的以技能为中心的职业能力培养转变为将职业训练视为全面的职业能力开发。新法延续了《职业训练法》所确定的"终身教育训练"体系的构想,要求进行贯穿劳动者整个职业生涯,有阶段的、成体系的、适宜的、必要的能力开发。

第二,关于企业内职业训练。《促进法》更加重视企业内职业训练在整个职业训练体系中的重要地位和作用,鼓励企业主有计划地对雇佣工人进行职业能力的开发和提高，同时，要求国家以及地方政府对企业进行技术性援助。具体而言，就是以职业能力开发补助金、对企业及劳动者进行指导咨询等形式，促进企业进行职业能力开发。同时，为了扩大企业内训练，保证职业训练的顺利进行，新法制定了更加弹性化的训练基准。

第三，关于公共职业训练。《促进法》要求建立更加灵活性、更富弹性的公共职业训练体制。即充分利用委托培训制度，使训练基准更弹性化，职业训练指导员的录用更具灵活性，从而使公共职业训练的运行更顺利、更有效。

第四，关于职业训练设施运营费的补助方式。职业训练属于厚生劳动省的管辖范围，而承担国家职业训练事业的是雇佣能力开发机构，其运行经费根据《雇佣保险法》规定全额拨付。各都道府县所属的职业能力开发设施的运行经费，根据新法，有一半是根据《雇佣保险法》的规定拨付，另一半是从各都道府县的税金收入中支出。新规定虽然可能导致有些财政紧张的地方存在运营经费紧张的问题，但总体上，可保证各都道府县设立的职业训练设施更能结合当地的实际情况，更加自主地、灵活地开展职业训练。

20 世纪 80 年代中期，日本经济增长达到巅峰，其经济结构也处于转变的关键期。伴随着日本产业技术现代化、职业训练国际化、经济信息化服务化以及劳动者意识的变化，原来以培养技能劳动者为主的公共职业训练和以 OJT(on the job training) 为中心的企业内训练已经不能更好地适应产业乃至社会的发展。在这种背景下，日本《促进法》自 1985 年颁布后，经过 1986 年、1987 年、1992 年、1993 年、1997 年、2001 年、2002 年、2004 年、2005 年、2006 年的历次改正，形成了日本现有的职业训练体制。

三、大学校的升格运动

20 世纪 90 年代，由于泡沫经济的破灭，产业结构的改变以及少子老龄化社会所衍生出的一系列问题，日本在 1992 年、1993 年两次大幅修订职业能力开发促进法，其目的在于确立事业机构实施教育训练或在职训练制度之地位。1992 年 6 月，《促进法》修正案将原有职业训练大学校、职业训练短期大学校、职业训练校改称职业能力开发大学校、职业能力开发短期大学校、职业能力开发校，将技能开发中心改称职业能力开发促进中心。废除原有培养训练、提高训练、能力再开发训练的区分,代之以训练成度与训练期的区分。

自 20 世纪 80 年代中期以后,日本都道府县职业能力开发机构中高中毕业生入学比例逐步提高,1986 年达到 47%,由此引发职业能力开发机构进一步向高等教育水平的短期大学校转换。1993 年,在高中升学率超过 98% 背景下,事业团所属职业训练机构纷纷升格为短期大学校。到 1994 年,日本雇佣促进事业团(现在的雇用能力开发机构)在日本各地共设立了 26 所职业训练短期大学校。

1996 年,日本政府"第六次职业能力开发基本计划"开始讨论公共职业能力开发设施和职业能力开发大学校的问题,并提出了公共职业训练高度化的试行方案。在试行方案中,讨论了职业训练的高端化、雇用促进事业团所属职业能力开发短期大学校的再编以及与此相关的指导教师培养与研修、训练技法与教材等问题,提出了将雇用促进事业团所属职业能力开发短期大学校分为中央校、重点校和一般校,由重点校承担专门课程、应用课程、指导员培养短期课程、指导员研修课程等。

1997 年初,中央职业能力开发审议会提出"职业能力开发制度改善的基本思路"报告书,根据该报告书,劳动省向国会提出"职业能力开发促进法以及雇佣促进事业团法部分改正的法律要纲",修正案同年 4 月通过。其主要内容是公共职业训练的高度化。具体措施是雇用促进事业团所属短期大学校升格为大学校,原大学校改为综合大学校,作为原短期大学校专门课程的叠加,新设"实践课程"(后改为应用课程),实施指导教师的再训练等等,同时,规定都道府县、企业可以设置短期大学校、大学校。

为了推进特殊法人合理化,适应经济构造的调整。1999 年,日本颁布了《雇佣能力开发机构法》,根据该法律规定,日本设立了雇佣能力开发机构,地方的都、道、府、县都设立分支机构。该机构设立职业能力开发综合大学,主要负责职业训练指导员的培养和职业训练的研究;设立和职业能力开发短期大学,负责实施应用课程、专业课程的教学;设立了职业能力开发促进中心,负责对离职人员和在职人员进行短期的职业训练,其目的就是为了有效地提升劳动者的工作能力,充实职业生活,协调改善雇佣环境,创造良好的雇佣机会,促进职业能力的开发与提高,达到劳动者雇佣的安定,社会福利的提高和经济发展的目的。

根据 1997 年《促进法》修正案及 1999 年颁布了《雇佣—能力开发机构法》,职业能力开发大学校、职业能力开发大学校研修研究中心、东京职业能力开发短期大学校统合为职业能力开发综合大学校。从 1999 年开始,职业能力开发短期大学校中的重点校向职业能力开发大学校升格,升格的大学校部分附设短期大学校。1999 年近畿职业能力开发大学校(附属滋贺职业能力开发短期大学校、京都职业能力开发短期大学校)、九州职业能力开发大学校(附属川内职业能力开发短期大学校)、冲绳职业能力开发大学校设立,2000 年北海道职业能力开发大学校、东北职业能力开发大学校(附属青森职业能力开发短期大学校、秋田职业能力开发短期大学校)、北陆职业能力开发大学校(附属新潟能力开发短期大学校、石川职业能力开发短期大学校)、四国职业能力开发大学校(附属高知职业能力开发短期大学校)设立,2001 年关东职业能力开发大学校(附属千叶职业能力开发短期大学校及成田分校)、东海职业能力开发大学校(附属浜松职业能力开发短期大学校)、中国职业能力开发大学校(附属岛根职业能力开发短期大学校、福山职业能力开发短期大学校)设立,目前,日本共建有 10 所职业能力开发大学校,13 所职业能力开发短期大学校。

1997 年《促进法》改正案,规定除雇佣促进事业团外,都道府县、企业可以设置大学校或短期大学。基于该规定,日本许多地方政府出于服务本区域产业发展的需要开始设立职业能力开发短期大学校,从 1993 年第一所地方设立的短期大学校——山形县立产业技术短期大学校开设起,至 2001 年,各都道府县共设立了 7 所职业能力开发短期大学校。最早由企业设立,政府认定的短期大学校是日本电气(NEC)设立的日本电气工业技术短期大学校,到 2001 年为止政府共认定了 29 所短期大学校,但因经济不景气,到 2001 年,已经有 4 所关闭。①

在战后日本经济高速增长进程中,数量众多的中小企业为经济发展提供了有力支撑和保障,发挥了不可替代的重要作用。但是,日本中小企业生

① 胡国勇:《日本高等职业教育研究》,上海教育出版社 2008 年版,第 214 页。

存能力相对较弱,经常陷入困境。1999 年,《中小企业基本法》修正案将中小企业定位为创造新型产业、增加就业机会、促进市场竞争,以及激活区域经济的中坚力量。为此,日本政府依据《产业活力再生特别措施法》对其实施多方位支持。在实践型人才培养训练方面,2002 年,日本政府颁布《中小企业基础整备机构法》,根据该法第 15 条第 1 项之规定,行政法人中小企业基础整备机构创办中小企业大学校,其教育训练分两类,一类是针对中小企业支援担当者的培养训练,特设中小企业诊断士课程;另一类是针对企业主的培养训练,教授经营战略、商品开发、财务会计、人事管理、市场营销等相关知识。2005 年起,中小企业基础整备机构进一步扩充中小企业大学校,先后在各地设立了 8 所分校,即中小企业大学校旭川校、中小企业大学校仙台校、中小企业大学校三条校、中小企业大学校瀨戸校、中小企业大学校関西校、中小企业大学校広岛校、中小企业大学校直方校、中小企业大学校人吉校。

1985 年,日本颁布实施《促进法》后,职业训练开始成为终身学习体系的中心,在社会经济发展中的作用日趋重要,作为公共职业训练的大学校发展迅速并呈现多样化的特征。日本中央省厅创办的大学校已接近尾声,仅在 2001 年新设了国土交通大学校(隶属国土交通省)、国立看护大学校(厚生劳动省)。而同期,日本雇佣促进事业团、各都道府县、企业等创办大学校的热情十分高涨,其原因是产业变化对实践型技术人才需求的旺盛。此外,由于日本大学校在法律上没有严格界定和设置基准,日本的市町村、职业训练法人、学校法人、财团法人、特定非营利活动法人、甚至政党、团体设立了一大批种类繁多的职业训练机构,也称之为大学校或短期大学校(见附录:大学校一览),在这种形势下,大学校多样化的发展特征日趋明显,但同时也呈现泛滥之势。

四、大学校训练课程改革

承上所述,20 世纪 80 年代中期以后,随着全球信息化浪潮的涌起和国内社会经济形态的变化,日本大学校面临着诸多机遇和挑战,特别是随着日本经济形势的恶化、社会少子老龄化的加深、高等教育竞争的加剧,日本大学校的发展遇到了愈来愈多的困难和冲击。在这种背景下,日本大学校开始适应形势,寻求变革,希图发展。

《职业能力开发促进法》颁布之后,1992年,日本对该法进行较大幅度地修订,进一步深化职业训练改革。其改革的出发点是适应泡沫经济破灭后劳动力市场的变化,改革的重点在于确立事业机构实施教育训练的地位,改革的要求是以广泛的职业能力的开发为原则整合职业训练机构,改革的基本内容调整优化训练课程构建新的职业训练课程体系。

目前大学校的职业训练课程是1992年修订的。表2-2的左侧是原来的课程类型划分办法,分别为"以学校毕业生为对象的养成训练"、"以在职者为对象的高等训练"、"以离职者为对象的能力再开发训练"三大类型。每一类又都设有若干个训练课程。1992年修订后的课程体系,对课程类型的划分作了调整,结果如表2-2右侧所示的四种类型,分别为"普通课程"、"短期课程"、"专门课程"和"专门短期课程"。训练课程的调整是以训练成度与训练期为界限,分为普通职业训练与高等职业训练,这种划分体现了日本职业训练高学历化发展趋势。①

表2-2　职业训练的种类与课程的转换

训练课程划分	训练课程
养成训练	普通课程
	专门课程
	短期课程
提高训练	技能士课程(1级、2级、单一等级)
	管理监督者课程
	技能提高训练
能力再开发训练	职业转换课程
	短期课程

1992年(平成4年)修订

期间 种类	长期训练课程	短期训练课程
普通职业训练	普通课程	短期课程
高级职业训练	专门课程	专门短期课程
	(应用课程)	(应用短期课程)

( )内的课程是1997年增加的课程

---

① [日]田中万年、大木荣一:《终身职业能力开发—劳动者的学习论》,蓝欣等译,南开大学出版社2008年版,第27页。

日本《职业能力开发促进法实施规则》对职业能力开发大学校及短期大学校的课程内容和课程基准作了较为明确的规定,根据该规则可将现有的"训练种类"、"训练课程"总结归纳成表2-3。从职业训练体系概要来看,对各类训练课程的资格要求、训练内容、学制与课时、训练对象都作了明确规定,尽管不失笼统,但对日本公共职业训练来说,由于确立了一个基本规范,而有其进步意义,同时,对其他各类大学校的课程体系的建设更具有广泛的指导意义。

1985 年以后,随着日本产业结构升级调整,日本大学校还进行了大规模的科目调整。以雇用能力开发机构设立的职业训练大学校为例,1985 年设置了 552 个训练科目,到 1988 年有 133 个科目被淘汰,另新增设了 103 个科目,仅有不超过一成的训练科目持续开办下来。从训练科目所涉及的职业种类来看,有 62 个金属加工类训练科目被淘汰,同时新增了 51 个第三产业服务类的训练科目,出现了公共职业训练的重点由重工业向第三产业的转移。①

表 2-3　职业训练体系概要

训练种类	训练课程	训练的主要内容			主要训练对象
		①参加训练的资格要求	②训练内容	③学制与课时	
普通职业训练	长期训练课程 普通课程	高中毕业生或初中毕业生或具有同等以上学历者	培养具有多种技能、知识人才的长期课程	一般为 1 年(初中毕业者为 2 年),每年 1400 学时	应届毕业生(高中毕业生或初中毕业生)等
	短信训练课程 短期课程	学习职业所需技能·知识者(高级技能除外)	培养职业所必需的技能·知识的短期课程(高级技能除外)	一般为 6 个月以内(12 学时以上)	◆在职劳动者 ◆老龄者 ◆欲从事计时劳动者 ◆离转职者 ◆欲参加技能考试者等

①　[日]田中万年、大木荣一:《终身职业能力开发—劳动者的学习论》,蓝欣等译,南开大学出版社 2008 年版,第 26 页。

续表

训练种类	训练课程	训练的主要内容			主要训练对象
		①参加训练的资格要求	②训练内容	③学制与课时	
高级职业训练	长期训练课程 专门课程	高中毕业生或具有同等及以上学历者	培养高级技能与知识的长期课程	一般为2年,总训练时间在2800学时以上	学校应届毕业生(高中毕业生)等
	应用课程	专门课程结业者或具有专门课程结业同等技能·知识水平者	为开发新产品和发展新业务,学习专业性应用性高级职业能力的长期课程	一般为2年,总训练时间在2800学时以上	专门课程结业者
	短期训练课程 专门短期课程	掌握职业所需高级技能·知识者	培养高级技能与知识的短期课程	一般为6个月以内(12学时以上)	以学习高级技能与知识为目的的在职人员等
	应用短期课程	要求学习研究开发、产品深加工、拓展新业务等所需技能·知识者	培养产品深加工、拓展新业务等所需分析问题、解决问题能力的短期课程	一般为1年以内(60学时以上)	承担研究开发和产品开发、发展新业务的在职人员

五、大学校学位制度的建立

日本自明治维新建立学位制度以来,经历了数次变革,在学位授予主体、学位层次结构、学位门类种类、学位授予方式等方面发生了巨大而又深刻的变化。从最初只有学士学位开始,后来增加了博士、硕士、得业士(由于当时大学尚未建立,这一种学位制度事实上并未实施)等种类,直至今天的博士、硕士、学士、准学士(专门士)等四种学位。战后,随着时代的发展,学术领域越来越广泛,学位门类种类越来越丰富,博士从最初的5种增加到现今的19种,硕士学位也增至28种,学士扩大到29种,涉及了文、理、工、商、医、农、林等各个方面。日本高等教育的发展为现代日本社会输送了大量的高素质人才,促进了战后日本经济腾飞和国力的增强,而学位制度则为高等教育质量提供了重要保证。

随着战后日本经济的迅速恢复与发展,日本战后初期构造的单一化高等教育体制开始松动。20世纪60年代高等教育多样化改造成为该时期日本高等教育发展的主要特征,多层次、多类型的高等教育体系开始形成。作为高等教育重要组成部分的高等职业教育训练迅速发展,渐成体系,并成为日本经济发展最直接、最有力的引擎。日本高等职业教育训练之所以发展迅速,一方面是由于科学技术的发展,高精尖的新兴产业层出不穷,对从业人员的知识水平和技能有了更高的要求;另一方面,日本产业结构正在进一步调整,技术含量高的企业在产业结构中所占比例增加,简单的重复性、机械性的手工操作显然不能适应这种发展趋势,因而,日本的技术人才培养重心进一步上移。另外,高等职业教育训练由于从终结性向开放性转变,升入大学的学生越来越多,从而导致高等职业教育训练内部的发展重心也在逐渐上移。同时,由于日本学历社会的特质,日本高等职业教育训练处于一种非主流的尴尬境地,日本高等教育大众化的发展趋势,使高等职业教育训练的发展空间受到来自大学的不断挤压。因此,寻求社会认同成为日本高等职业教育训练发展的强烈诉求。在这种背景下,以学位多样化为基本要求的学位制度改革成为 20 世纪 80 年代以来日本高等教育改革的重要课题。

1987 年 4 月,日本临时教育审议会第二次咨询报告对改善学位制度确立了一个基本方向。以临时教育审议会报告的思想为前提,1991 年,大学审议会连续提出了"关于大学教育的改善"、"关于学位制度的反思及大学院的评价"、"关于学位授予机关的创设"、"关于短期大学教育的改善"、"关于高等专门学校教育的改善"等一系列咨询报告。在这些咨询报告中,提出了根据设置基准"大纲化"自主编制课程、实施自我评价、设立学士学位以及在大学以外的教育设施中履修学分认定等建议,而与这些建议并行的还有创设"学位授予机构"的建议。根据上述咨询报告的内容和要点,日本于 1991 年相继对《国立学校设置法》、《学校教育法》、《研究生院设置基准》、《学位规则》进行较大的修改。自 1888 年颁布《学位令》以来,学士一直是被作为称号来对待的,但从国际上来看,一般是把学士作为第一级学位的。因此,为适应高等教育国际化的发展趋势,1991 年修改的《学校教育法》开始赋予学士以学位的地位,这样,日本形成了学士、硕士和博士三级学位结构。

战后,日本大学作为学术的中心是唯一可以授予学位的机构,但在日本高等教育阶段的教育机构中,除了大学以外,还有与大学、大学院同等水准地进行着有组织的、有体系的教育研究机构。在这些教育机构中接受了系统的教育,如果他们也达到与大学、学院毕业者同等水准的话,为了使他们的学习成果能得到社会性的恰当评价,按照其水准理应授予学士、修士、博士的学位。但是,由于这些教育机构与大学的定位、目的、使命不同,因此,不能作为有权授予学位的大学被认可,同时大学的学位授予原则不适用于这些大学以外的教育机构。因此,在继续维持大学学位授予原则的同时,为了顺应社会这种要请,创设学位授予机关显得非常必要。1991年,日本《国立学校设置法》修正案在基本维护由大学授予学位的基本原则的同时,决定创设学位授予机构。学位授予机构的设立得到国、公、私立大学等教育机构的参与和筹划,由大学有关人员共同进行学位授予审查,与大学具有同样地位。学位授予机构主要开展以下业务:1.学位授予审查;2.开展授予学位所必需的有关学习成果评价的调查研究;3.收集、整理和提供有关大学各种学习机会的信息,其中心业务是授予学位。授予学位主要包括:1.短期大学、高等专门学校等学校的毕业生,履修大学的科目并取得了学分,达到了一定的条件,经审查合格者,授予学士的学位。2.对于履修省厅大学校的学位授予机构认定的课程,经审查合格者授予学士、硕士、博士的学位。创设学位授予机构是以满足和提高国民对终身学习活动的关心和欲望为前提的,是希望通过对人们在正规大学以外的教育机构所修得的学习成果进行评价,可以使其通过积累多种多样的学习成果来获得学位。获得学位途径的多样化,很大程度上促进了日本民众不断学习的积极性,同时严格的考核标准又保证了教育质量的高水平。

在学位授予制度上,日本文部省给予了高等职业教育更多的关照,在学士、硕士和博士三级学位之外,专门为高等职业教育学校的毕业生设立"准学士"和"专门士"称号。日本1991年修改后《学校教育法》第69条的规定,短期大学毕业生,修业年限为二年以上,修满62个学分,经过毕业考试合格者可授予"准学士"的称号。其中,高等专门学校的学生,初中毕业后修业五年,修得167个学分后毕业,亦可获得"准学士"称号。文部省自1976年建立专修学校制度以来对《专修学校设置基准》作了重大的修改。决定从1995年开始授予修完专门课程者(包括已取得博士、硕士、学士学位者及一般社会人士）"专门士"学位（相当于短期大学毕业的"准学士"学位），具体要求是专修学校专门课程的修业年限在二年以上，在校学习课程的总时数在 1700 课时以上，根据考试做出成绩评价，然后认定专门课程结业。

1991 年日本创设的学位授予机构，为大学毕业生以外的人员获得学位开辟了新途径。新的《学位规则》第 6 条第 2 项规定：由学位授予机构认定，在大学以外的教育机构中修完相当于大学学部、研究生院硕士及博士课程并经审查合格者，可授予学士、硕士、博士学位。根据该规定，日本防卫大学校、防卫医科大学校、水产大学校、海上保安大学校、气象大学校、职业能力开发综合大学校、国立看护大学校的部分学科经学位授予机构严格审查被认定为学士、硕士、博士课程。具体情况见表 2-4、表 2-5、表 2-6。①

表 2-4　大学校本科教育课程

名称	认定课程名称		修业年限	入学定员	学位（专业领域）	认定时期
防卫大学校	本科	人文社会科学专业	人类文化学科	4 年	100 人	学士（人文科学）	2001 年 3 月 12 日
			公共政策学科 国际关系学科			学士（社会科学）	1991 年 12 月 18 日
		理工学专业	应用物理学科 应用化学学科 地球海洋学科	4 年	430 人	学士（理学）	1991 年 12 月 18 日
			电气电子工学科 通信工学科 情报工学科 机能材料工学科 机械工学科 机械系统工学科 航空宇宙工学科 建设环境工学科			学士（工学）	
防卫医科大学校	医学教育部医学科		6 年	80 人	学士（医学）	1991 年 8 月 30 日

----

① ［日］六车正章：《省厅大学校的法律地位与大学评价与学位授予机构的学位授予》，《学位研究》，2001 年第 15 期，第 105 页。

续表

名称	认定课程名称		修业年限	入学定员	学位（专业领域）	认定时期
独立行政法人水产大学校	本科	水产情报经营学科	4年	20人	学士（水产学）	1991年12月18日
		海洋生产管理学科		45人		
		海洋机械工学科		45人		
		食品化学学科		45人		
		生物生产学科		30人		
海上保安大学校	本科	第一群（航海）第二群（装置）第三群（通信工学）	4年	50人	学士（海上保安）	1991年12月18日
气象大学校	大学部		4年	15人	学士（理学）	1991年12月18日
职业能力开发综合大学校	长期课程	机械系 产业机械工学科	4年	20人	学士（工学）	1991年12月18日
		生产机械工学科		30人		
		电气电子系 电气工学科		30人		
		电子工学科		40人		
		情报系 情报工学科		40人		
		建筑设计系 建筑工学科		20人		
		造型工学科		20人		
		福祉机电一体化系 福祉工学科		20人		
国立看护大学校	看护学部看护学科		4年	100人	学士（看护学）	2001年3月26日

表2-5 大学校硕士研究生教育课程

名称	认定课程名称		修业年限	入学定员	学位（专业领域）	认定时间
防卫大学校	理工学研究科前期课程	电子工学专业 机械工学专业 航空宇宙工学专业 物质工学专业	2年	90人	硕士（工学）	1991年12月18日
		情报数理专业 地理科学专业 地球环境科学专业			硕士（理学）	
	综合安全保障研究科综合安全保障专业		2年	20人	硕士（社会科学）	1997年3月11日

续表

名称	认定课程名称		修业年限	入学定员	学位（专业领域）	认定时间
职业能力开发综合大学校	研究课程	机械专业	2年	30人	硕士（工学）	1991年12月18日
		电气·情报专业				
		建筑·造型专业				
独立行政法人水产大学校	水产学研究学科	水产技术管理学专业	2年	10人	硕士（水产学）	1994年6月23日
		水产资源管理利用学专业				

表2-6　大学校博士研究生教育课程

名称	认定课程名		修业年限	入学定员	学位（专业领域）	认定时间
防卫医科大学校	医学教育部医学研究科		4年	30人	博士（医学）	1991年8月30日
防卫大学校	理工学研究科后期课程	电子情报工学专业	3年	20人	博士（工学）	2001年3月12日
		装备·基础工学专业				
		物质·基础科学专业			博士（理学）	

　　1991年，日本大学校学位课程被认定后，至2001年4月授予学士学位8887名，授予硕士学位974名，授予博士学位152名，合计10013名，而同期日本短期大学、高等专门学校等授予学位人数为8487名（只有学士学位），两者学位授予人数大体相当。①

　　日本大学校学位课程的认定，对大学校的发展具有重要意义。一是大学校的高度化初步确立。1991年日本学位制度改革，为大学之外的高等教育机构的学位授予打开了通道，大学校学士、硕士、博士学位课程的认定，标志着大学校高级化趋势得以确立，大学校的发展进入一个新的时期。二是日本大学校的社会认同感增强。战后日本社会的安定和经济的快速发展得

　　①　［日］六车正章:《省厅大学校的法律地位与大学评价与学位授予机构的学位授予》，《学位研究》2001年第15期，第108页。

益于职业训练制度的建立,但同时社会对职业训练的冷视,致使大学校的发展始终处于一种尴尬的境地。大学校学位课程的认定,使得作为"准学校"的大学校更加趋向"学校形态",它不仅具有了大学形态的所有要件,而且同时具有大学所不具备的特质——以高层次应用性、实践性人才的培养为宗旨。大学校的这种特质得到了政府部门及企业的欢迎和认可,同时,大学校的"大学化"使得大学校的社会认同感增强,大学校成为高中毕业生接受高等教育的一个重要选择。三是教育训练质量得到提升。战后日本大学校隶属多元,种类繁多,层级复杂,致使其训练标准不一,质量参差不齐。学位认定制度的引进,为大学校的教育训练确立了一个统一的衡量标准。大学校的学位授予是建立在学位授予机构的严格审查认定并经过系统科学训练和考核的基础之上,成为评价职业训练各个阶段达到的不同知识能力水平和检验高层次人才培养质量的标准,这无疑会促进日本大学校教育训练质量的提高,为选拔和使用人才提供职业能力方面的依据。

六、大学校独立行政法人改革

日本新自由主义改革,在经济不景气的 20 世纪 90 年代逐渐开始成为现实。其中最主要的部分就是教育的市场化。政府试图通过新自由主义改革,通过受益者自我负担、消减公共支出、降低公共保障水平的方针来摆脱财政困境。教育,尤其是义务教育以外的各级各类教育,就是日本政府市场化改革的最重要对象。①

在"市场化"、"竞争原理"、"能力主义"、"公费抑制"以及"规制缓和"等新自由主义口号下,省厅所属大学校和国立大学一样都成了法人化改革的主要对象。1999 年 1 月小渊政府的咨询机构"经济战略会议"向总理府提交了咨询报告,报告提出了全面推行市场经济,以市场为主导的思想。小渊政府认可了报告的主要思想,开始精简政府机构,积极推进中央省厅的改革。随之有 84 类原国家行政机关从政府行政组织中分离出来,成为独立行政法人。在这次行政改革的大潮中,省厅所属大学校与国立大学均被列入

---

① 胡国勇:《日本高等职业教育研究》,上海教育出版社 2008 年版,第 178 页。

独立行政法人化的序列,但是,方案一经提出立刻遭到来自国立大学激烈的批判和坚决的抵抗。在此后的 4 年多里围绕国立大学法人化问题,论争不断,但其自身机制的怠惰,阻挡不了社会改革的步伐,最终,国立大学还是被推上了法人化改革的道路。

根据 1999 年 4 月内阁会议决定,文部科学省(当时为文部省)开始着力于国立大学法人化改革的相关提案及政策的制定。1999 年和 2000 年,文部科学省曾先后两次召开国立大学校长会议,就有关国立大学法人化内容、组织、时间进程等作说明,并听取大学方面的意见。2000 年 7 月,文部科学省成立了"国立大学独立行政法人化调查研讨会议",作为政府的咨询机构专门研究讨论国立大学法人化制度问题。2002 年 3 月,该咨询机构提出了题为《关于新国立大学法人形象》的最终报告,报告提出,将国立大学从文部科学省的内部组织中"独立"出来,采用非公务员制度的建议。按照最终报告的提议,文部科学省在充分考虑大学教育研究特性的基础上,向国会提交了"国立大学法人法案"。几经讨论,2003 年 7 月,日本国会通过并公布《国立大学法人法》,翌年正式实施。国立大学法人化推动了国立大学内部组织机构的重组,改革了日本高等教育现有结构及体制,使国立大学由政府管理下的"知识共同体"转化为具有高度自主性、自律性、在学术上具有高度国际化水准的独立的"知识经营体"。这将是日本高等教育发展的新的生长点。①

1999 年 4 月,日本内阁会议推出"关于精简行政组织,提高效率的基本计划"的决议。根据该决议,日本各省厅的附属机构中的农业者大学校、水产大学校、海技大学校及航空大学校四所大学校要在 2001 年前实现独立行政法人化。1999 年,日本政府相继颁布实施《独立行政法人通则法》及《各独立行政法之个别法》,在相关法律的指导监督下,以上四所大学校顺利实现了法人化改革。独立行政法人改革后的大学校,其设置目的、业务范围等没有本质变化,但其隶属关系由于法律依据的变更发生了较大变化,大学校

---

① 姜晓平、藤井穗高:《日本国立大学法人化进程研究》,《河海大学学报》2007 年第 1 期,第 55 页。

脱离了主管省厅下辖"文教研修设施"的角色,成为《独立行政法人通则法》第 2 条第 2 项规定的特定独立行政法人,省厅与大学校之间的关系被界定为业务"指导与协调"。

作为厚生劳动省管辖的公共职业训练机构——职业能力开发综合大学校和职业能力开发大学校的行政法人化是个特例。厚生劳动省提出的制度设计,不同于其他大学校的一所学校一个法人的原则,而是将职业能力开发综合大学校和 10 所职业能力开发大学校纳入一个法人之中,即雇用能力开发机构。1999 年日本颁布《独立行政法人通则》之后,通过了《雇用能力开发机构法》,1999 年 10 月,成立隶属厚生劳动省的特殊法人"雇用能力开发机构",法人由厚生劳动省大臣任命。但是由于该特殊法人在绩效公开化、财务与会计弹性化和组织人事管理企业化方面执行监管不力,因此,日本厚生劳动省决定设立"独立行政法人制度"作为改善的策略,2002 年,通过《独立行政法人雇用能力开发机构法》,2004 年,成立"独立行政法人雇用能力开发机构"。独立行政法人雇用能力开发机构与原来机构比较,特点显著(见表 2-7)。

表 2-7　特殊法人与独立行政法人的比较

区分	雇用能力开发机构,(特殊法人)1999 年	独立行政法人雇用能力开发机构(独立行政法人)2004 年
法源	各法人设立法	独立行政法人通则 独立行政法人雇用、能力开发机构法
目标管理	无	厚生劳动大臣的中期目标(3—5 年)
评估	无	厚生劳动省及总务省评价委员会进行评价
定期检查	无	中期计划(3—5 年)终结时,就该法人的业务是否继续及组织形态进行检查
情报公开	无	情报公开法规定情报公开义务
财务营运	特殊法人会计处理准则	财务营运弹性化,全面适用企业会计原则
组织人事管理	法令管制、欠缺机动及灵活	法人自律

独立行政法人雇用能力开发机构的运行,是依据厚生劳动大臣所制定

的中期目标,制定中期实施计划并通过厚生劳动大臣认可后公开,一般每会计年度开始前制作年度计划书,提交厚生劳动大臣并公开。独立行政法人雇用能力开发机构的业务,均必须遵照此年度计划实施。独立行政法人雇用能力开发机构特别强调评估制度和接受社会监督制度。对其评价原则采取事后评价机制,即厚生劳动大臣应于中期目标终结时,就该法人业务连续的必要性及业务相关事宜全面检查,总务省政策评价委员会也应于中期目标终结时,就独立行政法人雇用能力开发机构业务及事务的改变或废止提出劝告,评估结果一律对外公开、接受监督,也作为法人相关人员考核、赏罚的依据(包含解任、报酬之核算)。

另外,日本省厅大学校的行政法人化改革,并没有同国立大学那样全部实施法人化改革,其原因在于日本省厅大学校中有部分大学校是以培养专业公务员为目标,如防卫大学校、警察大学校、消防大学校等都是培养特殊公务员的教育训练机构,事关国家安全,政策性极强,其法人化改革仍处于探索讨论之中。

日本省厅大学校在实施行政法人化改革进程中,其组织、制度日趋完善,特别是学校决策权的扩大,进一步推动大学校的个性化、活性化和教育研究的高度化,为大学校法人改革定下了追求效率的基调。具体来说,法人化过程给国立大学校带来了如下变化。

1. 组织结构更具自主性、开放性。法人化改革是日本政府对省厅大学校进行"结构和体制改革"的一次尝试。战后省厅大学校是依据有关省厅法令建立起来的,属于政府内设机构,教职员是国家公务员身份。这样的结构体制造成大学校缺乏自主性,结构僵化,运作体制单一,而且,省厅大学校长期处于政府的"庇护"之下,竞争意识淡薄,缺少社会责任感。法人化改革试图改变这种状况,赋予大学校法人资格,使之转变为"个性丰富"、"具有魅力和社会责任"的大学校。所以,省厅大学校法人化进程是战后以来最重要的一次改革,是引进市场竞争机制和民间经营理念及模式,使大学校向经营体制转移的一次脱胎换骨的改革。参照《国立大学法人法》的有关规定,省厅大学校重组组织机构,设法人组织,即董事会,讨论通过学校的重要事项;设立教育研究评议会,专事审议有关教育研究的相关事项;设立经营协议会,审议学校每年的预决算和与学校经营有关的各种事项。校长不仅是学校的法人,还担任经营协议会的议长,领导教育研究评议。在经营组织方面,以"法人组织和大学组织的一体化"、"校外有识之士的参与"为前提,对学校的现有组织形式进行重组,使大学校的运营更具开放性、自主性。

2.财务管理权限扩大,人事制度更加灵活。法人化以前,省厅大学校财务受隶属省厅的严格统制,学校预决算纳入国家财政预决算之中,政府下达的各项事业经费都是专款专用,学校在财务上无自主权。教职员具有国家公务员身份,工资来源于国家财政预算。法人化后,政府将原来用于学校的事业费改作运营费补助金,将设备配备所需经费改作设备费补助金交付给各法人。在财务管理上,政府放宽对大学校法人的财政限制,其目的在于"让法人能够在这样机动且具弹性的财务管理制度下,依靠自主判断和经营,从法人的财务会计管理方面直接展示其经营的努力程度"①。教职员"去公务员"改革给大学校创设全新、灵活的人事制度带来契机。学校可以建立有别于国家公务员的新的人事制度体系,工资制度和工作时间都更灵活、更有弹性,工资可与能力、业绩效率挂钩,对教职员个人具有激励作用。总之,新的人事制度、灵活的财务制度,不仅可以强化产学官结合,还可以增强职员的社会责任感,提升学校整体的竞争力。

3.发展规划目标更加明确。法人化后,参照《国立大学法人法》第三章中的规定,大学校法人每6年须向主管省厅提交一次中期目标,一年提交一次中期计划。中期目标中必须详细制定6年中教育训练业务运营目标,具体内容包括:"提高教育训练质量的目标"、"改善业务运营和提高学校效率的目标"、"改善财务制度及内容的目标"、"对教育、研究及组织、运营等状况进行自我检查、评价以及提供相关信息的目标"、"其他与业务运营相关的重要目标"等。为实现中期目标,各法人还要制定本校每年度具体的中期计划,即实现中期目标的措施。计划内容要与中期目标内容一一对应,详细列出实现上述目标的实施细则,这个中期计划经主管省厅认可后,大学校法人必须立即公布实施。依据法律的要求,各法人充分运用各自裁量权,设

---

① 文部科学省:《文部科学白書》,独立行政法人国立印刷局2004年版,第8页。

定学校的中期目标,努力突出本校特色,竭力增强在新体制下的竞争力。

4.引入认证评价制度。伴随着国立大学法人化,"认证评价"作为衡量大学实际经营水准的一种手段而凸显其重要性。因此,文部科学省不仅创设了"认证评价制度",还成立了国立大学法人评价委员会,并设置了"大学评价·学位授予机构",作为第三者评价机构参与对大学的评价。法人化的省厅大学校也引入认证评价制度,各大学校法人对照各自制定的中期目标,除每年对完成状况进行自我检查和评价外,还要向主管省厅、总务省政策评价·独立行政法人评价委员会提交各类财务报表、法人经营实绩报告书、中期计划的进展情况和经营状态等。6年结束时,主管省厅、总务省政策评价·独立行政法人评价委员会将对包括学校经营管理、财务预决算等在内的中期目标进行全面评价,并提出整改意见,同时将评价结果向社会公布,接受监督。评价结果将作为下一个6年周期的资金资源分配数额的依据。"认证评价制度"的引入有利于进一步明确法人化后大学校的发展思路,有利于提高办学水平。

总之,省厅大学校法人化进程改变了大学校与主管省厅之间的关系,实现了从"统制与庇护"到"协调与指导"变革。从组织上省厅大学校从主管省厅的内部机构中剥离出来,摆脱了"护送船团方式"的运作模式,转变为具有独立法人资格的机构,具有自主、自律性的组织,在挣脱了政府强力"统制"的同时,也告别了受政府无微不至"庇护"的特权,并由此跨入"市场经济时代"。

第三章 日本大学校现状分析

如前所述,战后日本职业训练经历了两个重要阶段,一是以 1958 年《职业训练法》的颁布为起点,力图建立综合化、体系化的职业训练体制;二是以 1985 年《职业能力开发促进法》的公布为标志,开启了新的职业能力开发制度,并由此建立起完整的职业训练体系。就日本职业训练发展的历史来看,职业训练是按照企业内职业训练和公共职业训练两大体系,分别形成与发展起来的。作为公共职业训练体系重要组成部分的大学校,从最初的单一层次、单一类型、单一主体逐步扩展,发展成为目前的多层次、多类型和多元化的格局,形成了颇具特色的"准学校"形态的大学校群。关于大学校的发展演变,在前章中作了系统梳理与论述,本章将对大学校的培养目标、发展定位、类型结构、课程特色、师资聘任、管理体制及区域布局作一总体概述。

第一节 大学校的目标与定位

一、培养目标

所谓的培养目标,是指学校为了完成自身使命而对人才培养类型、层次及规格的一种预设或规定。其中人才培养类型,是指从横向层面上对人才的划分,如将人才划分为经营管理型、专业技术型等不同类型等;人才培养层次,是指从纵向上对于人才等级一种划分,如将人才划分为一般人才和高层次人才;所谓人才培养规格,是指学校培养的人才在"知识、能力和素质"三方面应该达到的要求和标准,如对应该具备的基础知识、创新能力和道德素质等方面的具体规定等。人才培养目标的确定,直接关系到学校办学方向的选择、学校地位的确定、作用与功能的发挥以及特色的形成,是学校持续、健康、稳步发展的保障,是制定发展规划,实施学校管理,制定制度规范的理论依据。因此,厘清日本大学校的培养目标,对我们深入认识大学校这一特殊高等教育类型至关重要。

日本大学校作为高等职业训练的承担者,每所大学校理应具有相同或相近的人才培养目标,但是,现实情况非常复杂,这主要是日本大学校群是一个构成非常复杂的集合体。从设立目的及人才培养类别来看,日本大学校基本上可划分为两类:一是以国家、地方公务员的培养培训为目的的大学校,如;警察大学校、防卫大学校、自治大学校、税务大学校、建设大学校、社会保险大学校等;二是面向企业培养高技能人才的大学校,如职业能力开发大学校、中小企业大学校等。

公务员培训是日本职业训练的重要组成部分。日本公务员培训体系主要有两部分构成:一是人事院直属的公务员研修所及各省厅研修所;二是各省厅大学校。公务员研修所及各省厅研修所主要以中短期培训为主,开设普通管理课程、科学技术课程和主题政策研究课程,主要培养和强化公务员的责任感、使命感以及完成工作任务所应有的态度、方法和基本知识、基本技能。省厅大学校主要以公务员的长期养成教育为主,同时应省厅要求也举办各类中短期培训,主要培养在特定行政领域具有高度专门知识和技能的行政管理人员。下面以税务大学校为例来具体分析一下大学校的培养目标、培养过程及培养模式。

税务大学校是日本国税厅附属教育训练机构,承担税务公务员研修及税法研究等职能。日本国税厅负责制订税务人员的教育培训方针,税务大学校负责制定教育培训规划和培训实施计划。培训计划由税务大学校总校及其下设的 12 所地方分校具体实施。税务大学校的培训体系分为三大模块:一是以提高税务公务员综合素质及能力为目的的长期培训。通过国家考试而被录用的公务员首先到税务大学校分校接受 13 个月的集中培训,培训的科目包括基础科目和专门科目。培训结束后,他们需要在各个税务分局工作 11 个月,然后重新回到税务大学校分校继续接受 3 个月的培训,目的是让受训者进一步获得从事税收管理工作所需的知识和技能。第二次培训时受训者被划分为不同的专业班,如个人所得税班、企业所得税班、资产税班、征收管理班等,培训的内容更注重与受训者从事的实际工作相联系。这些公务员在回到各自的岗位工作7年以后,凡是通过选拔考试者,可以继续在税务大学校的本校参加为期一年的长期培训,此次培训的目的是让受训者获得使其成为税收管理骨干人员所需要的更专业、全面的知识。二是以掌握与专业直接相关的必备知识为目的的短期培训。日本税务公务员短期培训项目分为由总校实施的以国税局税务人员为实施对象的专业事务短期培训、按级别进行的短期培训和由分校实施的综合类短期培训。其培训目标是让学员为能够圆满高效地完成税收业务而掌握必要的高层次知识和技能。分别设有行政复议、稽查、核查、诉讼、征收等课程。三是以掌握职务上所必备的特定科目相关知识为目的的远程培训。通过广播电视、网络等媒介开展远程教育,教授税务执行工作必不可少的会计学、税务会计等科目。

战后,日本建立了专门以公务员教育训练为目的的大学校,构建了独特的公务员培训体系,成为日本人力资源开发战略的重要组成部分,折射出日本建立现代化国家的意志。其明确的培养目标,颇具特色的培养模式,为日本培养了一大批能够应对复杂的行政管理工作,具有扎实的专业知识、业务能力和丰富实践经验的公共管理人才,为日本建立民主、高效的政府提供了宝贵的人力资源,成为日本战后经济高速发展的重要推动力量。

产业技能人才培养是职业训练的主要任务。在日本大学校中面向企业培养高技能人才的大学校虽然建立较晚,但发展迅速,并成为日本职业训练的领跑者和政府政策的实施者。大学校的培养目标必然反映出日本职业训练政策的要旨和发展趋势。从职业训练立法的角度来看,日本职业训练大致可以划分为三个时期,即战后初期的《职业安定法》和《劳动基准法》时期;经济高速发展的50年代后期至80年代中期的《职业训练法》时期;80年代中期以后的《职业能力开发促进法》时期。与此相应,日本职业训练的目标由初期的失业者对策,逐渐转向技能者培养,并逐渐提升到"实践型技术者"培养。

1969年新的《职业训练法》总则明确提出,要建立"培养手艺与头脑兼备,能够适应变化,具备判断力和应用能力的新型职业人的职业训练制度"。① 根据上述政策意图,1975 年,日本设立东京职业训练短期大学校。20 世纪 80 年代,日本经济结构发生深刻变化,原有的以培养技能劳动者为主的公共职业训练和以 OJT(on the job training)为中心的企业内教育已经不能适应产业乃至社会的发展。在此背景下,东京职业训练短期大学校提出了培养实践型技术者的培养目标。所谓实践型技术者,一般定义为居于工程师与熟练劳动者之间,执行相当于两者之间工作的技术人员,也可以将其定义为以与熟练劳动者必要的技能所不同的技能知识作为其职务要件的独立的劳动者范畴。

二、学校定位

大学校的设立得到日本社会各界的欢迎和支持,日本教育家梅根悟指出"应该将公共职业训练作为后期中等教育完成后的国民教育制度"。② 但是,大学校的创立首先要解决的一个问题是,必须证明自身存在的意义。关于大学校的教育训练与学校职业教育的区别,日本劳动主管部门曾作如下界定:"职业训练在内容、方法等方面,要尽可能避免与根据学校教育法进行的学校教育重复,同时又要保持两者之间的密切关系。学校教育其内容重点放在基础性、一般知识传授与品行的陶冶上,与此相对,职业训练原则上以学校修了者为对象,将重点置于通过现实的具体的自身体验掌握特定职业所必要的技能与知识"。③

这种原则上的界定过于笼统,并不能完全消除人们对大学校的疑虑。在日本,职业训练与职业教育分属不同的行政机构,但事实上两者之间并没与非常明确地界限。如果短期大学、高等专门学校等学校教育可以承担社会所需的全部教育训练,那么,公共职业训练机构的培养训练,特别是大学校就没有存在的意义。这就要求大学校必须实施与学校教育的短期大学、高等专门学校不同的教育训练。因此,大学校提出的与短期大学、高等专门

---

① [日]劳动省职业训练局:《改正职业训练法》,日刊劳动通讯社 1970 年版,第 47 页。
② [日]梅根悟:《追求日本的教育改革》,劲草书房 1974 年版,第 329 页。
③ [日]劳动省职业训练局:《改正职业训练法》,日刊劳动通讯社 1970 年版,第 50 页。

学校不同的教育训练方法——"实学融合"。所谓"实学融合"是"通过基础性学理或实验使训练生理解实际技能实习中实践性、具体性事实的方法"。① 因为在当时无论短期大学还是高等专门学校都没有实施以实践为中心，并将实践与学理相结合的教育训练。现在日本的许多职业教育机构均以"实学融合"为口号，但首先实施这种教育训练的是大学校这种教育训练机构。因此，大学校以实践型技术者的培养目标、"实学融合"的教育训练理念、产学官相结合的独特优势，奠定了其在日本职业教育训练中的地位，并成为日本高等教育体系不可或缺的重要组成部分。

第二节　大学校的教育训练对象与费用负担

如前所述，日本在战前即存在着文部省以外的省厅所管辖的学校，这类归属于其他省厅的"特种教育"机构是为了"达到各省行政事务目的的行为"而设立的。其中既有陆海军的各学校（士官培养）和内务部的皇学馆（神官培养）那样为了"直接实现其省务的目的"的学校，亦有运输省的商船学校和农务省的水产讲习所那样为了"间接实现其目的"的学校。

战后，日本建立了单一化的教育制度，但是"和各省务有关系的教育事务"由相关各省厅管理的机制并没有改变，各省厅根据行政事务的需要相继建立了众多教育研修的设施。在这种设施内进行的教育训练大致可以被分成两类：一是对省厅录用的公务员进行培养和研修；二是对省厅行政领域中的专业技术者进行教育训练。这两种教育训练的目的都是为"达到各省行政事务目的"要求，不同之处是"直接达成"抑或"间接达成"的问题。其中前者，也就是说为了直接达成各省厅的行政目的的教育、研修设施，其主要任务是各行政领域的国家公务员的培养和研修，同时也承担少量特殊法人、地方公共团体和民间团体的教育训练。后者是为了间接实现各省厅行政目的教育研修设施，其主要任务是民间人士的教育训练，即包括单纯的个

---

① ［日］中村常郎：《东京职业训练短期大学校的意义与课程》，《职业训练研究》1975 年第 2 期，第 6 页。

人,也包括企业内的从业人员。

由此可见,省厅大学校其教育对象既有国家公务员、地方公务员还有民间人士。根据教育对象的不同,费用负担的状况有所不同。目前,省厅大学校教育训练的费用负担不是固定的,一定程度上贯穿着受益者负担的原则。也就是说,国家公务员,大体上由国家全额负担;地方公务员,由地方公共团体负担;民间人士,由个人或者身为雇主的企业负担费用的一部分。其中民间人士的教育训练费用,民间企业通常认为是:教育训练内容广泛通用的一般训练(general training)以及从业人员在其企业内发挥作用的特殊训练(specific training),一般由企业全额负担。

关于基础的或准备阶段的教育训练。其目的是为了培养就职所必要的基础知识技能,以及令人满意的价值观、思维方式、相适应的态度等。由于这类训练并不是仅仅被限定于某个特定职业的事务,而是发挥相当广泛的作用。因此,关于费用负担问题成为业界争论的话题。

一、以国家公务员为对象的训练

1. 国家公务员的初任训练

日本省厅所管学校的基本任务是为了直接或间接实现各省厅的行政目的而进行的人才培训和研修。国家公务员的研修可以大致分为新录用职员的研修和现职职员的研修。新录用的国家公务员几乎都要以一定形式接受研修,但是由于行政领域和职种的差异,无论是研修的内容,还是研修的时间都有很大的不同。根据人事院的调查,从实施的课程数以及人员数的情况来看,初任者八成以上,接受一周到一个月以内的短期训练,只有一成左右接受半年以上的长期研修。

研修的期限和实施形态并非完全相同,一般来说,长期研修在大学校等设施进行,中期研修在研修所等设施进行,短期在行政机关自主进行。越是长期的,越有必要在专门的研修设施进行系统训练。学校类型的训练设施大体上是高中毕业学历以上的人员,经过考试选拔被录用为公务员,并允许其入学的高等教育水平的训练设施。其中从修业年限来看,防卫医科大学、防卫大学校、海上保安大学校、气象大学校可以说是大学程度;航空保安大学校和海上保安大学校可以说是短大程度;此外,在防卫大学校中开设有大学院硕士课程水平的理工等研究科,在防卫医科大学校中开设有博士课程水平的医学研究科。

根据人事院调查,以国家公务员为对象的"研修所"的数目现为126所,其研修期限几乎是数月至一年未满的短期。即使有少数的一年以上的长期研修设施,大部分时间在现场实习。例如,司法修习生的研修期间是两年,但其中司法研修所的研修只不过8个月,剩下的时间在裁判所、检察厅、律师事务所实习。

在国家公务员的初任研修中,也有在学校类型的教育设施中进行一年以上的训练,当然这只限于非常专业化的行政领域的职员。对于干部候补生的教育训练,有些省厅考虑到人事配置等诸多因素,往往有计划地持续进行多年训练。例如,劳动省录用的高级职员,录用后大致四年的时间作为基础能力开发期,包括在地方工作积累的职务经验。为了掌握将来自我开发的基础,除了在录用时举行一周左右的基础研修外,还要在录用后三年内集中一个月的时间进行有关劳动经济理论研修。另外,大藏省和外务省等省厅经过长期训练实践,逐步形成了十分体系化的研修计划,并十分重视在训练中交叉进行实务研修和海外研修。与此相对,自治省、警察厅等的职业训练,由于管理事务的特殊性,初任者的训练往往采取地方公共团体的挂职或计划性的位置轮换等方式,积累工作经验,提高职业能力。

培养国家公务员的大学校,学生待遇相当优厚,学生被录取入校即作为公务员录用,不仅不征收学费,相反还给予公务员薪资。尽管如此,日本大学校仍涌现出在校期间和毕业后拒绝到政府任职的情况。例如在防卫大学校等学校中,存在超过一成接近两成的学生毕业后流入民间情况。在日本现行宪法下,职业自由是公民的一项基本权利,因此,政府无法阻止这一事态的发生。在这种情况下,要求学生个人或雇用他们的企业支付所需经费的呼吁渐强。为此,日本政府也积极寻求对策,并借鉴法国大学校的办学经验。在法国的大学校中,总理府所管的国立行政学校以及国防部所管的理工学校等学校,政府承担学生的学费并支付公务员的工资,但对毕业后流入民间的人采取了要求工资偿还的措施。

在日本培养公务员的大学校,只有少数大学校有此规定。如根据日本自卫队法第 64 条以及第 98 条的规定,防卫医科大学的毕业生必须连续工作满 9 年方可提出离职,同时还规定在提前离职的情况下,必须偿还教育训练所需费用。其他大学校,由于学生学习成本计算上的困难,相关规定处于讨论或试行阶段。

2. 国家公务员的在职训练

从全局来看,日本国家公务员的在职者训练并不充分。在一般职的国家公务员中一年中接受训练的人员比例只有三分之一,并且其半数只不过是 20 个小时以内的短期训练。即使在接受 20 个小时以上的训练人员中,有接近半数的人是 1 周(41 个小时)以内,大约 80% 的人在 1 个月以内,超过半年以上(961 个小时)的人低于 4%。近年来,随着训练经费(人工费除外)逐年减少,短期训练成为国家公务员的在职训练实态。①

一般情况下,在职训练和初任者训练相比,短期的训练居多,超过 1 年以上的训练较少。在职训练中也有像邮政大学校的研究科(2 年)、税务大学校的研究科(1 年 3 个月)这样的长期培训,但主要针对本省厅拟提拔人员,名额极少,一般情况下,前者 35 名,后者 20 名。

当前,日本政府积极倡导构建终身学习社会,并将终身职业训练作为终身学习的一个环节而被置于非常重要的地位。日本各省厅充分认识到终身职业训练的重要性,积极充实终身职业训练体系。

国家公务员的在职训练,主要偏向于专业的职业种类以及监督者层。根据日本人事院的调查报告,1987 年度,20 个小时以上的训练中,训练人员中专业训练为 33%、新录用训练 23%、一般职员 23%,监督者 19%,被实施的课程数各自为 45%、17%、19%、16%。②

从不同的省厅来看,有些省厅训练的课程很多,参加的人数也很多。例如邮政省、法务省、厚生省、劳动省、文部省、防卫省、警察厅、海上保安厅、国税厅、林业厅等,不仅从业人员众多,而且专业性强,尤其是防卫省、警察厅、

---

① [日]市川昭午等:《大学校研究》,玉川大学出版部 1993 年版,第 67 页。
② [日]市川昭午等:《大学校研究》,玉川大学出版部 1993 年版,第 67 页。

海上保安厅、法务省等执法部门中,基本实现了训练的体系化。日本防卫省是训练体系化最完备的机构,其管辖的学校数目之多是其他部门无法比拟的。战前的陆海军各自形成独立的教育训练体系,战后日本自卫队把防备特殊情况作为基本任务。因此,平时进行针对领空侵犯的紧急起飞、防灾救灾行动等,需要不断进行训练。再者,兵器的进步日益显著,军事技术不断更新,这成为加强平日训练的原因。

另外,作为干部候补生,也就是所谓的高级公务员,终身职业训练的体系尚未完全建立起来。虽然,人事院和各省厅实施了初任者研修,系长、课长助理、课长等职业阶层晋升时的训练。但是,职业训练得期限较短,一般从 1 周到 1 个月左右时间,最长也只有 3 个月。近年来,日本公务员长期训练采取了"派遣研究制度",一种是向外国的研究生院派遣在外研究制度(任职不满 6 年实施 2 年长期研修,任职 6 年以上的实施 6 个月的短期研修);一种是向筑波大学、埼玉大学等国内大学的研究生院派遣国内研究院制度(任职 3 年以上不满 6 年的实施 2 年长期研修)。

二、以地方公务员为对象的训练

省厅所管学校不仅负责本省厅国家公务员的教育训练,同时也为同一行政系统的地方公务员提供训练机会。尤其警察大学校、自治大学校以及消防大学校等旧内务省系统的省厅所管学校,把地方公务员的训练作为基本的任务之一。当然,地方公务员的训练主要由地方公共团体进行,在大学校等机构进行的研修主要是干部训练。例如在警察大学校进行的是通过国家公务员 I 种考试的初任干部训练,以及针对警部升任者的上级干部培养。在管区警察学校接受初级干部训练以及中级干部训练的仅限于各地的巡查部长升任者和警部补升任者。各都道府县警察官录用考试合格者的初任者训练在当地都道府县的警察学校进行。再如,消防大学校的教育训练对象虽然包括若干海上保安厅职员和自卫队职员,但几乎都是地方公共团体的消防人员,主要是市町村的干部职员和消防团长以及都道府县消防学校的教官。消防职员的初任者训练以及现职训练在都道府县的消防学校进行。又如,自治大学校虽然打出了其主要目的是"举行针对地方公务员的高度训练"的旗号,把干部职员的研修作为主要任务,但现实情况是地方公务员的初任者训练和现职训练主要由各地方公共团体进行。

除此之外,建设大学校、职业能力开大学校、国立公众卫生院等国家研修设施,承担了大量地方公务员的教育训练工作,修业者几乎都是各都道府县或者政府指定都市的职员。再者,国立教护院附属教护事业职员训练所(国立武藏野学院)、国立精神薄弱儿设施附属保护指导职员训练所(国立秩父学园)等国立特殊研修设施,修业者毕业后几乎都在各都道府县所属的福祉法人机构就职。

日本地方公务员法第 39 条第 2 项规定,地方公务员研修由各地行政长官负责,以地方公共团体的判断和责任来实施。但是,像警察职员或者义务教育职员等参与国家性质很强工作的职员,即使身份上是地方公务员,国家对于他们的训练也应负有很大的责任,这也是国家教育训练机构承担地方公务员研修的义务。除此之外,即使不具有国家性质的行政领域,国家在实施新政改革,推出特定的政策之时,为了加深地方职员的理解和支持,也有必要组织实施针对性的政策培训。例如,公害防治培训就是如此。在国家研修设施中培训地方公务员,国家一般不征收培训费,但身为雇主的地方公共团体需要支付地方公务员工资和入校费用。这是因为提高同一行政领域内地方公务员的素质和能力,其结果必然提高各省厅的行政效率,这无疑对国家、地方乃至个人来说都是一个三方皆赢的举措。

三、以民间人士为对象的训练

如前所述,20 世纪 60 年代末以来,随着《职业训练法》的不断修正,作为公共职业训练重要组成部分的大学校呈现出多样化的发展趋势。除国家举办的大学校外,还涌现出众多由地方及社会公共团体主办的以民间人士为训练对象的大学校。省厅所管大学校不再仅限于本省厅职员和地方公务员的教育训练,同时也承担起相关产业民间人士的教育训练工作。例如农业者大学校、水产大学校、航空大学校、海技大学校、海员大学校等与产业关系紧密的大学校,开始将民间职业人士的培养和训练作为本职工作。

1958 年日本颁布《职业训练法》为企业内职业训练发展奠定了基础,

1969 年修订后《职业训练法》首次明确了企业主承担职业训练的主要责任。以此为契机,企业内职业训练开始超过公共职业训练,逐步形成了以企业内职业训练为主体的格局。在这种格局下,在特定的产业和企业,进行专门化的教育训练,一般由各个产业和企业实施。这种由个别企业或个别产业基于现实需求或未来需求而进行的教育训练,理应由企业或业界负担相关的培训费用。日本产业训练协会 1970 年曾对其下属的 855 家企业作过一项调查,调查结果显示,在企业内开展职业训练的占 4.9%,1976 年的实施率为 76.7%,1980 年升至 82.0%,到了 1985 年已共有 83.9%的企业为其雇员提供某种形式的职业教育。企业内职业训练的投资也处于稳定增长的势头,即使在 1973——1983 年日本经济低速增长时期,企业内教育训练费的年增长率也维持在 10%以上。从绝对数量上看,日本目前企业的年度教育费用大体上与日本国立大学的预算等额。①

尽管企业担当了职业训练投资与办学的主体,承担了绝大多数社会职业者的教育训练任务,但是在许多特殊行业、特殊领域的高级专门人才、紧缺人才的教育训练方面,企业是无法担当的,即使文部省所管的大学也不能完全满足社会需求。所以,各省厅参与特定业界的教育训练有其自身的理由,这也是省厅大学校得以维持与发展的基本原因。以大学校为代表公共职业训练其投资主体与举办者一直是国家、都道府县各级政府。但是,政府职业训练投资一直维持在较低的水平,且年增长幅度处于下降的趋势,进入 20 世纪 80 年代后表现得尤为明显。根据劳动省的统计,日本中央和地方职业训练预算加在一起大约占日本国民生产总值 0.029%,企业内教育经费约占国民生产总值的 0.083%,后者是前者的近 3 倍。② 教育训练经费的紧缩,再加上日本经济 90 年代陷入长期低迷,导致日本大学校面临重重困境。

20 世纪后期,新自由主义市场经济理论对许多国家的高等教育政策都

---

① 孔海燕、闫燕:《以企业内职业训练为主的日本职业训练体系》,《日本问题研究》2000年第 3 期,第 42—43 页。

② 孔海燕、闫燕:《以企业内职业训练为主的日本职业训练体系》,《日本问题研究》2000年第 3 期,第 43 页。

产生了或多或少的影响。在新自由主义市场经济理论影响下,美国著名经济学家、纽约大学校长约翰·斯通系统阐述了高等教育成本分担理论,该理论认为高等教育本应有纳税人(政府)、学生、学生家长和社会人士(捐资)共同分担。基于此,世界上众多不同政治制度、经济发展模式、高等教育历史传统的国家都实施了这一政策。高等教育成本分担理论也直接影响到日本公共职业训练,面向社会公众的大学校,受教者因其内溢效应理应负担部分办学成本。因此,与产业关系紧密的大学校,如水产大学校、职业能力开发大学校,航空大学校、海技大学校、农业大学校、中小企业大学校等,为了解决办学经费不足问题,纷纷参照大学的学费标准收取一定学费。有偿教育训练,从一定程度上纾解了大学校在职业训练发展过程中的资金短缺状况。

1995 年,日本经济团体联合会提出了"关于强化产业竞争力"的提案。在产业界的倡议下,日本政府开始实施多项促进个人职业能力开发的政策措施,如职业能力评价标准、职业能力培养制度、专门职研究生院制度、教育训练补助金制度。其中,教育训练补助金制度为社会个人的职业能力开发提供了有力的经济保障。

教育训练补助金制度是日本 1998 年修改雇佣保险法时确立的一种给付制度,它是为了帮助劳动者的自主能力开发,借以促进就业而设立的。其主要内容就是在厚生劳动大臣指定的教育训练课程学习并结业,政府将支付一部分听课费用。支付额度为听课费的 40%,教育训练给付金的上限为20 万日元。那些想参加学习、自主开发自身能力的劳动者通过这一制度,可以获得支付私立专门学校、大学校、研究生院的教育训练费用。厚生劳动省明确界定获得给付金的教育训练课程必须是开发和提高劳动者职业能力的课程,而那些教养类、入门性的基础教育训练课程不在资助范围之内。具体情况如下:①

A. 教育训练给付金所提供的对象是那些与职业相关的,以开发与提高劳动者职业能力为目的的教育训练;是根据劳动力需求状况,为实现雇佣稳

---

① 厚生劳动省:《面向教育训练设施手册》,2005 年版,第 14 页。

定与促进就业,得到认定的教育训练课程。下面的教育训练不能成为支付对象。

（a）为满足个人爱好等修养性的教育训练;

（b）入门性基础水平的教育训练;

（c）虽然是为参加职业相关的资格考试及鉴定而举办的教育训练,但该教育训练相关的资格或鉴定,作为职业能力评价标注并未获得社会认可。

B. 如下各款俱为给付金支付对象

（a）可以获得国家职业资格(国家或地方公共团体或受国家委托机构依法实施的资格、考试等)或研究生资格的训练,或以其为目标的训练。

（b）以(a)为基准,训练目标明确,训练效果客观可测得教育训练。

教育训练补助金制度大大激发了民间人士接受教育训练的热情。据统计,1999 年日本全国有 149604 人得到了资助,2003 年受资助者人数迅速增加到 469829 人。另从 2003 年不同训练内容的人数来看,技术类 73685 人,法务、财务、经营劳务、不动产类 35785 人,教育类 1099 人,事务处理技能类 234627 人,营业、贩卖类 15392 人,高度专业性的训练内容占全体的 76%。①

第三节　大学校的教育训练类型及课程特色

战后,随着日本经济社会的快速发展,特别是在产业结构调整及升级的过程中,人才需求的多样性促进了高等教育由精英化向大众化、单一化向多样化的转型。在这种趋势与背景下,大学校的发展同样呈现出多样化的趋势特征。大学校的多样化涉及大学校举办者的多样化、办学类型与办学层级的多样化、办学形式的多样化、学生来源的多元化、教学模式和评价的多样化、师资来源的多元化、办学规模的多样化、管理的多样化等方面。本节主要分析大学校的教育训练类型及课程设置,由此概观大学校的多样化特征。

关于大学校教育训练类型的划分,日本学者市川昭午根据大学校的教

---

① 厚生劳动省:《面向教育训练设施手册》,2005 年版,第 15 页。

育内容与生活指导提出了两种分类基本标准。1.分类基准Ⅰ——标准化的程度。根据教育方案标准化程度的强弱化分为硬性课程和柔性课程。所谓的硬性课程是指授课时间以及毕业必备条件等由法令或内部规程做出明确规定的教学方案。而所谓的柔性课程是指根据授课时间以及毕业必备条件等实际情况进行适当编制的一种教学方案。2.分类基准Ⅱ——课程指导和生活指导的内容。大学校进行的教育训练都是与职业相关的专门教育,但课程体系中是否包含普通课程(一般教养)和体育课程等是教育训练类型划分的标准之一。大学校的教育训练多种多样,受训人员课程之外的生活有没有规定性的指导也是教育训练类型划分的另一个标准。

　　根据以上分类基准,日本大学校大致可分为寄宿制学校类型、锻炼所类型、研修类型、研讨会类型、大学类型、究生院类型等几种。其中寄宿制学校类型、大学类型以及研究生院类型属于学校形态的教育训练设施,有严格的教学计划和生活指导。除此之外的其他类型只关注职业能力的训练与提升。当然由于分类的角度不同,大学校的教育训练类型也存在界线模糊、相互交织的情况。

一、研讨类型

　　这种类型的教育训练,其特点一是教学计划的标准化程度弱,不包含普通课程(一般教养),不进行生活指导;二是训练期限普遍较短,大部分在一个月之内;三是训练对象主要是以公务员为主;四是训练形式灵活多样,以能力为本、注重实务,是一种研究式训练。中小企业大学校、公务员研修所、国际合作综合研修所、外交部研修所等属于这种类型的教育训练机构。①

　　1.中小企业大学校是日本行政法人中小企业基础整备机构设立的教育训练设施。中小企业大学校主要对中小企业指导担当者、中小企业对策担当者、中小企业者、团体职员进行培养和训练。前两者由国家及地方公共团

----

　　①　注:公务员研修所、国际合作综合培训所、外交部培训所等与省厅所管大学校同为政府机构附属教育训练设施,名称虽异,属性相同,因此本书一并介绍。

体职员、指定法人职员、普通志愿者组成,以短期训练为主,只有中小企业诊断士课程为一年时间。训练大多采取由讲义、讨论、实习等组成的集合训练的形式。对于中小企业诊断士的培养,由于其教学计划的标准化程度比其他课程强,它还具有职业训练类型的一些特点。为了方便来自全国各地的受训者,中小企业大学校建立了宿舍等生活设施,但不进行生活指导。

2. 公务员研修所是日本人事院附属训练机构,负责省厅国家公务员合同初任研修、初任行政研修、系长级课长级等行政研修和相关训练政策的研究。日本国家公务员训练一般实施分级分类训练,根据任职的不同阶段和职位的高低不同予以详细的分级分类,从而训练目标明确清晰,针对性强。训练大致分三类:任前训练,即针对初任公务员进行的训练,旨在使之尽快适应行政机关的环境和工作的要求;任后训练,旨在培训公务员适应社会经济环境变化和政府职能要求的能力,是日本公务员训练的核心部分;晋升训练,针对有潜力、有培养前途的在职公务员进行培训,旨在使之具有更高职位所需要的知识、技能和才干,为以后担任更高的职务作准备。主题政策研究是日本人事院公务员研修所最具特色的训练形式,充分体现了日本公务员训练以能力为本、注重实务的特点。其主要做法是先由讲师就当前国家政治、经济、社会发展中面临的某一公共行政政策课题作主题演讲(有基础讲义),然后学员们围绕讲师提出的问题进行小组讨论、班别讨论,再交流、质疑、讲评,最后形成报告书。每期训练班通常设 1—2 个主题政策研究。如课长级训练班的专题有:"少子高龄化社会问题"、"经济崩溃后的经济政策问题"、"日本经济社会问题"、"环境问题与可持续发展"等。通过主题政策研修,不仅强化了学员对国家的责任意识,而且使学员在锻炼分析和解决问题能力的同时,对政府有关政策的理解更加清晰。日本国家公务员训练时间普遍较短,一般为 20 学时。据统计,2002 年日本全府省训练 20128 人次,其中 12344 人次未满 20 学时,占总数的 61.3%。①

3. 国际合作综合研修所是日本国际协力机构(JICA)附属研修设施,主

---

① 孙艺兵、方伟:《能力为本 造就政府精英人才—日本公务员培训情况考察启示》,《唯实》2005 年第 4 期,第 38 页。

要对政府机关、地方公共团体、民间机构的海外派遣要员及海外合作事业担当者进行语言、业务、任职地情况的相关训练。除个别语言训练、第三国语言训练（委托相关的语言训练机关）、国内长期训练（委托大学、研究所）、海外长期训练（委托海外的大学、研究所）等委托训练外，国际合作综合研修所主要负责专家派遣前集体训练、个别技术训练、中期训练、国际合作实务人员训练等。训练一般采取课题研讨形式，即针对国际合作事务中的典型案例，通过讲义、小组讨论、视听教材的活用、实习等方法进行广泛讨论和深入交流，有效地培养受训者的世界意识和国际视野、语言交际能力与生活沟通能力、国际交往能力与文化认识能力、理解能力与沟通能力。

二、进修类型

这一类型的教育训练，教学计划的标准化程度弱，不包含普通课程（一般教养），在这一点和研讨会类型一样，但是它注重同期学员集体意识、合作意识以及使命感的生活指导，在这一点上不同于研讨会类型。自治大学校、农业大学校、警察大学校初任干部科、建设大学校本校等属于这一类型。

1. 自治大学校是根据日本总务省组织令第 126、127 条设置的对地方公务员进行高度训练以及对地方公共团体的训练内容、方法等进行技术指导的教育训练机构。自治大学校一般承担地方公共团体股长、课长助理职位以上的地方公务员的训练，训练时间大部分为 3—6 个月，实行全面寄宿制。训练形式以讲课、讨论为主体。例如，一般训练课程（第一部课程）是由 120 课时的法制经济、74 课时的地方财政、82 课时的公共政策、36 课时的行政管理、14 课时的教养科目、96 课时的实习、37 课时的参观等组成。其中包括体育和各种活动如入学式、校长训话、齐唱校歌等。①

2. 警察大学校初任干部科是警察大学校教育训练课程之一，属于进修训练类型。该项课程对通过国家公务员Ⅰ类考试，被警察厅新录用的国家高级公务员进行教育训练，使之具备作为警察干部所必需的基础知识，教育训练课程为期 6 个月左右。日本警察初任干部的训练不是连续完成的，而

---

① ［日］市川昭午等：《大学校研究》，玉川大学出版部 1993 年版，第 82 页。

是分阶段实施,课程学习与实习相互交织进行。通过国家公务员Ⅰ类考试的国家高级公务员(即高级文职警察官员),在被录用之日即被授予警部補警衔,随后进入警察厅附属机关警察大学校初任干部训练班,接受3个月的初任干部课程的教育训练。之后到警察署见习9个月,再返回警察大学校接受1个月的补习课程教育。这样经过1年零1个月的学习和实践,晋升为警部,回到警察厅工作。工作2年后,第三次进入警察大学校,再次接受为期1个月的训练,结束后即可晋升为警视警衔。至此,警察初任干部的训练全部完成。

3. 建设大学校原属于建设省附属教育训练设施,2001年,日本中央省厅机构改革后,原建设省所管建设大学校与运输省所管运输研修所合并为国土交通大学校,主要对从事基础建设行政管理的国家、地方公共团体等机构的股长级以上的职员进行教育训练。通过强化训练,使公务员精通基础建设行政管理知识和有关的专业知识、技能,有效履行职位职责,重点提高公务员统揽全局的工作能力,驾驭复杂局面、处理各种矛盾的应变能力以及依法行政能力,综合管理的能力。建设大学校举办的公务员训练,时间比较短,一般为几天至一个月。训练课程共66门,主要包括测量在内的与建设行政管理有关的课程。据统计,1993年约有61000人在建设大学校接受训练。师资中约四成的讲师是从建设省以外的大学及研究机构聘请的著名教授(外部讲师)。建设大学校建有定员324人的宿舍生活设施,训练期间实行全部寄宿制,学校致力于通过宿舍生活形成良好的人格,创造和谐的人际关系。①

三、职业训练类型

这一类型的教育训练不包含普通课程(一般教养),不重视生活指导,在这一点上类似于研讨会类型。但是,按照提前制订好的标准进行专门的教育训练,这一点不同于研讨会类型。航空大学校、国立教护院附属教养事业职员养成所(国立武藏野学院)、国立精神薄弱儿福利院附属保护指导

---

① [日]市川昭午等:《大学校研究》,玉川大学出版部1993年版,第83页。

职员养成所（国立秩父学园），众议院·参议院速记者养成所等属于这一类型。

1. 国立教护院附属教养事业职员养成所亦称国立武藏野学院附属教养事业职员养成所，是 1947 年根据厚生省组织令第 135 条设立的教育训练设施。在日本，对失足少年的处理，设有从刑事政策的角度出发进行行为改正的少年院，还有从福利的角度出发进行行为教育的儿童福利设施教养院。教养事业职员养成所以不满 28 岁的四年制大学毕业生为对象、志愿从事教养事业的人员，进行为期 1 年的教养事业的基本理论与技术的训练。教学计划由讲义讨论、实习、毕业论文等环节组成。其中讲义包括社会事业、儿童福利、犯罪学、精神卫生概论、养护理论、刑事政策、法规解释等课程，28 学分 420 课时，讨论 10 学分 300 课时，实习 18 学分 810 课时，毕业论文 1 学分 45 课时。① 整个教育训练过程由三学期构成，第一、二学期受训职员与教养院学生共同居住生活，一边实习一边上课，第三学期集中上课和院外实习。这种"做中学、学中做、边做边学"的教育训练模式，将理论与实践做到了有机结合，极大提高了训练效果。

2. 国立精神薄弱儿福利院附属保护指导职员养成所是 1963 年基于原厚生省设置法而设置的教育训练设施。保护指导职员养成所以 4 年制大学毕业生（无年龄限制）为对象，对志愿从事精神薄弱儿童保护指导工作的人员进行为期 1 年的必要基础理论与基本技能的训练。教学计划经厚生省审核后实施，训练包括讲义（福利、教育、精神薄弱指导法、相关法令等）、实验演习、实习参观、特别研究等环节组成，其中讲义 27 学分 405 课时，实验演习 13 学分 390 课时，实习参观 15 学分 675 课时，特别研究 2 学分，合计 57 学分。② 由于精神薄弱儿教育设施一直以住校为主流，所以训练采取学习和工作相互交替的方式，职员训练期间实行全面寄宿制。

3. 航空大学校是作为国土交通厅附属机构而设置的培养飞机驾驶员的教育训练设施。航空大学校的入学资格是大学二年级修了或者短期大学、

① ［日］市川昭午等：《大学校研究》，玉川大学出版部 1993 年版，第 84 页。
② ［日］市川昭午等：《大学校研究》，玉川大学出版部 1993 年版，第 84 页。

高等专科学校毕业且不满 24 岁的人员,主要实施民间航空公司的飞行员和私用飞机驾驶员的培养。根据航空大学校的规则,开设了飞机驾驶本科(2年 4 个月)和直升机驾驶别科(2 年 1 个月)。由于以大学两年制作为前提,所以大学校的教育训练不包含一般教养课程。本科由学科课程、飞行课程组成,其中学科课程包括气象学、空气动力学、飞行原理等科目,共 8 个月1140 课时;飞行课程包括学科 825 课时,操作演练 235 课时,计算机模拟飞行 35 课时,共 20 个月 1095 课时。同样,别科也由学科课程、飞行课程组成,其中学科课程 8 个月 1140 课时;飞行课程包括学科 675 课时、操作演练250 课时、计算机模拟飞行 20 课时,共 17 个月 945 课时。① 学科不及格的可以留级,但是演练不及格的立即退学。本校的本科毕业生可以免除国家考试中的私用飞机驾驶员、民航飞机驾驶员、计算机模拟飞行证明的技能考试。别科毕业生可以免除直升机的私用飞机驾驶员、民航飞机驾驶员的技能考试。由于学生来自全国各地,航空大学校实行全面寄宿制,但是,没有生活指导,宿舍生活以学生自治的方式进行管理。

四、锻炼类型

这一类型的教育训练不包含普通课程（一般教养课程）,严格按照事先订好的标准进行专门教育训练,这一点类似于研究生院类型和职业训练类型,但是该类型教育训练重视生活指导,学校制度规范,纪律严明,起居作息制度化,按时起床、就寝、熄灯等。警官大学校本科、税务大学校、自卫队干部候补生学校等属于这一类型。

1. 警官大学本科也称警部任用科,以警部晋升考试合格的警部補和警部晋升时间较短者为对象,进行警察署科长等上层干部所必备的人格、见识以及实物管理能力、指挥监督能力等方面的教育训练,教育训练期限为 6 个月。课程的主体是与实务相关的专门教育科目。理论科目是与宪法、警察行政法等有关的知识。训练实行全面寄宿制,学员每天生活学习有严格规定。

---

① ［日］市川昭午等:《大学校研究》,玉川大学出版部 1993 年版,第 85 页。

2. 税务大学校普通科以高中毕业通过国家公务员Ⅲ种考试而被录用者为对象,进行为期1年的基础教育。教育课程由基础科目、专门科目、教育科目、特别讲义、教官的班别指导、体育文化活动等组成。其中基础科目包括民法、商法、经济学等,专门科目包括各种税法、账簿、会计学等,教育科目包括文学、心理学等。通过全面寄宿制、班别指导、体育文化活动及其他活动,着力于生活指导。

3. 海上自卫队干部候补生学校是日本培养海上自卫队初级军官的学校。其教育训练目的是使学员掌握履行海军初级军官职务所必要的知识和技能。学生来源基本有3个方面:一是由防卫大学校、防卫医科大学校转来的毕业生;二是从地方大学毕业生中招收的学员;三是由海上自卫队各部队、机关选拔,又经统一考试合格的军士,即部队内部选拔的学员。根据招收的学员成分的不同,学校将学员分别编为3个学员队,教授不同的课程。第1学员队,为一般干部候补生队,为期1年,开设课程主要有养成教育、体育、一般军务、基础专业技术、部队管理和航海技术等。第2学员队,设有飞行干部候补生课程和预提干部课程,两者教育的时间和内容相同,课程主要有养成教育、体育、航海知识、防卫学和作为干部所必需的一般军务知识和技能。第3学员队,设有为期6个月的女干部课程和为期1个月的卫生干部基础课程等。前者以地方大学毕业生为对象,后者以地方医科大学毕业生为对象,为海上自卫队培训军医。学员队下设学员分队,每30名学员编成一个分队,共同学习与生活。学校每年教育训练时间为1816课时,各类学员学习时间的分配比例有所不同。一般干部候补生:航海技术教育为30.5%,实习为13.5%,军事技术为22%,一般知识教育为11%,体育为9.5%,养成教育为7%,其他6.5%。技术干部候补生:军事技术为20.5%,技术实习为37.5%,航海技术为14.5%,远航实习为5.5%,养成教育2.5%,体育为7%,其他为7%(另5.5%不详)。①

---

① 日本军事院校(23):海上自卫队干部候补生学校[EB/OL].http://www.chinamil.com.cn/site1/jsslpdjs/2004-09/09/content_11358.htm.

五、寄宿制学校类型

这一类型的教育训练包含普通教育（一般教养），按事先设计制定的标准进行教育训练，在这一点上类似于所谓的"一条校"①。该类型的大学校要求学生统一住进校舍，并着力进行生活指导。防卫大学校、海上保安大学、海上保安学校、海员学校等属于这一类型。

1. 防卫大学校是日本防卫省附属机构。防卫大学校本科是以未满21岁的高中毕业者为对象，按照大学设置基准，进行4年的教育训练。第一、二学年是一般教育科目及专攻（理工学、人文社会科学）基础科目，第二、四学年是各个专门科目，第四年是毕业研究。毕业要求履修155学分（一般大学124学分），其中防卫学23学分，包括防卫学概论、国防论、世界战争史、日本战争史、战略学、军事与科学技术、陆上作战、海上作战、航空作战、防卫学特论等。学校实行全部寄宿制，每天6点30分起床、点名、升国旗直至23点熄灯都有严格规定，学生必须严格遵守，不得违纪。为了促进学生的相互理解、培养部队指挥和业务处理的基本能力和自信心，学校将学生编制成学生队伍，共有4个大队，每个大队由4中队、16小队、64个组（4—5人）组成。学校特别强调体育锻炼，自创办学校之初就组建了校友会。校友会为学生组织，分设有运动部和文化部。运动部负责组织学生的各种体育活动，如足球、剑术、体操。文化部则组织演讲、音乐欣赏与书法比赛等，陶冶人的情操，练就人的体质与毅力。

2. 海上保安大学校是以日本海上保安厅干部职员为对象的教育训练设施。海上保安大学校以录用考试合格者为对象进行为期4年6个月的本科及专科课程（干部要员培养）。毕业后给予大学院入学资格、司法考试第一次考试免试、三级海技师（航海、机械）笔试免试、一级小型船舶操纵资格等特殊待遇。本科的教学计划是按照文部省的大学设置基准制定的。一般教育包括人文、社会科学、自然科学，必修16学分和选修16学分。外语必修8学分和选修4学分。体育包含柔道、剑道等，必修3学分和选修1学分。

---

① 注："一条校"是指学校教育法第一条规定的幼稚园、小学、中学、高中、高等专门学校、大学。

第一专门科目包括法律、海洋学、海事政策等,必修 48 学分和选修 12 学分。第二专门科目包括航海学、机械工学、通信工学,必修 48 学分和选修 4 学分。训练科目包括武器学、手枪、逮捕术等,一般 386 至 646 课时。① 另外,还有船舶实习、通信实习科目,一般为 20—36 周。同防卫大学校一样,海上保安大学校也是全部寄宿制,学生每天的学习训练都有严格规定。海上保安大学校和一般大学一样设有学生会、文化部、体育部等,学生生活内容比较丰富。

3. 防卫医科大学是防卫省以自卫队干部医官培养及自卫队医官训练为目的附属机构。防卫医科大学医学科以培养自卫队的干部医官为目的,对高中毕业者(考试体检合格者即为自卫官)进行 6 年医学教育。医学科以一般医科大学按学校教育法制定的课程标准进行 2 年的升学课程和 4 年的专门课程,使学生掌握干部自卫官所必需的能力和基础知识。基础课程包括一般教育科目、外语、体育、基础教育科目等,合计 86 学分以上,而大学设置基准是 64 学分。专门课程包括基础医学、临床医学等,合计 4760 课时,而大学设置基准是 4200 课时以上。此外,在第一、二学年还设有 507 课时的训导、基本训练、部队实习等训练课程。② 学校实行全部寄宿制,学生共同生活学习。全部学生编成两个学生大队,第一大队由 1—4 学年的学生组成,第二大队由 5—6 学年的学生组成。第一大队包括 4 个中队,第二大队包括 2 个中队,每个中队由 2 个小队组成,每个小队 30 个人左右。作息时间非常严格,如 6:30 起床点名,8:00 升国旗,8:30 上午课业开始,11:45 上午课业结束(午休),13:00 下午课业开始,17:00 下午课业结束,17:30 降国旗,20:50 晚上点名,24:00 熄灯。团体行动和严格的学习生活制度,有利于学生养成自卫官应有的军风军纪。

六、大学类型

这一类型的教育训练和寄宿制学校类型相同,均按照提前制定的标准

---

① [日]市川昭午等:《大学校研究》,玉川大学出版部 1993 年版,第 89 页。
② [日]市川昭午等:《大学校研究》,玉川大学出版部 1993 年版,第 90 页。

进行普通教育（一般教养），这一点也类似于"一条校"。但是，与寄宿制学校不同的是不着力于生活指导，实行学生自助管理，自我约束。水产大学校、气象大学校大学部、职业能力开发综合大学校等属于这一类型。

1. 水产大学校是农林水产省主管的培养水产业高层次人才的高等教育训练机构。水产大学校以高中毕业者为对象进行 4 年高等教育，其实质上是水产类单科大学，只是主管部门是农林水产省而非文部科学省。学校的本科专业设有水产流通经营学科、海洋生产管理学科、海洋机械工学科、食品科学科、生物生产学科。研究生院设有水产学研究科，硕士课程包括水产技术管理学、水产资源管理利用学。从各学科毕业之后，可以获得"水产学"学士学位，从海洋机械工学科毕业之后，可以获得建设机械施工技师一级考试资格、建筑机械管理技师一级考试资格以及管道工程施工管理技师一级的考试资格。食品科学科的毕业生可以获得食品卫生监督员和食品卫生管理员的各类资质证书。水产大学校在最先进的知识和技术的基础上为学生提供系统性、机能性和体验性的学习和研究环境。其教学计划与国立大学的水产学科基本一致，但是，讲义、实验实习、船舶实习的学分比较多，学生毕业时要达到规定的 140—163 学分，远远高出国立大学水产专业 124学分的标准。

2. 气象大学校是以培养气象厅干部职员为目的而设立的气象厅直属机构。其大学部每年定员 60 人，课程内容包括教养课程（51 学分以上，其中一般教养 33 学分、语言学 14 学分）、专门课程（61 学分以上）、特修课程（32学分以上），合计 144 学分以上。① 专门课程除地球物理学和宇宙空间物理学，另增加地球化学的内容。毕业生享受与国家公务员 I 类录用者的待遇标准，并有机会晋升为气象厅科长级或管区气象台、海洋气象台的台长职务。

3. 职业能力开发综合大学校是厚生劳动省下辖独立行政法人雇用能力开发机构设置并运营的教育训练机构。1961 年设置中央职业训练所，1965年改称职业训练大学校，1993 年更名为职业能力开发大学校，1999 年定名

---

① ［日］市川昭午等：《大学校研究》，玉川大学出版部 1993 年版，第 91 页。

为职业能力开发综合大学校。主要开展职业训练指导员的培养、职业训练指导员能力提高训练、高端职业训练以及关于职业能力开发的调查研究。长期课程是职业能力开发综合大学校开设的以高中毕业生或中等教育学校毕业生为对象的为期4年的高等教育训练课程,具有与一般大学工学部教育职员课程相同的训练内容。近年来,为了拓展学生毕业出路,教学计划进行了重新编制,使其尽量满足厚生劳动省规定的指导员标准。与其他大学相比,职业能力开发综合大学校的长期课程具有一般大学所不具有的特征:(1)每年7月、9月、12月进行以实习为中心的集中授课;(2)第三学年的前期集中授课期间,学生必须利用两周时间深入民间企业生产现场体验实习;(3)第四学年的前期,学生必须参加全国职业能力开发校或职业能力开发促进中心的实务实习;(4)学生毕业至少要履修178学分,比一般大学的教职课程多20—30学分。由此可见,长期课程具有"大容量、重实践"的显著特征。学生毕业后,可向都道府县申请直接获得职业训练指导员资格,也可向独立行政法人大学评价学位授予机构申请,获得工学学士学位。

七、研究生院类型

这一类型的教育训练和职业训练类型相同,不包含普通课程(一般教养),不重视生活指导,按设计制订的标准进行专门的教育训练。与职业训练类型进行技术技能的训练相比,这一类型的特点在于进行研究生水平的高级职业训练。气象大学进修部专攻科,国立公众卫生院,防卫医科大学医学研究科,防卫大学理工学研究科等都属于这一类型。

1.气象大学校研修部专攻科主要以大学毕业通过国家公务员Ⅱ类考试,年龄未满35岁的人为对象进行专门训练。同时,接收从全国各气象管区、测候所推荐选拔的职员。前者开展气象科学高度专业知识方面的训练,后者开展新技术方面的训练。新技术训练涉及数值天气预报、卫星和雷达气象、信息技术、新通信系统、现代数据处理系统、气候变化和大气环境等领域。作为高级训练,专攻科除安排本校教师外,还聘请气象系统及大学有丰富经验的专家、高级工程师,针对不同培训人员,因人施教,因需施教,突出训练的针对性、实用性和有效性。训练时间较短,一般为68天,因此,课程安排紧凑强度大,学员学习紧张。通过 2 个多月系统学习和研究,使学员掌握气象预报业务中必要的专门理论知识和技能。

2. 国立公众卫生院是日本厚生劳动省的直属教育训练机构,主要是为国家、地方和私立机构培训公共卫生技术人员和管理人员。该院的高级训练课程有三种,即研究课程、专门课程、专攻课程。研究课程相当于研究生院的博士课程,学制三年,主要是培养能够自立课题,具有独立研究能力的专家,要求学生掌握丰富的基础理论知识,其目的是培养公共卫生行政、公共卫生教育和公共卫生研究方面的专家。本课程原则上招收完成专修课程和专攻课程的毕业生。其中专攻课程的毕业生必须是已经取得医师牙医师资格或者学完大学硕士课程者。专门课程相当于研究生院的硕士课程,学制二年,培养学生掌握较广较深的公共卫生知识和技术,具有胜任公共卫生专职人员的能力。入学者必须是医学或普通医学、药学、护理学、营养学的大学本科毕业生并取得医师或牙医师、兽医师、药剂师、保健师、助产师、护师、管理营养师的资格,或者是大学公共卫生本科已经修完硕士课程者。专攻课程学制一年,培养学生掌握公共卫生的基础知识和技术,具有环境、护士或保健领域的技术领导能力。该课程内分为三个专业,即环境专业、护理专业和保健专业。专门课程和专攻课程的教学内容分为必修科目、选修科目和特别科目,以上两种课程的必修科目相同,共五个,即:公共卫生现代史卫生行政学、流行病学、卫生统计学和环境保健学。选修科目有 57 个,特别科目 23 个。学生在指导老师的指导下选择与自己专业工作有关的科目,规定每人的选择科目和特别科目不得少于 10—15 个。此外还安排实地考察训练内容。学员必须修完 35 学分以上(医师牙科医师 30 学分,专攻科 32 学分,1 学分 15 课时)才能毕业。研究课程的学生不安排授课内容,因为进入这一课程的学生已经是专门课程的毕业生,他们升入研究课程后主要是在指导老师的安排下进行专题项目的研究。

3. 防卫医科大学校医学研究科是 1987 年依据《防卫厅设置法》(1947 年法律第 164 号)第 18 条第 3 项以及《关于防卫医科大学校编制等内阁府令》(1973 年总理府令第 65 条)第 2 条第 3 项规定所设置的。1991 年 8 月被日本学位授予机构认定为相当于研究生院的博士课程。它以大学校或大学医科毕业且具有工作经验的人为对象,通过系统学习和研究,使学生掌握与防卫医学相关的高度的研究能力和丰富的学识。医学研究科设置综合基础医学学科群(含综合生理学科、综合病理学科、综合社会环境医学科)、综合临床医学学科群(含急救医学科、成人医学科)两个学科群,共计 34 个专业。医学研究科严格按照研究生院设置基准实施教学计划,修业年限为 4 年,在学期间必须履修 30 学分以上的规定科目。修业结束后通过学位授予机构的论文审查和考试,可授予医学博士学位。

4. 防卫大学校理工学研究科 1962 年开设,开展相当于一般研究生院硕士课程的教育。它不仅是为了培养特定技术领域的高水准专家,更注重培养学员立足于广泛视野的判断力和高度的科学思维能力。学员的录取条件是经过防卫厅长官及各机关长官的推荐,并经考试合格的防卫大学校毕业生、地方大学毕业生以及文部大臣认可具有大学同等学力的人员,每期招收近百人。理工学研究科设有电子学、航空工学、兵器制造工学、物理工学、材料工学、地球工学、作战运筹学等高技术专业。学制为 2 年,按一般研究生院硕士标准设置课程,必修选修科目要达到 32 学分才予以毕业,经过学位授予机构审查可授予硕士学位。

第四节 大学校的师资培养与聘用

"教育质量取决于教育者"①,战后日本建立起来的以培养适应生产、服务、管理第一线所需要的专门应用型人才为目标的高等职业训练机构大学校,其独特的功能定位、特殊的人才培养要求、颇具特色的人才培养模式,对大学校教师的素质和能力提出了更高的要求。

一、师资标准与要求

作为高等职业训练的大学校,无论是以公务员为培养对象的大学校,还

---

① [日]土屋基规:《现代日本教师的养成》,鲍良译,上海教育出版社 2004 年版,第 3 页。

是以企业技能者为培养对象的大学校,其根本特征是专业性、应用性、实践性。对大学校的教师来讲,其应具备的基本能力素质不仅要拥有深厚的专业知识和专业技能,而且还要具有丰富的实践经验以及综合的指导能力。具体而言,大学校教师职业素质标准可概括为两个方面:一是教师应具有全面的职业素质,如科学人文素质、专业理论素质、专业技能素质、教师道德素质以及良好的身心素质;二是具有全面的能力素质,能进行专业理论课或文化课的教育教学能力、能进行专业技能训练指导的能力、能进行科学研究和课程开发建设的能力。

从教师所承担的教学任务来看,大学校教师队伍可划分为两大类,一类是承担专业课教学任务的专业课教师,另一类是承担基础课教学任务的基础课教师。专业课教师是培养学生职业技能的主要责任人,扮演着"教师"、"组织者"、"咨询者"、"师傅"等多重角色,如果没有职业背景,不具备相应职业(专业)岗位的实践经验与相关技能,不可能完成培养学生职业技能的教学任务。基础课教师虽然未直接承担培养学生职业技能的教学任务,但从其承担的基础课教学任务来看,也必须具有职业背景。因为基础课教师承担着培养学生基本素质、搭建学生基础知识平台的任务。学生的基础理论知识以"必需、够用"为原则,而哪些知识是必需的,何种程度可谓够用,不能由教师盲目设定,必须以学生的岗位需求为准。因此,基础课教师既要了解学生应具备的基本素质,又要了解学生将从事的职业岗位的具体需求。以职业能力开发大学校的基础课《数学》为例,教师既要考虑学生数学基本素质的培养与提高,同时还应结合学生的就业方向,了解岗位的具体需求,确立教学的侧重点、拓展面,如要考虑经济类岗位群对数学有什么具体需求,机械类岗位群对数学有什么具体需求等等,使基础课与专业课、与岗位需求有机结合,增强教学的针对性、实效性。

从大学校培养的对象来看,由于培养对象所从事的职业不同,培养目标与具体要求迥然有别,因此,对教师基本能力素质提出了不同要求。以企业技能者为培养对象的大学校重视生产现场技术能力的培养,而以公务员为培养对象的大学校注重公务员职务执行能力的培养与开发,与此相应,日本大学校的教师也必须具备能够开发学生相关能力的基本能力素质。作为劳动省所属的职业训练短期大学校设立之初提出了培养实践型技术者的培养目标,实施了不同于短期大学等高等职业教育机构将学科教学、实际技能训练分别进行的阶段式教育训练方式,而是创造性地将实际技能培养与学科教学同时进行的一体式的教育训练方式。另外,职业训练短期大学校也不同于一般的职业训练机构,不拘泥于通过反复操练培养技能的方式,而是追求实际技能与学理内在的统合。职业训练短期大学校将实际技能的培养放在首位,在课程设置上,全部教学科目可以分为实习与科目,两者之间的总课时比例因学科而异,大致是6:4。① 综合以上几个方面的原因,职业训练短期大学校要求教师不仅要有扎实的学科知识,而且还要有较高的专业技能,能够胜任短期大学校独特的"实学融合"的教育训练模式。由于职业训练短期大学校的教育训练侧重技术、技能的应用方面,所以采用的是有一个教师团队集体指导一批训练生,在课题学习的各阶段,由专业最为一致的指导教师担任指导任务的集体指导体制。教师不仅要进行专业技术、技能的教授,为了使训练生能够完成课题,还必须对整个课题实施过程进行协调。也就是要以让训练生认识课题,给予解决问题的线索,提示解决问题的范本为中心进行指导。与集体指导相对,教师对训练生的个别指导也不可或缺。应用课程为每一位训练生配备指导教师,教师随时确认训练生知识能力的掌握程度,在此基础上,教师就学习方法、毕业出路等以及训练生个人有关的问题对训练生进行指导。由此可见,教师的综合指导能力是训练生教育训练效果的重要影响因素,也是师资标准构成的一个重要指标。因为生产现场的技术、技能日新月异,职业训练短期大学校要求指导教师不断与时俱进。在教师团队中,教师们致力于向来自生产现场的专家(客座教授)学习,自我钻研、相互切磋,使自己的知识、技术、技能的更新与产业现场的技术、技能发展保持同步。

战后,以能力为导向的人力资本积聚和开发在发达国家引起高度重视,能力主义观最先在发达国家的公共部门中得以运用。尤其是日本,在公务员人事制度改革中明确提出了"能力主义",并建立了公务员职务执行能力

① 胡国勇:《日本高等职业教育研究》,上海教育出版社2008年版,第224页。

标准体系,分为四大类:思考能力(理解能力、分析能力、洞察能力、策划能力、构想能力);行动能力(执行或实行能力、应变能力、判断能力);组织管理与人才开发(活用)能力(领导能力、监督能力、指导能力、培养能力、评估能力);态度(责任感、向上心、成本意识、国民视野、伦理观、纪律)。针对公务员职务执行能力标准体系,日本培养公务员的大学校对教师的能力素质也制定了相应的标准。例如,日本警察大学校特别重视教官的选拔和培养,警察大学校的教官不仅承担教学任务,而且以整个人格负责学生的学习指导及生活指导。因此,选配的教官不仅要业务能力优秀,还应该是能够真正给学生起表率作用的具有充分人格魅力的优秀人物。2001 年 10 月,日本警察厅颁发了《府县警察学校等教官选拔纲要》及《府县警察学校等教官选拔纲要的运用》两个文件,指出:"任用高素质、具有出色能力且富有人格魅力的警官为皇宫警察学校、警视厅警察学校及道府县警察学校的教官(警部、警部辅或皇宫警部、皇宫警部辅警衔级别的警官),是提高警察职员能力、加强支撑警察活动的警力基础必不可缺的,也是整个警察组织必须认真解决的课题。"①同时,该纲要还规定了教官候补人员的选拔标准,如表 3-1所示。②

表 3-1 日本警察学校教官候补人员选拔标准表

项目	标准内容
能力要素	○警部、警部補或皇宫警部、皇宫警部補警衔级别的警官(但晋升现任警衔级别要在 1 年以上); ○具有将来能够承担府县警察等教育的素质及能力; ○工作成绩优秀; ○具有教授承担课程科目所必需的实际工作经验; ○具有法学方面的能力及专业方面的实际工作能力。
品格要素	○对培养新生力量具有使命感和热情; ○性格开朗明快,富有人情味; ○能够充分认识到研究及其修养的重要性,并能够长期保持主动谦虚学习的热情。

---

① 王彦吉:《中外警察教育培训》,中国人民公安大学出版社 2010 年版,第 81 页。
② 王彦吉:《中外警察教育培训》,中国人民公安大学出版社 2010 年版,第 82 页。

项目	标准内容
体力要素	○身体健壮; ○在术科、跑步训练等方面,具有能够为学生身先士卒、积极实施的体力、实力及热情。
教育经历	原则上 ○警部及皇宫警部,在警察大学校警部任用科进修时的成绩要达到优秀; ○警部補及皇宫警部補,在管区警察学校警部補任用科进修时的成绩要达到优秀。
年龄要素	原则上 ○警部及皇宫警部,50岁以下; ○警部補及皇宫警部補,45岁以下(年龄以任用年度的4月1日为界)。

资料来源:2001年10月10日日本警察厅丙人发第346号。

二、师资培养与进修

战后,日本教育经过民主化改革,开始实施"开放式"的教师培养体制,不仅在师范大学,而且在普通大学也可以进行教师培养。1949年,日本制定了《教育职员许可法》和《教育职员许可法实施规则》,确立了"开放型"的教师培养体制。20世纪50年代,日本经济开始恢复,初中级技术人才需求量增加,职业教育快速发展,而师资不足成为最突出的问题。为解决这一问题,1953年,日本中央教育审议会向文部大臣建议每年有计划地培养一定数量的职业教育师资,并建立若干培养职业教育师资的教师培训中心。1961年日本政府颁布《关于国立工业教师培训所的设置等临时性措施法》,规定在东京工业大学、京都大学等9所国立大学中附设国立工业教师培训所,培养工业高中专业技术课教师。20世纪70年代,文部省建立上越教育大学和兵库教育大学,为初等、中等学校教师提供进修与研究机会和场所。20世纪80年代,日本临时教育审议会提出要改善师资培养和教师许可证制度、改善教师录用办法、建立教师进修制度等。1988年和1991年又对"教育职员许可证法"进行修改,创设了教员特别许可证和特别兼职教员制度,允许有一定社会经验的人才进入教师队伍,并给予教师许可证,允许将具有某种专长的人才聘为非常勤讲师。这样就初步形成了日本职业教育师资的录用、考核及进修培养体系。

在日本职业训练领域,师资培养由专门机构承担,指导教师称之为职业训练指导员。职业能力开发综合大学校隶属日本劳动省,由雇佣—能力开发机构设立并进行管理,在日本整个职业训练系统中发挥着核心作用,是日本进行职业训练指导员训练的唯一机构。战后随着日本职业训练制度及理念的演变,以培养职业训练指导员的专门机构名称多次更迭。1961年根据《职业训练法》设立中央职业训练所,开始职业训练指导员的教育训练,1965年改称职业训练大学校,1993年又改称为职业能力开发大学校,1999年《雇佣——能力开发机构法》颁布后,最终定名为职业能力开发综合大学校。职业能力开发综合大学校主要负责职业训练指导员的培养和职业技能训练。职业训练指导员主要在职业训练短期大学、中小企业大学校、职业训练校、技能开发中心等公共职业训练机构从事专业技能人才的培养工作。1969年新《职业训练法》对职业训练指导员制度作了明确、具体的规定:职业训练指导员是日本从事有关职业技术教育的专门人材;培养职业训练指导员的重要基地是职业训练大学;该法对职业训练指导员的训练基准、任命、取消、考试等事项均作了详细规定。

职业训练指导员是集理论课讲授与实际操作训练于一身的师资,因此,职业能力开发综合大学校在课程设置上,确立了以学科为核心、以培养学员的实践能力为出发点的原则。日本职业能力开发综合大学校在指导员训练中,根据不同对象,设有如下四种课程:

1. 长期课程。招收高中毕业生及同等学力者,该课程设有基础学科,指导学科和实技(实际技术)。训练时间为4年。

2. 短期课程。招收二级技能检定合格并具有三年以上实际业务经验者或同等以上技能者。该课程设有指导学科及实际业务实习、专门学科。训练时间为6个月。

3. 进修课程。招收已从事或想从事职业训练者或持有职业训练指导员许可证者。该课程包括指导方法、专门学科和实技。训练时间至少12小时。

4. 研究课程。招收长期课程的指导员训练毕业者或同等以上学历及技能者。该课程设有工学研究科(包括几个专业)。同时,还要撰写研究论文。训练时间为 2 年。

以上各课程结束时,必须接受学科考试和实技考试,考试合格,发给相应的指导员训练毕业证书。但是,持有指导员训练毕业证书者,不一定都能成为真正的职业训练指导员,必须参加劳动大臣批准的职业训练指导员资格考试(包括学科考试和实技考试)。从 1961 年到 1999 年,共有毕业生5453 人,其中 2065 人成为各地的职业能力开发设施的教师,占毕业生总数的 38%。[①]

日本职业训练指导员采取资格制,只要是在职业训练大学修完长期或短期的指导员培训课程、在都道府县举行的职业训练指导员考试中合格或经确认具有与以上两项同等或更高水平者都可以申请取得教职许可证,但这只是具备了从教的资格,而要成为一名教师,还要经过严格的考试。日本的教师录用考试每年举行一次,考试分为初试和复试。初试有笔试、性格检测或适应性检查和面试。复试要经过四个环节:笔试,主要考试教职方面的专业知识;书写,主要检测应试者的汉字规范程度和书写能力;写作,主要检测教师的即兴定题写作能力;实际技能测试,主要检测教师所学专业课程的实际技能。职业训练指导员采取资格制度是大学校教师专业化建设的重要举措,即在于通过资格认定,提高入行标准,体现教师职业的专业性、技术性和规范性。职业教育教师相对于普通教育教师而言,其专业性更加突出,对从业人员的素质要求更加全面,不仅要有一定深度与广度的学科知识与教育教学知识,而且要达到一定要求的实践水平,要有指导学生职业生涯发展的能力等。

日本职业训练大学校的教师不同于普通高校的教师,他们应同时具备教育家、工程师和高级熟练工人三种职业所需要的素质与能力,因此要学习广泛的课程内容,除了要具有专业知识和专业技能以外,他们还要学习教育类课程。例如,日本职业能力开发大学对职业训练指导员的训练,分教学科目和训练科目。教学科目包括基础学科:人文科学、社会学、自然科学;训练

---

① 李德方:《中国与日本中等职业技术教育的比较》,《职业教育研究》2005 年第 7 期,第 67 页。

科目包括:教学法、教育心理学、生活指导法、职业指导、实际业务实习。

三、师资来源与构成

师资来源的多元化及其构成的多样化是日本大学校师资队伍的基本特征之一。师资来源的多元化主要体现在以下几点:

1.实施开放式的指导员资格考试制度,拓宽了职业训练指导员的来源渠道。日本职业训练指导员资格考试不仅局限于训练大学校的毕业生,只要志愿于职业训练事业具有一定实践经验和技能的人士都可参加资格考试。根据日本职业训练指导员资格考试有关规定,下列人员经过申请均可参加指导员资格考试。

(1)长期课程的指导员训练毕业,并具有一年以上的实际业务经验者;

(2)普通课程的基础训练毕业,并具有二年以上实际业务经验者;

(3)专门课程的基础训练毕业,并具有一年以上实际业务经验者;

(4)专修课程(旧法规定)的基础训练毕业,并具有三年以上实际业务经验者;

(5)改行转业课程的能力再开发训练毕业、并具有三年以上实际业务经验者;

(6)在大学某检定工种的学科毕业,并具有一年以上实际业务经验者;

(7)在短期大学或高等专科学校某检定工种的学科毕业,并具有二年以上实际业务经验者;

(8)在高中某检定工种的学科毕业、并具有三年以上实际业务经验者;

(9)高中毕业并具有五年以上实际业务经验者;

(10)在专修学校、各种学校(二年)的某检定工种的学科毕业、并具有劳动大臣所规定的年数的实际业务经验者;

(11)在某检定工种里具有八年以上实际业务经验者;

(12)具有与上述各条件者同等以上的实际业务经验者。

对于已取得相关证书的应考者可通过向都道府县知事申请,可以免去部分或全部的学科考试或实技考试的内容。考试合格者,由都道府县知事发给职业训练指导员证书。这些人员都可能成为职业能力开发大学校、短期大学校等职业训练机构的专业教师。

2. 开通面向社会招聘专业师资和实习指导教师的渠道,吸引社会优秀人士报考、应聘,充实大学校的教师队伍。1988 年修订的《教育职员许可法》,新设特别资格证书和兼职教员制度,为大学校从社会聘请教师提供了法律依据。特别资格证书的颁发对象为具有一定专业知识和技能、社会威望高、通过了都道府县教育委员会举行的教育职员审定考核的人员。持有特别资格证书的教师,可从事教学或者学生指导等工作。兼职教师制度是指经都道府县教育委员会允许,可聘用不持有教员资格证书的人员担任兼职教师,从事部分教科科目的教学或实习指导。在具体实施中,各大学校严格审查教科科目是否为高精尖专业知识和技术,教育内容是否与兼职教师的专业对口等。聘用兼职教师时,一般采取临时定期聘用的方式。这些措施可以吸引社会上具有丰富专业理论知识和实践经验的人员,拓宽了师资来源渠道,解决了师资队伍缺乏实践经验的不足。例如,日本省厅大学校非常重视公务员政策研究与政策能力的培训。其中主题政策研究是日本公务员研修所最具特色的培训方法。其主要做法是从社会研究机构或大学聘请有威望的专家就当前国家政治、经济、社会发展中面临的某一公共行政政策课题作主题演讲,然后学员们围绕专家提出的问题进行小组讨论、班别讨论,再交流、质疑、讲评,最后形成报告书。

3. 大学校教师的另一个重要来源是毕业于普通高校的优秀硕士、博士研究生,特别是取得教师资格、与大学校专业相对应的专门人才成为大学校招聘的主要对象。对于面向产业培养高技能人才的各类大学校来说,由于设立了培养职业训练指导员专门机构职业能力开发综合大学校,其师资来源得到有力保障;而对于公务员教育训练的大学校,由于没有类似的机构,其师资来源主要从普通高校特别是重点高校来招聘。例如,防卫大学校的教官职务中,有一半多都是从一般大学中选拔出来的,而防卫大学的毕业生只占到十分之一。

4. 对于省厅大学校来说,系统内交流任职也是其师资队伍的重要来源。所谓的交流任职,是指各省厅选拔本系统内具有渊博专业知识和丰富实务经验的官员到大学校任教职,选派大学校的教师到省厅各部门任职,积累行政管理经验,丰富业务能力。交流任职制度不仅弥补了大学校师资短缺的问题,而且也很好地解决了教师实务经验不足的问题。

第五节　大学校的管理体系与手段

从某种意义上来讲,日本大学校是日本职业训练发展的产物,是日本职业训练高度化的集中体现。大学校虽称之为"学校",具有学校形态的某些要素与结构,但又不同于文部科学省主管的学校教育,也有别于一般的社会教育。战后日本大学校的发展最显著的特征是多样化格局的形成,无论从办学主体还是教育训练内容来看,大学校的类型结构极其复杂纷乱,这在一定程度上造成了大学校管理的难度和复杂性。从表面来看,大学校的管理形式政出多门,各自为政,条块分割,杂乱无章,但是,纵观战后日本职业训练的发展,职业训练之所以能迅速发展而高度发达,并能充分发挥其职能,除了战后日本政府和产业界的高度重视这一主观因素之外,与其以高度组织化和有效的行政介入、官民结合为主要特征的独特的职业训练管理体制有着密不可分的关系。① 大学校作为日本职业训练制度的重要组成部分,必然要纳入职业训练管理体制内,遵循发展形成的规则框架运行,发挥其与一般职业训练机构不同的独特功能和作用。日本大学校多样化的形态特征决定了大学校管理模式的社会化特征,即日本在社会化的投资和办学基础上,建立了以产业部门为主体、以政府部门为主导的统筹有力权责明确的管理机制。具体表现在组织体系上,从政府机构到半官方的职业能力开发审议会等,再到日本产业训练协会等民间行业团体,是一个政府主导、民间充分参与的多层次官民一体型体系;在管理手段上,既有直接的,也有间接的;既有政策引导,也有行政强制干预。这种在尊重民间活力前提下比较强调政府主导的管理体制,对于日本大学校健康发展以及办学特色的形成起到非常积极的作用。

---

① 饶从满、宋达:《战后日本职业训练管理体制》,《东北师大学报(哲学社会科学版)》1996年第2期,第83页。

一、管理体系

尽管日本大学校的种类繁多,但总体上可分为两大类,一类是以建立服务型、效率型、学习型政府为目的的公务员教育培训;另一类是以经济发展、社会稳定为宗旨的民间职业训练。因此,日本大学校的管理体系有别于高等职业教育的单一化、直线式的组织结构,而是一种扁平化、横向式的组织结构。大学校的组织管理呈现出政府主导与民间职业训练界充分参与相结合的多层次官民一体型体系。官办与民办大学校之间相互联系,相互促进,相互补充,相互配合,既达到或实现了政府对大学校发展的期待,又符合了职业训练特征和经济发展的需要,同时更有利于职业训练政策得到民间职业训练界的广泛响应和自觉执行。

1. 政府管理机构

日本《国家公务员法》明确规定,内阁总理大臣、人事院和有关政府机关首长为发挥和提高职员的工作效率,必须制定并实施职员进修培训计划。日本《国家公务员教育训练规则》还规定,公务员进修培训的内容,必须是与现任官职或预计今后所任官职的职务和责任有密切关系的知识和技能。这些法律和规章,使公务员教育训练有法可依,有章可循。在日本,人事院负责统筹协调公务员教育训练工作,主要职能是制定和实施公务员教育训练计划,监督指导各省厅教育训练计划的执行情况,同时组织跨省厅的教育训练。人事院下设的公务管理局专设公务员培训开发部门,人事院在各地的事务局(所)负责各地方机构公务员的教育训练工作。与之相应,日本基本形成了一个从中央到地方包罗各种专业的公务员教育训练网络。日本国家公务员的教育训练按照其组织部门的不同,可以分为两类:一类是由各省厅自己组织的培训,负责专业方面能力的培训,如气象厅有气象大学校,海上保安厅有海上保安大学校,运输省有航空保安大学校,国税厅有税务大学校;另一类是由人事院组织的培训,负责公务员公共行政能力的培训。两类培训相互补充,相互促进。

《职业能力开发促进法》的颁布实现了劳动者职业训练的制度化。该法第一条明确指出为确保劳动者参加与其自身职业相关的教育训练或职业鉴定的机会,要有计划地、全面地构建各种政策与措施,以开发与提高劳动者的职业能力。为了保证民间职业训练朝着更具有灵活性、更富有弹性的方向发展,日本民间职业训练被划为厚生劳动省管辖,与文部科学省管辖的学校教育完全脱离。日本中央政府在厚生劳动省内设有主管职业训练的职业能力开发局这一专设机构(1984 年 7 月 1 日以前称"职业训练局"),地方的各级行政单位也都设有类似的主管和专设机构。这些政府职能部门负责收集、整理和分析职业训练情况,制定有关职业训练政策和职业能力开发计划(每五年制定一次),并依法对职业训练活动进行监督和指导。具体承担国家职业训练事业的是雇佣能力开发机构,作为厚生劳动省下属的独立行政法人机构,雇佣能力开发机构的职业训练必然受国家政策左右。而日本职业能力开发综合大学校、职业能力开发大学校、职业能力开发短期大学校等作为公共职业能力开发机构,接受雇佣能力开发机构的领导与监督。

2. 咨询机构—审议会

战后,为了推进决策的科学化民主化,日本政府的中央省、厅及各级地方行政机关中普遍设立了各种咨询机构——审议会。各级行政机关设立的咨询机构尽管名称不一,如审议会、审查会、调查会、协议会、委员会和会议等各种称呼,但其职责大体相同,主要是应内阁总理大臣、各省厅大臣或长官的咨询,就某一领域的重大问题进行审议,提出报告,或主动向有关大臣或长官提出建议。它是总理大臣和各省厅大臣或长官的咨询机构,所提供的报告和建议往往成为政府有关部门制定政策、法令时的重要参考或依据。各种关于职业训练问题的审议会是日本职业训练管理组织体系的重要组成部分。作为政府职业训练管理的常设性决策咨询机构——职业能力开发审议会,由教育训练机构专家、学者以及企业主代表和工人代表组成。其职责是就职业训练计划及其他有关重大事项进行调查研究,以报告书的形式向政府提出政策性建议。《职业训练法》(1979 年,法律第 68 号)第 2 章第 7条指出:劳动大臣和都道府县知事为实现职业训练基本计划和都道府县职业训练计划,认为必要时可以听取中央职业训练审议会和都道府县职业训练审议会的意见,并对实施职业训练的企业主团体提出必要的建议。此外,日本还设有"公共职业训练的应有状态研究会"、"企业内教育研究会"、"终生职业能力开发研究会"等临时性的咨询机构,针对职业训练的重大事项进行专门审议咨询。日本政府通过审议会制度，不仅实现了政策相关利益群体的利益诉求、利益协调，保证了政府职业训练决策的科学化、民主化，而且，对职业训练的相关利益群体——大学校的教育训练计划的制订、训练内容的调整、训练标准的规范以及训练模式的改革等都具有极其重要的作用。可以说，日本审议会制度是大学校管理组织体系的重要组成部分。

3. 中介机构

在高等教育系统中，中介机构或行业组织在传统上是一个关键的影响手段。按照美国学者伯顿·克拉克的说法，这些中介机构可称之为缓冲组织。大体上，一个缓冲组织可以描述为一个正式建立的机构，联结政府机构和独立的(半独立)组织，以完成一个特定的公共目的。其职能一是关于影响政府政策。一个缓冲组织能够作为一个压力集团行动。在这种情况下，它是院校的代表。第二个职能是关于为履行政府政策承担(部分)责任。这样一种缓冲组织可以看作一种类政治组织；它接管政府的一部分任务。第三个职能是关于扩充(个别)服务。在这种情况下，一个缓冲组织作为一个服务组织运作。① 在日本职业训练体系中，行业组织发挥教育中介组织的作用，其主要目的是为了缓和政府与培训机构之间的矛盾，充当桥梁和媒介的作用。日本的行业组织为数众多，几乎遍布各个行业、各个领域。在日本职业训练领域里设有职业能力开发协会，分为全国性的"中央职业能力开发协会"和地方性"都道府县职业能力开发协会"。中央职业能力开发协会的宗旨是促进职业能力评估以及生产技能的提高，同时提供职业发展支持。1959 年，日本中央职业能力开发协会开展的职业技能测试是日本一项全国性职业能力评估体系，涵盖 129 个职业，迄今已有超过 296 万人通过测试。职业能力开发协会将开展职业训练的企业和社会培训机构全部纳入组织网络之中，使民间的职业训练行为具有一定的组织性。它一方面代表着会员的利益，向政府反映意见和要求，从而影响政府的政策；另一方面又协助政府推行职业训练政策，制定相关制度，约定相关标准，规范市场运作，监

① ［荷］弗兰斯·F.范富格特：《国际高等教育政策比较研究》，王承绪等译，浙江教育出版社 2001 年版，第 13 页。

督政策执行,某种程度上代行着政府机构的职能。在日本政府职能的转变
过程中,厚生劳动省越来越重视和发挥行业组织的作用,将一些行政范围的
业务工作委托给职业能力开发协会执行,如实施要领的制定、技能检定考试
的出题、考试水准的调整、应检资格的审查、考试的实施等,以此来增强其权
威性,从而更好地协助政府推行其政策。实施公共职业训练的大学校,特别
是承担民间职业者训练的大学校在职业训练市场化的背景下,与职业能力
开发协会的接触、交流、协调日益密切,职业能力开发协会成为大学校了解
政策趋向、信息情报、技术标准的中介平台,使政府与大学校之间由命令性
直接沟通变为通过行业组织间接性沟通,实现政府调控意图,实现社会教育
训练资源的高效优化配置。

二、管理手段

　　日本政府对大学校的管理是在尊重其办学自主权的前提下,主要通过
法律手段、经济手段调节控制来进行,同时辅之以指导和服务功能为主的行
政管理手段。这种多样化的管理方式与日本的市场经济体制是相适应的。

　　1. 法律约束与保障

　　所谓法律手段控制就是通过法规对合法的契约关系加以保障,对违法
的违约关系或违约者加以制裁。即通过法规来奖励社会所期望的行为,抑
制社会所反对的行为。日本的市场体制与其他发达国家一样是法制化市场
经济。同样,日本的职业训练也是法制化的职业训练。虽然日本的大学校
拥有充分的开展职业训练自主权,但是这种自主权又是以不违反法规为前
提的。日本政府虽然不直接干预大学校的职业训练行为,但却通过修订和
完善各种立法,将所有的职业训练活动和行为纳入法制化轨道,使其在法制
允许的范围内得到自由发展。目前,日本的职业训练法规已形成一个体系,
主要包括如下三部分内容:(1)基本法——对职业训练作较全面的原则性
规定,如《职业能力开发促进法》(1985年修改以前称《职业训练法》);(2)
单项法—以基本法为依据,对职业训练的某个或某些具体问题所做的法规
规定,《技能审查认定规程》等相当于此;(3)相关法—涉及职业训练并对职
业训练的发展产生影响的有关法规,如《雇佣对策法》、《雇佣保险法》、《职

业安定法》等。这三部分紧密联系,互为补充,基本法是单项法的基础和依据,单项法是基本法的扩展和具体化,相关法为基本法的实施开辟道路,创造条件。相关法律对于大学校的职业训练活动不仅有限制约束作用,更主要的是起促进和保障作用。它可以使大学校职业训练管而不死,放而不乱,有序发展。

2. 行政指导与建议

行政指导是行政机关在其职责范围内采取的指导、劝告、建议等不具有权力强制性的行为,在行政管理过程中起着补充和替代、辅导和促进、协调和疏通、预防和抑制等积极作用。日本的《职业能力开发促进法》等有关法律规定,职业训练行政主体与客体的关系是指导建议和援助的关系。因此,日本的职业训练行政属于一种"指导行政"。日本行政机关往往通过对大学校办学条件、师资水平、教育质量的评估,检查督导大学校对国家法律及政策的执行情况,并对其职业训练的发展提供指导性建议。也就是说,指导、建议是日本对大学校进行有效管理的一个重要手段和职能。从理论上讲,这种行政指导、建议,并非是行政主体通过强制力来行使的,而是在尊重行政对象的自发意愿的基础上通过与之合作,为达到行政目的而采取的一种诱导行为。但是,在日本政府主导的经济体制和职业训练管理体制这一大背景下,行政指导背后总有着一种无形的压力,大学校一般都遵照执行。这种行政指导具有主体优势性、行为引导性、方法多样性、柔软灵活性等特征,可直接对大学校的一些具体职业训练活动进行干预,可以说是日本政府对大学校实行干预的特殊形态。

3. 计划指导与调节

战后日本采取一种以市场机制为主的有计划调节的市场经济。与这种经济体制相适应,日本的职业训练非常重视职业训练的计划化。日本中央政府自1971年制定了第一个"职业训练基本计划"(1971 — 1975 年)以来,每5年制定一次。职业训练基本计划主要包括三方面的内容:(1)劳动力供求动态;(2)职业能力开发目标;(3)准备采取的基本措施。日本的"职业训练基本计划"的性质与其经济计划一样,不具有强制性和约束力,但它可以通过以下职能对大学校的职业训练发挥指导作用:(1)通过对职业训练的预测分析,申明政府的意见和主张,在提供信息服务的基础上,引导各主体作为一个整体朝着统一的方向努力;(2)确保国家和地方政府在职业训练政策措施上的整合性、统一性的职能;(3)促进职业训练主管部门厚生劳动省与其他相关部门之间的相互理解、相互配合的职能;(4)弥补市场调节的缺陷,发挥计划与市场两方面的积极作用,避免以牺牲效率为代价而强调执行计划,以追求效率而导致盲目发展的结果。

4. 经济诱导与控制

经济调节手段是日本政府对大学校进行有效管理的重要手段之一。所谓经济手段调节就是国家通过财政分配、认定职业训练助成制度、带薪教育训练休假等经济手段来刺激援助社会紧缺人才的职业训练,而抑止社会富余人员的职业训练。财政预算是政府活动计划的一个反映,它体现了政府及其财政活动的范围、政府在特定时期所要实现的政策目标和政策手段。它作为一种管理工具,在国家行政管理中被广泛采用。在日本属于给付行政领域的政策大多带有预算性质。作为给付行政领域之一的职业训练领域里的许多补助金等都是作为职业训练政策的一种货币表现反映在预算之中的。在预算的编制过程中,政府的行政意图自然要贯彻于其中,特别是关于补助对象、补助条件的规定,一般来说都是由行政机关的行政立法来确定的。因此,通过财政预算的手段诱导大学校的职业训练朝着政府期望的方向发展,是日本职业训练管理的一个重要手段。日本职业训练领域里实施的认定职业训练制度,带薪教育休假奖励付给金制度等都是这一手段的具体体现。凡是接受政府补助金的,皆须具备国家规定的条件,并接受指导和约束。在双方这种契约关系发生过程中,职业训练就受到了管理和约束,其规模、结构等也得到了控制。这种不是通过硬性规定,而是通过财政诱导这一间接手段为政府实施其职业训练政策并取得成功提供了一个重要保证。

5. 行政许可制度

行政许可制度是日本职业训练行政部门对大学校直接进行强制性管理的最主要形式。所谓行政许可制度是行政机关根据服务对象的申请,以书面证照或者其他方式做出决定,允许管理服务对象从事某种行为、确认某种权利或者授权某种资格和能力的行为。行政许可制度是国家管理社会经济事务的一种有效手段。根据职业训练有关法规的规定,日本大学校的职业训练活动和事项均须事先得到政府有关部门的许可后才能进行,如职业训练指导员许可制度、职业训练法人设立的许可制度、学位授予认定制度等。就行政服务对象一方而言,大学校一旦获得特许之后,除在业务活动中应服从主管行政机关的业务监督之外,同时负有保证教育训练水平,向国民提供良好、稳定的服务义务;就行政主体而言,通过这些手段的行使,可以达到限制市场无序竞争,调节特定社会资源和服务总量以及确保从事特定工作的大学校在资质、水平方面达到最低基准。

总之,尽管日本大学校种类繁多,结构体系复杂,但是经过多年整合、调整、规制,在保持大学校多样化、差异化和特色化的基础上,基本上形成了以中央政府宏观管理、地方政府统筹管理、社会参与管理相互配合、互相协调的管理体制机制,为日本大学校的发展提供了有力保证和支撑。

第六节 大学校的体系结构与布局

一、体系构成

研究一个相对独立体系构成的普遍意义在于确定某一事物整体构成的有机组成,理顺体系的内、外部关系,充分发挥各组成部分的效能,使之协调运作,从而使系统的整体功能最大限度地发挥出来。同样,研究日本大学校体系的目的就在于通过大学校体系构成分析,探究其系统协同机制及功能发挥机理。

20 世纪 80 年代以来,随着日本高等教育结构的调整及多样化趋势的发展,日本高等职业训练体系进一步拓展,大学校的整体结构也随之复杂化、多样化。从办学主体来看,有国立、公立、私立三类设置主体,其中国立大学校包括省厅、都道府县及市町村设置的大学校;公立大学校包括特殊行政法人、职业训练法人、企业、学校法人、政党、财团法人、社团法人、特定非盈利活动法人、工商工会、协同工会、业界团体、任意团体等设置的大学校;私立大学校主要是个人设置、以盈利为目的的大学校。从办学层次来看,有设有博士学位课程的大学校,如防卫大学校、防卫医科大学校;有设有硕士学位课程的大学校,如防卫大学校、职业能力开发综合大学校、独立行政法人水产大学校;有设有学士课程的大学校,如防卫大学校、防卫医科大学校、海上保安大学校、气象大学校、国立看护大学校、职业能力开发综合大学校、水产大学校。从教育训练对象来看,有以国家、地方公务员养成训练为主的大学校和以民间人士为培养训练的大学校。从专业或职业角度来看,有偏重教养及特定职业资格的大学校;有以应对广泛的社会职业需求特别是第三产业需求的大学校,以及以工业特别是制造业为主要内容的大学校。

在日本高等职业训练体系中,有部分职业训练学校虽没有冠以大学校的名称,但也属于中等后职业训练范畴,如国立公众卫生院等。当然也存在个别大学校虽名为大学校,却不属于高等职业训练的情况,这主要是因为日本《学校教育法》中对大学和大学院的使用有严格规定,但没有关于大学校使用的限制,致使大学校的设置缺乏基准而流于随意。

日本高等职业训练与高等职业教育虽然在人才培养目标上具有高度相似性,但是由于隶属主体的不同,导致二者在体系构成、教育对象、专业设置、课程标准、学生评价等方面具有较大差别。大学校作为日本高等职业训练的主要承担者,其体系构成具有以下几个显著特征。

第一,多样化特征。日本大学校的多样化是日本高等教育发展多样化的缩影,也是日本高等职业训练体系的基本特征。大学校办学主体的多元化是导致日本大学校多样化的直接原因。与学校职业教育机构属于文部科学省统一管理不同,大学校隶属于不同的国家和地方行政部门,大学校的性质、功能、作用各不相同,大学校的类型各种各样。大学校的多样化一方面适应了日本社会经济高速发展时期对人才需求的多层次、多样化需求;另一方面这种多样化也造成大学校发展的规范性、秩序性的缺失。

第二,松散型特征。大学校办学主体的多元化、职能性质的多面性,造成了大学校组织结构呈现出鲜明的松散型特征。隶属关系混乱、条块分割、政出多门,各类大学校之间难有协调,无论是设置基准、政策制度,还是训练标准,都没有一个多边机制所明确依托的组织机构,这使得这种教育形态缺乏稳定性和权威性,难以统一协调整合大学校之间的利益冲突和信息沟通。

第三,层次性特征。1991年日本学位制度改革之前,日本公共职业训练分为"以学校毕业生为对象的养成训练"、"以在职者为对象的高等训练"和"以离转职者为对象的能力再开发训练"三大类型,公共职业训练的层次性较为模糊。之后,日本对公共职业训练课程进行修订,将公共职业训练分为普通职业训练与高级职业训练两大类,高级职业训练又分为相当于本科水平的专门课程和相当于研究生水平的应用课程,这次修订使大学校的层次特征凸现出来,学士、硕士、博士课程的认定使大学校的层次性特征更加鲜明。

第四,模块化特征。所谓模块是指具有某种独立功能的半自律性的子系统。在大学校这个复杂的松散型的体系结构中,其模块化特征较为明显。如独立行政法人雇用能力开发结构设置的职业能力开发大学校群(共10所)、独立行政法人中小企业基础整备机构设置的中小企业大学校群(共9所)、都道府县设置的农业大学校(共38所)等,他们各成体系,相互协调,具有统一的培养目标、课程体系及评价标准。

第五,开放性特征。大学校作为职业训练的重要组成部分,与经济社会发展,特别是区域经济的发展联系非常密切。所以,大学校结构是置于社会、经济发展的大环境中运行的,具有高度的开放性特点。也就是说,开放渠道越畅通,大学校就越活跃,内外碰撞的机会就越多,在动态变化中与经济社会系统的交流就越广泛,高等职业训练的适应性就越强。大学校在校舍设备、师资、学校的内部结构、招生对象、教学方式和教学组织等方面都打破了传统模式。它们的服务对象广泛,对学历要求不严;设置的课程内容多样,包括从中等到高等多种层次的水平,既授予各种学位和文凭,也提供各种短期培训;它们的教学方式灵活多样,修业年限可长可短。所有这些使那些基本具备接受高等教育的条件但又未能进入高等学校的人以及其他抱有种种目的想获取某方面知识和某种资格的人,都能接受高等教育。这类高等教育机构之所以得到很大的发展,还源于其对社会各个层次、各个年龄层的成年人都有很大的影响。大学校面向社会实行开放性办学,学生入学没有成绩、年龄、性别的限制,应、历届高中及职业高中的毕业生、在职人员、家庭主妇、退休人员等都可以成为大学校的学生。课程设计基本都与国家或民间相应的职业资格考试相连接,这些学生经过专业的学习,可获得相关专业的国家或民间相应的职业资格证书,为在该行业求职奠定了良好的基础。

二、空间布局

职业训练是与经济社会发展紧密联系的一种教育形态。作为日本职业训练重要组成部分的大学校其空间布局势必深受政策、经济、文化、人口、地域等多种因素的影响和制约。

1. 集中与分散的空间布局

关于日本省厅管辖学校的布局特征,日本学者市川昭午曾对省厅管辖大学校以及各类培训学校在全国的分布情况进行了调查,发现有两个明显特征:第一,就整体而言,呈向首都圈集中的态势,在全国近250所职业训练学校中有近四成位于首都圈内,其中又有近七成位于东京都,即东京集中了全国的近三成的职业训练学校。第二,不同省厅管辖学校呈现出不同的分布格局,一种是集中于首都圈的类型,像人事院、外务省、厚生劳动省、建设省、自治省等政府部门管辖的学校多集中于首都圈之内;另外一种是较分散的类型,如总理府、法务省、大藏省、运输省、农林水产省、通商产业省等部门管辖的学校大多分布于全国各地。对于这种依据省厅而产生的集中与分散的格局,基本上与各个省厅管辖的设施数量有直接关系。也就是说,前者是设置少量训练设施的省厅,后者是设置较多训练设施的省厅。

2. 学校体系及其布局特征

从组织体系、教育训练机能、类型结构等方面来考察,日本省厅管辖的教育训练机构可以划分为不同的学校体系,并呈现出不同的空间布局特征。

(1)独立学校体系。该体系是指单一设置主体,独立进行教育训练职能的学校体系。它包括三种情况:一是省厅根据自身业务范围,只设置了一所学校,承担本省厅职员的教育训练任务;二是一个省厅拥有多所学校的情况,如防卫省管辖的学校,每个学校拥有独立的训练功能,每个都可看作是独立的学校;三是在省厅管辖学校中设立分校的学校,如运输省管辖的海技大学、海上保安学校、航空大学、航空保安大学在全国各地设置了1—2所分校。在各分校里设有与本校不同的进修课程,其中也有进行比本校程度高的教育训练。这些分校往往以本校教育训练内容中的一部分为主体,独立承担着教育训练任务。

(2)中央—地方联合学校体系。该体系是指设置双重研修体制,在同一中央机关统领下,拥有数个以特定地方为对象的地方联合学校。如邮政大学校、警察大学校、税务大学校、法务综合研究所、矫正研究所、海关研究所等在全国各地设置了多个分支机构。例如,在邮政省职员培训机构中设有居于统领地位的邮政大学校,在地方邮政局一般均设有职员培训机构,邮政大学校作为中央校承担着更高程度的教育训练。在日本警察教育训练体系中设有作为中央校的警察大学校,辖区内的警察学校则是附属于地方政府的文教设施。这种组织机构形式,实际上在大学校与训练学校之间形成了中央—地方的隶属关系。

(3)地方联合学校体系。该体系是指同一行政机关在各地设置的同一层次、同一培训内容的教育训练机构而形成的联合体,不包括以全国为对象的中央学校。中小企业大学校、保安研究所、农业试验场、水产研究所等属于此类学校体系。

(4)地方分散学校体系。该体系是指由地方政府机关或公共团体在全国各地设置的同样水平的教育训练学校。这类学校体系大部分以对民间人士的教育训练当作主要任务。如都道府县设置的农业大学校,分散在全国各地,学校之间相互独立,区域特征明显,进修者都会选择临近的学校接受教育训练。

总之,大部分省厅管辖大学校属于上述四种体系当中的"独立学校体系",因以国家公务员教育训练为己任,这类大学校大都集中于首都圈。"中央—地方联合学校体系"的中央校由于其示范、辐射作用而决定其设置多位于首都圈之内,以便于对地方大学校统辖协调。与此相对,"中央—地方联合学校体系"中的地方大学校、"地方联合学校体系"和"地方分散学校体系"的大学校,由于其教育训练对象的广泛性和为地方经济社会服务的目的,大都分布在全国不同地区,呈现出分散态势特征。尽管可以通过学校体系类型来分析大学校的分布格局,但是,并不能完全依靠学校体系特征来判断学校分布状况,例如防卫省、运输省、农林水产省等管辖的大学校,由于培养和训练专业技术人才需要特殊的环境和条件,所以,即便是"独立学校体系"的大学校,也都位于首都圈之外。另外,即使不像独立学校体系那样向首都圈集中,"中央—地方联合学校体系"、"地方联合学校体系"的大学校也呈现出向地方中枢城市集中的态势。这种向首都圈或地方中枢城市集中的原因,主要是便于省厅对所管辖学校的联络协调以及有利于学生募集等。

第四章　日本大学校案例举要

前文对日本大学校的历史渊源、发展演变及其现状作了深入分析和高度概括,为了全面多视点了解日本大学校的发展演变,立足于群体研究与个体研究相结合的原则,本书选取日本大学校中最具有代表性的大学校为案例,通过对其历史演变的考察,从微观角度管窥日本大学校发展演变的特征;通过对其课程编制及其教育训练方法的分析,透视日本大学校与一般大学不同的个性与特色。

第一节　职业能力开发综合大学校

日本职业能力开发综合大学校是日本厚生劳动省下属独立行政法人雇佣能力开发机构设置运营的高等职业训练机构,是日本公共职业训练的主要承担者,在日本职业训练体系中具有重要地位与作用。职业能力开发综合大学校脱胎于日本中央职业训练所,在其50多年的发展历程中,校名几经更迭,从职业训练制度确立期的中央职业训练所到职业训练大学校,从职业训练制度转型时的职业训练大学校到职业能力开发大学校、职业能力开发综合大学校,在一定程度上折射和反映出日本职业训练发展的轨迹和理念的更新。

一、历史沿革

1. 中央职业训练所时期(1961—1964 年)

战后日本经济以 1949 年"道奇计划"的实施为开端,开始步入以重建独立经济为目标,以产业合理化、现代化为政策特征的经济振兴阶段。自

50 年代中期,日本迎来了经济高速增长和技术革新时期。技术革新和经济的飞速发展带来了劳动力供需结构的矛盾,一方面劳动力过剩,另一方面技工不足,技工不足的现象在中小企业尤为严重。面对这一事态,产业界强烈要求建立一个长期的、综合的、有组织、有计划的技工培训制度,以确保产业发展对技工的大量需求。

在上述背景下,1957 年 9 月,厚生劳动省(原劳动省)设立了临时职业训练制度审议会,开始探讨职业训练法的具体实施方案。同年 12 月,临时职业训练制度审议会提出了关于建立与完善职业训练制度的报告。报告涉及职业训练体系的完善、训练标准的设定、教材的编写、职业训练指导员的培养以及技能检验制度等内容。基于这份报告,日本《职业训练法》于 1958 年 5 月制定,并于同年 7 月开始实行。《职业训练法》第七条第 1 项中规定了中央职业训练所开展的业务范围,包括:职业训练基准的设定、教材的编写以及关于技能测定评价的调查研究;职业训练指导员的培养及再培训;附设开展以上业务的示范职业训练所。该法的第七条第 2 项以及第 3 项中规定了劳动福祉事业团为中央职业训练所的设置运营机构。

1959 年 3 月,劳动福祉事业团成立了中央职业训练所筹备委员会,开始了其具体实施方案的探讨。首先是学制问题。当初劳动省构想的是开展三年制的长期训练课程,但是,经过广泛讨论,大多数委员认为三年的时间无法满足实际技能培养的需要,同时考虑到学生培养的质量以及社会反响,最终确立了四年的学制。其次是训练科目的设置。在统合当时公共职业训练所中广泛设置的训练科目和社会基本职业种类的基础上,长期训练课程的训练科目初设 8 科,分别是机械科、钣金焊接科、第一电气科、第二电气科、运输装备科、铸造锻造科、木材加工科、涂料装潢科。第三是成立中央职业训练所筹备运营室,开始教学课程的编写,职员的招募补充,训练生的募集等有关事务。关于教学课程的编制,劳动省设立了教学课程研究会,出台了"教学课程编制的基本方针",基本方针之中所存在的最大问题便是训练时间的问题。初定方案是包括自己研修时间在内一年训练时间为 1600 课时,但中央职业训练所的设置运营报告中制定的训练目标是在实际技术方面要达到技能检定二级,在专业学科方面要达到工业高中的程度。为了能够实现上述目标所要求的训练质量,最终将一年的训练时间定为 1800 个课时。①

1960 年 5 月,劳动福祉事业团基于上述"教学科目制定基本方针",又设置了"教学科目制定专门委员会"。同年 7 月,"中央职业训练所训练目标及教学课程"获得了通过。劳动福祉事业团通过全国的综合职业训练学校,开始进行首期训练生的募集及选拔考试工作,长期训练课程班首期招募 88 人。1961 年 10 月,开设指导员训练课程短期班,设置机械加工科和涂料装潢科,招收 18 名新学员。② 中央职业训练所首任所长一职,由深谙中央职业训练所办学思想的东北大学名誉教授、东洋大学工学部教授成濑政男博士出任。

1961 年 4 月 20 日,中央职业训练所举行了成立仪式。对于刚刚开始运营的中央职业训练所来说,面临着诸多问题,其中最为紧迫的问题是组织机构的健全、师资队伍的充实,设施设备的完善。另外,中央职业训练所的任务目标、教学方针及未来发展方向等基本问题也亟待讨论厘清。中央职业训练所建立之初设立了调查研究、训练两个业务部门,教务、事务局两个事务部门。机构的增设、规模的扩大,中央职业训练所面临着前所未有的压力,首当其冲的是师资队伍严重短缺。中央职业训练所积极与劳动福祉事业团协调,采取多种措施,整备扩充师资队伍。一是从大学引进学识丰富且具有工程技术背景的教师;二是从大学招聘具有教师职业资格的工科毕业生,经过短期培训,快速充实到教师队伍。经过几年的努力,中央职业训练所在师资及设施设备方面逐年扩充完善,基本能完成教育训练任务。

在初步解决了课程设置、师资队伍和办学条件等问题之后,另一个问题一直困扰着中央职业训练所,即毕业生待遇问题。如果这个问题不能妥善解决,不仅影响中央职业训练所的生源以及生存发展,更事关《职业训练法》的实施效果。经过日本中央各部门的沟通协调,1964 年 12 月,人事院

---

① [日]职业能力开发综合大学校史编纂委员会:《职业能力开发综合大学校四十年史》,2002 年,第 3 页。

② [日]职业能力开发综合大学校史编纂委员会:《职业能力开发综合大学校四十年史》,2002 年,第 3 页。

认可长期训练课程毕业生在待遇上与一般大学毕业生相等,并给予职业训练指导员与教师一样的公务员待遇。

关于中央职业训练所的地位与作用。虽然在组织上作为劳动福祉事业团的一个分支机构,但是中央职业训练所在职业训练组织体系中具有中枢职能的地位。主要是因为在职业训练的专门性和技术性方面,中央职业训练所通过调查研究和指导员训练的两大职能业务的开展来发挥其核心作用。

2. 职业训练大学校时期(1965—1992年)

1965年2月1日,日本中央职业训练所改名为职业训练大学校,并举行了隆重的建校仪式。校名更改起因于中央职业训练所开始运营以来,由于学校名称导致毕业生在社会上备受冷落的事情时有发生,学生发起的改名运动时常涌起。另外,其深层次的原因还有日本社会中根深蒂固的偏重学历意识以及轻视职业教育、职业训练的风气。改名后伴随着学校体制的整顿,职业训练大学校的"学校教育"色彩日趋浓厚。

1960年,以池田内阁的《国民收入倍增计划》为契机,日本经济进入以重化工业为中心的高速增长时期。经济高速增长不仅扩大了雇佣需求的数量,而且也带来了其质的变化,即在全部职业中技工的比重迅速上升。同时,即使是技工和技术管理人员也要不断更新自己的知识和技能才能适应技术革新的需要。这种经济形势下职业训练大学校步入了快速的发展轨道。1965年,长期训练课程的入学学员增加到120名。1966年,举办生产技能讲座,开始大量培训企业生产一线的技术工人。同时,还设立了"生产技能商讨室",调查和分析中小企业对技能人才的需求状况和趋势。

1969年,《职业训练法》通过修正案,将不同的体系下区别对待的企业内职业训练和公共职业训练统合到同一标准之下,从而使职业训练形成一个纵横贯通、有机联系的体系。修正内容主要包括:生产技能课程的再编制、指导员研究课程的制度化、职业训练基准化等。新《职业训练法》为正处于扩充改革重要时期的职业训练大学校指明了发展方向。1974年,《职业训练法》再次通过修正案,新法规定除专修学校、高等职业训练学校之外可设立职业训练短期大学校及技能开发中心。依据新的修正法案,1975年附属综合训练学校升格为东京职业训练短期大学校,在组织上,东京职业训练短期大学成为独立的教育训练机构。

依据《职业训练法》修正案,由事业团体设置的高等职业训练学校转型为职业训练短期大学校或者技能开发中心。整个职业训练体制的改革对以指导员训练为其主要业务的职业训练大学校带来了各种各样的影响。其中,最重要的影响无疑是指导员再训练职能的进一步完善和加强。1975年,职业训练大学校又增设了再训练部,在短期研修班(1个月)之外又增设了长期研修班(六个月)。此外,为了适应训练学校的体制转换,职业训练大学校又开设了"资质取得强化训练班",旨在提升职业训练指导员的能力素质水平。另一方面,作为指导员长期训练课程的改革举措,自1975年起开始改革入学选拔制度,引入推荐入学制度。在同职业训练短期大学校的关系方面,1976年实施新的学生编入机制,职业训练短期大学校的毕业生可以进入职业训练大学校长期训练课程学习,从而实现了两者之间有机衔接。

职业训练大学校作为日本唯一一所教育训练和科学研究二者兼具的高等职业训练机构,不仅在日本教育训练改革方面起到示范和辐射作用,而且,其关于职业训练的研究为日本深化职业训练改革提供理论依据和实践指导。为了强化职业训练大学校的研究职能,1978年4月,日本劳动省改组了雇佣促进事业团(1961年设立取代原劳动福祉事业团)及职业训练大学校的一部分组织机构,对职业训练大学校的调查研究部和事业团本部的教材科进行整合,形成了一个新的组织机构——职业训练研究中心。虽然是职业训练大学校的附属机关,但在职能方面职业训练研究中心独立开展业务。由于在资源共享、人力资源交流、设施共用等方面与职业训练大学校保持着紧密的联系,职业训练研究中心并不是一个完全的独立机构。

20世纪80年代,由于信息技术革命的兴起,职业训练大学校面临着新的挑战和机遇。1981年,职业训练大学校迎来建校二十周年。回顾二十年的发展历程,可以说职业训练大学校为日本公共职业训练做出了突出的贡献,但同时职业训练大学校也反省了自身的不足,突出表现在职业训练大学校没有做到适应产业结构的变化与时俱进地开展全新的业务。因此,1981

年11月,职业训练大学校在学校内部设置了"未来构想恳谈会",积极探讨学校今后的发展愿景。其核心内容有以下几点:(1)如何描绘未来愿景及如何考虑与未来远景密切相关的课程设置;(2)当今社会对处于全国职业训练顶端的职业训练大学校有哪些期待;(3)如何应对以机电一体化为中心的技术革新;(4)如何应对发展中国家日益增大的技术合作要求。①

1985年10月,日本政府对《职业训练法》进行了大幅修订,《职业训练法》更名为《职业能力开发促进法》。职业训练大学校长期指导员训练课程更名为长期课程,短期指导员训练课程更名为短期课程,指导员研修课程更名为研修课程,技能提高训练课程更名为技能提高课程,一级二级技能师训练课程更名为一级二级技能师课程。在这个时期,以信息技术为核心的产业革命正孕育兴起,信息处理技术人员短缺成为影响经济社会发展严重的问题。在此背景之下,1986年4月,职业训练大学校开设了"情报工学科",此举的意图在为社会培养信息情报处理技术人员,为全国的职业训练机构提供开设信息关联训练科必不可少的指导员。

产业结构的升级和技术创新导致技能劳动者的工作范围发生新的变化,当然,职业训练设施的训练职种也相应地随之发生变化。社会劳动力结构的上移需要训练设施的高度化,其结果是职业训练学校转化为职业训练短期大学校成为必然趋势。此外,在技能开发中心等公共训练设施中,以在职劳动者为训练对象的短期提高训练的需求开始增大,这个领域的指导员不足问题日益凸显。在这样的情形之下,职业训练大学校为实现其建校的初衷,强有力地推进适应社会变化的指导员训练。1986年10月,为了立足长远发展以建设为新时代所需求的职业训练大学校,由劳动省、雇佣促进事业团本部及大学校三方专家组成的"职业训练大学校再编完善检讨委员会"正式成立。主要探讨的事宜有以下两项:(1)长期课程的训练科目再编制;(2)专门课程担当指导员的基本素养。②

---

① [日]职业能力开发综合大学校史编纂委员会:《职业能力开发综合大学校四十年史》,2002年,第6页。

② [日]职业能力开发综合大学校史编纂委员会:《职业能力开发综合大学校四十年史》,2002年,第7页。

翌年 11 月,该委员会以"职业训练大学校再编制完善检讨委员会报告书"的形式明确了其宗旨目标。受此推动,1988 年 4 月职业训练大学校又将训练部更名为长期课程部,同时增设了研究课程部、研究课科、工学研究科。研究课程是在长期课程的基础上再进行为期两年的教育训练。它以在长期课程上所学的知识和技能为基础,同时增加了一些专门知识和技能,目的是培养能够担任训练的专家。而这些专家能够承担职业训练大学校举办的兼备广泛的应用能力、研究开发能力的专门课程的培养训练以及技能开发中心举办的技能提高训练。研究课程以长期课程为基础,设有工学研究科、机器电气信息科及建筑造型科。学员人数定为一学年 20 名,总计 40名。研究课程的学习期限为两年,相当于大学院的硕士课程。①

从 1988 年起,职业训练大学校在学科及课程设置等方面进行重大调整。首先,将长期课程的训练科目再编制为产业机械工学科、生产机械工学科、电气工学科、电子工学科、信息工学科、建筑工学科、造型工学科、福祉工学科 8 个工学科。长期课程再编制的意图在于能够适应以信息化为中心的技术革新和产业构造的变化。其次,在教学课目方面,在专门学科增设了"信息处理学",在基本实用技能方面增设了"信息处理基本作业"。此外,还规定所有的训练科目必须要学习与此相似的课程及实验课。1990 年 4月,职业训练大学校在短期课程和技能提高课程上分别开设了机电一体化课和电子计算机课,开始了应对新技术革新的训练。第三,1991 年 10 月,职业训练大学校改编统合短期课程、证书追加获取训练课程,设立"专门课程",开始了由 1 年和 6 个月(前期·后期)课程构成的指导员训练。

1965 年,职业训练大学校建校以来,作为"学校"体系之外的职业训练大学校一直谋求实现"大学化"的意图。特别是 20 世纪 90 年代起,职业训练大学校的"大学化"更为明显。首先表现在学位授予的认定。职业训练大学校先后设置了相当大学本科的长期课程和相当于研究生院硕士的研究课程,经过多次呼吁,反复申请和论证,终于在 1991 年 12 月得到学位授予

---

① [日]职业能力开发综合大学校史编纂委员会:《职业能力开发综合大学校四十年史》,2002 年,第 7 页。

机构(现为大学评价与学位授予机构)的认定,对长期课程毕业人员以及修完研究课程人员,其论文审查合格可授予学士学位(工学)、硕士(工学)学位。学位授予认定意义重大,一方面职业训练大学校可以借此跻身于大学同等行列,提高其社会地位;另一方面表明教育训练质量和水平达到一定标准,可以获得良好的社会评价。其次表现在自我检查和评估制度的建立。20世纪90年代初日本高等教育实施了两项重要改革,一是以"大学设置基准大纲化"为名的教育课程自由化改革;另一个就是建立大学自我评估体制。作为高等教育领域的改革举措,也被职业训练大学校引入实施。1992年,职业训练大学校建立自我检查评估制度,并先于其他国立大学进行了自我检查和评估工作,为此赢得了社会的广泛好评。

3. 职业能力开发大学校时期(1993—1998年)

1985年,《职业能力开发促进法》颁布,旨在谋求比以前更广泛的职业能力开发与提高工作,积极构建终身职业训练体制。此后,该法又经过几次较小幅度的修改。1992年6月,《职业能力开发促进法》通过修正案。根据该修正案,1993年4月1日起,"职业训练大学"改名为"职业能力开发大学校","职业训练短期大学校"改名为"职业能力开发短期大学校","技能开发中心"改名为"职业能力开发促进中心"。

关于校名更改的缘由和新校名的意义,当时的早川宗八郎校长在学校周刊上做了题为"以更名为契机,促进职业能力开发大学的发展"的报告,报告指出:"依据《职业能力开发促进法》的修正,职业训练大学改名为'职业能力开发大学',这是职业能力开发体制改革以及社会经济构造变化而要求的变革。伴随着法律修正的施行,我们必须重新思考训练标准和指导员资格,必须整顿教育体制、调整课程设置、优化师资构成、充实设施设备、创造良好的办学环境和办学条件,完成社会赋予我们的目标和任务,实现校名更改主旨的实体化。"[1]

为了响应校长的呼吁,在全校举行了修正校名、普及新校名的宣传活

① [日]职业能力开发综合大学校史编纂委员会:《职业能力开发综合大学校四十年史》,2002年,第10页。

动。同时改名后的职业能力开发大学迈出了新的改革步伐。如在长期课程方面,将实地参观学习设置为长期课程一、二年级学生的科目;加强指导员就业预定人员的实际技能;优化生源结构,开始招收女学员,制定推荐入学以及转校生的方案;在研究课程上,设置能力开发科,开展在职指导员能力提高训练。

在此时期,职业能力开发大学校与职业能力开发短期大学校、职业能力开发促进中心之间建立了交流合作机制。通过人事交流、业务合作、师资培训等形式,一方面谋求提高职业能力开发短期大学校、职业能力开发促进中心的能力开发水平,促进职业能力开发短期大学校、职业能力开发促进中心教师的技能和技术的提高;另一方面,对于职业能力开发大学校的教师来说,也可以深入了解劳动市场需要的指导员应具备的知识结构、能力结构和基本素养,拓宽工作视野,积累地方实际工作经验。1992年交流合作机制正式启动,其中人事交流一般以3年为期限,实行轮替交换。

4. 职业能力开发综合大学校时期(1999—至今)

根据《职业能力开发促进法》以及《雇佣促进事业团法》部分法律修正案(1997年法律45号),日本积极推进公共职业训练的高度化、综合化。为此,从1999年4月开始,职业能力开发大学校与东京职业能力开发短期大学校被统合起来,称为"职业能力开发综合大学校"和"职业能力开发综合大学校东京校",新设应用课程、应用研究课程(应用研究科)。另外,研修研究中心改名为"能力开发研究中心"。

《职业能力开发促进法》第27条规定,职业能力开发综合大学校的业务范围为:开展培养职业训练指导员的训练;开展提高职业训练指导员资质的研修;开展全国示范性的先行性高度职业训练;开展与职业能力开发与提高相关的调查研究以及各种信息的提供;开展在职劳动者远程职业训练;开展职业训练的国际合作业务;开展离职者的职业训练;开展职业能力开发的协调援助业务。

根据本次法律修正及职业训练的发展趋势,职业能力开发综合大学校确立了今后学校发展的基本方针,即将指导员训练机能、高度职业训练先行实施机能、研究和信息传送机能三种机能有机地统合起来,充分发挥作为全国职业能力开发核心的优势地位与示范作用,高效地开展各项业务工作。第一,关于"指导员训练机能",根据公布的"关于指导员训练相关的训练内容等改革的方针",重新审视指导员训练内容,从1999年开始,按照新制定的教育计划实施新训练,以应对社会的诉求,也就是说,贯彻"为育人而育人"的方针。第二,关于"高度职业训练先行实施机能",在职业能力开发综合大学东京校,实施全国性的模范训练,充分发挥其在全国职业训练的示范带动作用。第三,关于"研究和信息传送机能",作为信息和技术情报的收集、整理以及开发研究的中心,原研修研究中心改组为研究中心,进一步加强与职业训练相关的开发研究,同时为全国职业能力开发设施以及企业、国民提供广泛的有价值的信息和技术情报。

为了综合实施适应社会经济发展变化的指导员训练和职业能力开发调查研究,实施有利于公共职业训练顺利进行的先行性训练,新成立的职业能力开发综合大学校重新审视全校机能的调整与优化,建立与其业务范围相适应的组织管理体系。

(1)指导员训练部门,以指导员训练一体化为目标,设置应用研究课程部、研究课程部、长期课程部(包含专业课程)、国际协助部、研修部。为了有计划、有组织地开展指导员综合训练,使一体化运营更加顺畅,设置新的教务组织体制,横向调整各课程的训练计划,展开有效的教育训练。

(2)研究部门,将原研修研究中心改为研究中心,除以前的开发研究以外,还进行信息技术情报的发送、教材的开发、各种调查研究以及在职者训练课程的开发等。

(3)高度职业训练部门作为职业能力开发综合大学校职业训练事业的一个支柱,决定实施先行性高度职业训练,充分发挥职业能力开发综合大学校的示范性作用。同时,积极谋求与应用研究课程部以及研究中心协作,试行新的训练项目,探索高度职业训练的方式方法。

在职业能力开发综合大学校成立之际,早川校长在1999年的新年致辞中,对职业能力开发综合大学校成立的意义作了如下表述和诠释:"雇佣促进事业团被废除后,与雇佣及能力开发相关的业务转交给新的法人。而且,在此之前,已设立了综合大学校和三所新的能力开发大学校。职业能力开发大学校与东京职业能力开发综合大学校统一合并为综合性大学校,这不仅仅是业务的扩大和组织的调整,而且从某种意义上来说是贯穿于中央职业训练所、职业训练大学校、职业能力开发大学校历史的大变革、大发展。"①

总之,1961年中央职业训练所建立以来,大学校在实施以培养指导员为目的的训练同时,为应对时代发展变化,积极推进与指导员训练相关的改革,培养出了一大批优秀的职业训练指导员,为培育产业界所需要的高技能人才做出了巨大贡献。

二、教育训练课程及内容

1. 教育训练课程

目前,职业能力开发综合大学校东京校设有专门课程、应用课程和综合课程;职业能力开发综合大学校设有研究课程和应用研究课程。从职业能力开发综合大学校的历史演变来看,这些训练课程的设立及训练科目的调整在不同历史发展时期适应了社会发展、科技进步和产业结构的递进,为日本经济发展培养了一大批专业技能型人才。

(1)专门课程(短期课程)

专门课程学制两年,从基础的技能和技术到各专业领域必需的高级技能和技术进行系统的学习和训练。此课程主要培养产业界需求的能够进行实际生产的实践技术人员,也就是所谓的骨干技术人员。招生对象为高中毕业生(包含即将毕业的应届毕业生)或具有同等学力者。学员在第一学年学习生产活动中必需的基础性理论和基本的技能与技术,第二学年学习生产活动中必需的高级理论和技能、技术,具备实践技术人员的素质。其教育训练体系的特点之一是强调理论和技能、技术不可分离,必须将二者有机结合的实学融合;其二是以实验和实习为重点的独具特色的课程设置。学科分为三个方向:生产技术科、电子信息技术科和建筑科。

---

① [日]职业能力开发综合大学校史编纂委员会:《职业能力开发综合大学校四十年史》,2002年,第12—13页。

（2）应用课程

应用课程是两年制教育训练课程,以学完专门课程后需要进一步提高的人为对象。其教育训练体系是让学员在专门课程中学到的专业知识和技能得到进一步提高,掌握高度的技能和技术、具备较强的企划和开发能力,使学员具备产业界所需要的生产现场管理者的资质。入学资格为专门课程毕业生(包括即将毕业的应届毕业生),或者有一定的实际工作经历的具有同等学习能力的人。在两年的课程学习其中主要加强专业领域技能和技术学习,使学生具备相关的技能与技术灵活运用的能力,能够在产品的开发、产品生产过程中进行组织、指导,能够成为未来的生产技术和生产管理部门的领导者。教育训练科目包括:生产机械技术科、生产电子信息技术科和建筑施工技术科。教育训练体系:①通过产品的设计、开发、制作等具体课题学习,培养学员高度创造性的生产能力。②通过现场实习,实现知识和技术的深度融合。③以工作小组为基本单位,让每位学员参与到共同的课题组中,充分发挥他们不同的专业优势,实现专业技术的交叉互补。

（3）长期课程（综合课程）

长期课程最早设立于1961年,当时称为长期训练,后改编为长期指导员训练课程。初设9个科系,分别为锻造铸造科、机械科、钣金焊接科、运输装置科、第一电气科、第二电气科、建筑科、木材加工科和涂料装潢科。1989年再编为8个科系,分别为产业机械工学科、生产机械工学科、电机工学科、电子工学科、信息工学科、建筑工学科、造型工学科和福利工学科。2004年又再编为7个科系,分别是精密机械工学科、机械制动工学科、电机工学科、电子工学科、信息工学科、通信工学科和建筑工学科。2009年经过进一步整合,现为4个科系,机械工学科、电机工学科、电子信息工学科和建筑工学科。2012年,长期课程改名为综合课程。

长期课程以培养职业训练指导员为目的,为此,要进行必要的知识与技能的教育训练,相当于大学工学部的教育程度。入学对象主要是高中毕业生或者中等教育学校毕业生,修业年限为四年。学费和国立大学的标准基本相同。学生毕业必须在四年学习中修得学分不低于178个学分。长期课程的毕业生向独立行政法人大学评价与学位授予机构提出申请,可获得学士学位;同时,向都道府县提出申请可获得都道府县知事颁发的职业训练教育指导员证书。职业能力开发综合大学校东京校、职业能力开发大学校以及职业能力开发短期大学校的专门课程毕业生,可以编入长期课程的三年级,长期课程毕业后可以取得职业训练指导员证书。不过他们和从一年级开始就履修长期课程的学生不同,不能获得学士学位。长期课程的第一、二学年主要学习能够应对产业不断变化的高级技能、技术以及知识,第三、四学年着重培养能够在生产技术、生产管理部门担任管理者的领导素质。

(4)研究课程

研究课程是以培养具备高度技术指导能力和研究开发能力的指导者以及职业训练指导员为目的。其水平相当于研究生院的硕士课程,修业年限为两年,学费与国立大学标准相同,入学对象是长期课程毕业生、应用课程毕业生以及普通大学的大学毕业生。学习期满,并修得规定学分,通过研究论文的答辩以及考试合格就可以毕业。研究课程中的工学研究科旨在培养各专业领域中具有高级技术指导能力、优秀的研究开发能力的指导者以及职业训练指导员。在两年的研究课程学习中,学生们在具有专业业绩且人性化的指导员的指导下,通过研究和开发及各专业的高度化实习,把理论和实际相结合,从而习得先进的技术和技能。在各专业中学生要进行必要的高级专业知识和技能以及研究能力的教育训练。因此,不仅要进行相关科目的学习,同时也要选修一些能力开发科目。本课程毕业后向大学评价与学位授予机构提交研究论文,经审查合格后可获得硕士学位。研究课程与普通的研究生院硕士课程并不完全相同,在研究论文(相当于硕士论文)写作过程中,除进行与研究课题相关的实验和实习之外,还必须参加专业技能的高级实习,以掌握担任职业训练指导员必要的技能。

(5)应用研究课程

根据1997年《职业能力开发促进法》修正案,1999年4月,职业能力开发综合大学校开设了应用研究课程。该课程学制为一年,以完成研究课程的人员以及取得同等以上知识与技能认证的人员为对象,旨在培养能够从事应用课程职业训练的指导员。应用研究课程由生产机械系统、生产电子系统、生产信息系统、建筑施工系统4个专业构成。根据产业界的建议,为了适应一线生产现场,应用研究课程一边把握产业动向一边密切与职业能力开发机构的协作,积极培养能够进行职业能力系统开发的指导员。

如前所述,应用课程培养的是能够担任职业能力开发综合大学校以及职业能力开发综合大学校东京校应用课程的教员,而应用研究课程培养的是具有高级知识与技能、并且具备应用与研究能力的职业训练指导员。因此,应用研究课程毕业时要经过研究论文的答辩,但并不等于博士论文。它是在研究课程(相当于研究生院的硕士课程)的基础上设立的课程,但和研究生院博士课程培养目标不同,所以不能获得博士学位。应用研究课程主要培养高级实践技术指导者,每年仅招生人数 20 名,一般采用职场训练(OJT)和集中训练(OFF-JT)相组合的方式。

综上所述,职业能力开发综合大学校在教育训练上设有专门课程、应用课程、综合课程、研究课程和应用研究课程等多种形式,形成了各种课程之间逐级提高的职业训练体系,满足了不同层次技术人员的培养与训练。

2. 课程编制原则

(1)以产业发展为背景的编制原则

职业能力开发综合大学校自 1961 年成立以来,逐步形成和确立了"科学、技术、技能融合"的教育训练理念。在职业能力开发综合大学校建校 50 周年之际,校长古川勇二在致辞中指出:"建校五十周年之际,我们要努力设置能够应对先端生产技能和技术的新课程,设置能确实提高现有指导员水平的研修课程,我们学校应该担当起能够应对我国严峻就业环境的职业能力开发的任务"。纵观职业能力开发综合大学校的课程的设置与变迁,不容忽视的一点是每一次课程改革都有其深刻的历史背景,都与日本产业经济的发展息息相关。

20 世纪 50 年代中期,日本进入经济高速增长起步期和技术革新时代。1958 年,日本公布《职业训练法》,该法的第 7 条第 1 项规定了中央职业训练所应该开展的业务,将长期训练的训练科目设为 9 科目,分别是机械科、钣金焊接科、第一电气科、第二电气科、运输装置科、铸造锻造科、建筑科、木材加工科、涂料装潢科。1960 年,以池田内阁《国民收入倍增计划》的实施为契机,日本经济进入以重化工为中心的高速增长时期,为应对产业界技工的严重缺乏,职业训练大学校开始设立短期训练课程,设有机械加工科、涂料装潢科两个科。进入 20 世纪 80 年代,日本经济进入了一个结构转换时期,其特征是资本密集型的传统工业迅速让位于技术密集型的新兴工业部门,特别是信息服务业使经济社会出现服务化趋势。在这种背景下,职业能力开发综合大学校深刻反省自身的不足,在学校内部设置了"职业训练大学校未来发展座谈会",积极探讨今后的发展方向和模式。1983 年,学校成立福利工学科,为社会培养急需的具备培训残障人士相关专业技能和知识的指导员及就业指导专家。1986 年,学校相继开设了"海外技术研究员集团研究职业训练成员课程"、"海外技术研究员个别研究课程""海外技术研究员职业训练大学研究课程",以适应职业训练国际化的发展趋势。同年,学校开设"信息工学科",为全国的职业训练机构培养可以开设信息相关训练课程的指导员。

产业结构的变化及技术创新对技能劳动者的就业范围带来了巨大影响,职业训练职种也必然相应地随之发生进行改变。1986 年,职业训练大学校开始对长期课程的训练科目进行改革,1988 年,将训练部更名为长期课程部,同时增设了研究课程部,研究课程以长期课程为基础,设有工学研究科、机器电气信息科及建筑造型科。1989 年,为应对以信息化为中心的技术革新和产业结构的变化,将长期课程的训练科目从根本上进行改制,将其再编制为产业机械工学科、生产机械工学科、电工学科、电子工学科、信息工学科、建筑工学科、造型工学科和福利工学科等 8 个工学科。其宗旨是培养兼备丰富知识和专业技能、能够应对不断更新的新技术的指导员。特别是在教学课目方面,在专门学科方面增设了"信息处理学",在基本实用技能方面增设了"信息处理基本作业"。

综上所述,职业训练大学校自成立之日起,在专业方向和具体课程的设置上,都遵循这样一条宗旨,即为日本经济社会服务,适应日本产业经济的发展,解决社会严峻的就业形势。并且,学校根据社会在不同发展阶段的经济形势,不断进行反省,调整学科与具体授课科目,大胆进行改革。

(2)突出实际技能的编制原则

短期课程的教育训练体系强调理论和技能、技术不可分离;应用课程的教育训练体系通过具体的课题学习,让学员掌握产品的设计、开发及制作的技能;长期课程的教育训练体系是通过模拟生产现场情景,让学生通过实训实习掌握职业能力。无论是短期课程、应用课程、还是长期课程在课程编制时都充分考虑到"在训练实施时注意不要将学科与实际技能各自游离"的方针,通过实习课程的设置,突出实际技能的培养。

现以短期课程的建筑科为例作一分析。建筑科采用小班授课方式,其课程体系与实验、实习密切联系,学员从基础开始,系统的学习住宅、大楼、公共建筑等各种建筑物的企划、设计、施工等方面所有知识与技术。因此,学员要具备三方面的支柱知识体系,即建筑计划与设计知识、构造力学与设计知识、建筑材料与施工知识。其教育训练除了学习书本知识和理论外,需要通过大量的实验、实习以及综合制作等教学活动,对学员进行实践技术能力的培养。具体而言,其实习内容有以下几个方面:①计算机基础实习。在"基础制图"实习中,学员在理解建筑内容的基础上,运用 CAD 把手写的图纸做成电脑图纸,培养 CAD 图纸制作能力。②建筑设计实习。建造建筑物时,首先要把头脑中的建筑物变为有真实形态的东西,为此在"建筑设计实习 I"中,要从概念(企划)开始,把它变为具体的图像,再把图像做成模型表现在图纸上。③构造设计实习。木质结构建筑是很多住宅中常用的构造形式。因此,学员必须了解木质结构建筑物构造力学的特性,学习实际活动中木制住宅的构造设计手法。④建筑施工实习。让学员学习钢筋混凝土房屋的建造方法、材料性能以及项目管理。此外,通过阅读设计图纸、制作施工图、制定施工计划、材料的加工、现场的安装等建筑的全部过程,理解钢筋混凝土建筑物的主体施工中必要的知识与技术。⑤建筑测量实习。通过授课学习各种各样的测量(距离测量、面积测量、经纬仪测量)理论知识,通过实践实习,学习占地测量和建筑施工中的测量技术。

应用课程在教育训练体系方面实施的是课题学习,强调生产现场的实习。因此,应用课程更强调实际技能,所以设立之初就将学科知识与实际技术和技能训练的比例定为 2:8。例如,生产机械系统的培养目标是掌握实用机械装置、自动化机械、机器人等产品开发和生产,能够适应生产现场的技术人才。因此,在学习过程中一方面要充分利用计算机学习设计、生产和解析技术(CAD/CAM/CAE),熟练掌握融合了计算机和电子机械的自动化技术和控制技术。另一方面还要掌握生产管理、经营管理、安全管理等多项能力。其授课内容主要以机械设计、CAD/CAM、测量控制以及自动化等机械技术为中心的开发实习。通过具体的机械装置开发和生产过程的实际体验,培养学员处理生产现场各种问题的能力。教学课目除工业技术英语、生产管理、质量管理、经营管理、创造性开发技法、工业法规、终生职业能力开发体系论等必要的基础课目外,大部分课目为专业实用技术课目,这些课目均与生产现场紧密相关,如:电气和电子机械实习、信息机械实习、安全卫生作业、CAD/CAM 应用实习、精密加工应用实习、技能应用实习、测量控制应用实习、传感应用实习、生产自动化系统实习、通信网络实习、生产信息处理实习、精密机械制作课题实习、自动化机械制作课题实习。

在长期课程的教育训练体系中前期和后期都是以实习为中心的集中授课。第三年或第四年都必须要在全国的职业能力开发促进中心、职业能力开发学校、智障职业能力开发学校等国家认定的职业训练机构进行为期四周的实务实习,第二年或第四年必须到企业实习。长期课程毕业生要修得178 学分,这远远高于普通大学的 124 学分。这是因为学生除学习学士学位必修课程外,还必须学习为取得职业训练指导员证书的课成,如能力开发课、技能实习课等。与其他大学相比,职业能力开发综合大学校的长期课程具有一般大学所不具有的特征:①每年 7 月、9 月、12 月进行以实习为中心的集中授课;②第三学年的前期集中授课期间,学生必须利用两周时间深入民间企业生产现场体验实习;③第四学年的前期,学生必须参加全国职业能力开发学校或职业能力开发促进中心的实务实习。由此可见,长期课程具有"重实习、重实践"的显著特征。

(3)强化专门技能的编制原则

作为课程的一种形式,课题实习主要是通过设定产品设计、开发等具体的课题,在解决问题的过程中强化学员已经掌握的技术、技能。

应用课程在实施课题实习活动中,往往通过模拟企业的生产现场,让学员学习从企划、开发、设计、制作、到性能评价的一系列生产过程。通过课题实习强化专业技术技能。作为专业训练科目的课题实习,根据实习形态可以分为两类:标准课题和开发课题。具体情况见表4-1。① 标准课题实习是根据专业的训练目的,培养技术、技能应用能力的课题实习,一般在长期课程的三年级和应用课程的一年级进行;开发课题与标准课题不同,一般在长期课程的四年级或应用课程的二年级进行,成员有不同专业的训练生组成。产品的计划开发、生产工程设计也是学习范围,但模仿生产现场的学习形态,是一种更专业、更接近现场的课题实习。例如,应用课程的生产机械系统技术科的标准课题会让学员根据设计图纸,进行自动化机械的设计与制作,在图纸范围内进行控制系统的设计与构筑,以能实际应用为目标。开发课题会让学员在实习中进行从图纸制作到产品的设计与制作的全过程,实习内容使用和生产现场相同的机械,进行产品的加工、制作以及 CAE 的流动分析,进行综合开发实习。一般来说,在应用课程的具体教学活动中,学科教学占总课时的 20%,普通实习占 40%,应用课题实习占 40%。课题实习课程的设置,改变了以往死板的班级授课方式,采取工作小组合作学习模式,深受学生的喜爱,激发了学生的学习热情,提高了学习效果。

表4-1 应用课程各学科及课题实习课程的设置

学科	课题实习
生产机械系统技术科	标准课题:设计、加工、组装、控制 开发课题:金属加工、自动削刮装置、树脂流动解析及曲线成型、精密机械设计制作课题、适用于国际安全规格的自动化器械 开发课题实习:精密机械设计制作课题实习、精密工具设计制作课题实习、自动化机器设计制作课题实习、自动化系统运用构筑课题实习
生产电子信息系统技术科	应用课题实习:电子装置设计制作应用课题实习、组装系统应用课题实习、通信系统应用课题实习
建筑施工系统技术科	开发课题实习:综合施工·施工管理课题实习、应用课题实习、企业委托实习

三、教育训练方法

职业能力开发综合大学校无论是长期课程、短期课程、应用课程,还是

---

① [日]职业能力开发综合大学校史编纂委员会:《职业能力开发综合大学校四十年史》,2002 年,第 22 页。

更高层次的研究课程、应用研究课程,都是将实践技能放在第一位。1995年4月,职业能力开发综合大学校开始实施新的教育体制"系—科—专业课程制"。作为新的培训体制,强调以"培育能够准确应对产业社会高速变化和技术革新等现状的人才,即培养可实施职业能力开发的指导员"为目的,作为职业训练指导员,要求在掌握坚实的基础知识的同时,能够迅速灵活应对本专业领域的变化,在广泛的互通性基本技术和专业领域给予学生更深层次的技术指导。也就是说强调实际技能的培养,并且要不断适应社会产业化的变化,培养技术革新观念,不断提高指导员的相关专业领域的技术指导水平。

职业能力开发综合大学校在设立之初就不拘泥于通过反复操练培养技能的方式,而是采用符合学员理解能力和思考过程的具有创造性地融合学科与实习的方法。"实学融合"是"通过基础性学理或实验训练使学员理解实际技能实习中的实践性、具体性事实的方法。"①其教育训练体系规定:①学习过程中不能把理论和技能技术分离,要将两者有机地结合在一起,即所谓的"实学融合"。②基本原则是把实验实习更多地安排进各专业独自的课程体系中。在两年的学习中,第一年系统学习生产制造必要的基础理论和基本的技能与技术,第二年学习生产制造必要的高级理论和技能与技术,掌握作为实践技术者(具备能够应对生产现场的技能和技术,具备恰当解决问题的能力)的基础。

职业能力开发综合大学校的培养目标是实践技术者,也就是必须是能够进行现场作业和实际操作的实践技术人才。因此,不能将现场作业视为简单的"感觉"、"窍门",还必须理解现场背后的技术理论与逻辑。要想实际论证现场作业中的各种疑问,就必须有基础性经验和技术性知识,同时也需要敏锐的直觉和思考能力。具有这种能力的人能够改良现场作业,应对现场作业的各种情况。多数现场作业是由许多复杂的事项构成的,简单的问题依靠"感觉"和"窍门"就可以找到解决问题的办法,但是,复杂的问题

----

① [日]中村常郎:《东京职业训练短期大学校的意义与课程》,《职业训练研究》1978年2期,第6页。

必须依靠学生良好的知识背景和灵活的头脑来解决。

"实学融合"模式强调在以实习为中心的教育训练中,并不是简单的"会"与"不会",还必须从"为什么"中用已有的知识和经验联系新的知识,并将之反馈到实际技术中去。教育训练的内容离现场越近就越容易遇到新技术与新技能,从而可以扩大学生的视野,增长学生的见识,发展学生的应用能力。专门课程的生产技术科在其教育训练方针中指出:现在,创造的重要性再次受到人们的重视,我们的身边有各种各样的工具和机械,这些工具和机械的出发点是创造有型的技术。为了掌握这些技术,我们在学习机械工学基础、设计制图、测量控制等相关理论的同时,还要将教育训练的重点放在实验和实习上,努力培养能够应对不断更新的新技术、具有创造性的实践型技术者。生产技术是所有产业不可或缺的重要组成部分,为了掌握这些生产技术,学校需要建立学生实训基地,购置安装与实际生产现场相当的先进设备。通过熟练操作这些设备和机器,在模仿"生产"过程中,掌握加工原理、机器的操作和加工技术。

"实学融合"模式是职业能力开发综合大学校创造的教育训练方法,它不同于一般普通高等教育或学校职业教育,它既注重理论与学科知识的传授,同时又强调生产现场的操作,主张将理论和实践的结合。像这种"实学融合"的教育模式,能唤起学员的学习兴趣,提高其学习效果,同时,对不擅长理论思维的训练生也能起到良好的训练效果。

第二节　警察大学校

日本警察大学校,隶属国家警视厅,是为培养应对当今犯罪形势及全球化的高级警官的教育机构,并从事有关警察业务方面的研究。警察大学校是日本战后建立的第一所大学校,它开启了日本大学校重建与转型的序幕,具有重要的标志意义。

一、历史沿革

日本警察制度肇始于明治维新初期。1868 年,以藩兵为基础建立了东京市政警察,称"府兵"。1871 年,全国"府兵"改为"逻卒",萨摩藩出身的川路立良为逻卒总长,这是日本近代警察的开始。1872 年,明治政府在司法省设置了警保寮,统一管理全国警察事务。为研究和建立近代警察制度,1872 年,被称为"日本近代警察之父"的川路立良被派往欧洲考察。川路立良认为加强帝政,必先加强警察。他强调"一国乃一家,政府乃父母,人民乃子女,警察乃其保姆",因此,他建议建立新的警察制度,加强警察统治。1874 年,司法省警保寮划归内务省,由内务卿统一指挥,同时建立了东京警视厅和分布全国各府县的警察网。1887 年,明治政府颁布《保安条例》,加强对人民的统治。

明治政府在建立近代警察制度的同时,也十分重视警察的教育训练。1879 年,在东京创建巡查教习所,这便是今天几经变迁、坐落在东京都府中市的警视厅警察学校的前身。随后,1885 年,又在东京的赤坂区葵町创立了警察训练所,是为日本警察大学校的前身。其后警察训练所名称几经更迭,办学地址多次变迁。1899 年,改编为警察监狱学校(设立于东京趀町区霞关),1909 年,改编为警察训练所(建于东京京桥区山城町),1918 年,又被改编为警察讲习所(建于东京趀町区大手町),1927 年,在东京趀町区三番町建成新校舍,但该校舍 1945 年 3 月毁于战火,后迁至东京杉并区天沼。

美国占领当局将重构日本政治体制作为其改造日本的首要任务,而警察制度作为统治者进行统治的工具又是政治体制改革的重中之重。战后日本行政法律体系、行政文化都发生了巨大变化,但封建专制思想依然浓厚,必然要求日本建立相应的警察教育训练制度,转变观念,提高素质与能力。因此,日本在原警察讲习所的基础上设立中央警察学校,着手战后警察的教育训练工作。

1947 年 5 月,《日本国宪法》颁布生效后,日本即颁布了战后第一部《警察法》。这部《警察法》力图对战前的警察制度进行根本性变革,采取了一些警察民主化方针,是一部彻底改变了战前中央集权警察制度的法律。如《警察法》第 1 条规定:"以保护个人的权利和自由,维护公共安全和公共秩序,保障以民主主义思想为基调的警察管理和运营"。这一条揭示了日本警察组织法的指导原则,即保障人权和维护公共安全。

　　日本的警察教育训练体制完全实行中央集权制,这是由于警察职员,尤其警官在与国民日常生活密切相关的领域被广泛地赋予了相当大的权限。为体现警察教育的民主主义精神,确保其系统化、正规化,提高警察职员的整体素质,国家制定了完善的警察教育训练体制,警察教育自成体系,由警察领导机关统一领导和管理,统一规划和决定警察教育的层次、培养目标、学校的布局等。因此,日本《警察法》第 27 条规定:"在警视厅的附属机关中设置教育训练机构,负责各级警察的教育训练,并由国家警视厅统一负责,制定统一的教学计划及实施细则,以便在内容和形式上保持一致,便于管理。"从而以法律的形式确立了警察教育培训体制。根据该法律,日本的警察教育训练逐步形成了比较完备的体系。除在首都东京设有全国警察的最高教育培训机构——中央警察学校外,全国 47 个都道府县均设有警察学校。另外,由于日本警视厅将全国 47 个都道府县划分为 7 个管区并设有 7 个管区警察局,警察教育管理部门也相应地设有 7 个管区警察学校,另外设有一所皇宫警察学校,从而在全国形成了完善的警察教育网络。主管警察教育的国家公安委员会依据《警察法》及《警察法施行令》制定出《警察教育规则》,该规则指出:"警察教育的目的就是要使警察职员遵循警察法的精神,认识到民主警察的本质和警察的职责,提高人格,研究学术,培养实力,以便公正严明、高效率地履行职责"。国家警视厅根据国家公安委员会制定的《警察教育规则》详细制定出《警察教育细则》,并以训令的形式下达给管区警察局以及都道府县地方警察本部,指导其监督执行。

　　战后日本以美国为蓝本基于分权的思想理念建立了现代警察制度,并构建了高、中、低三级警察教育训练体系。中央警察学校是日本唯一的高级警官教育训练机构,处于警察教育训练体系金字塔的顶端。战后初期日本社会转型,复杂的社会形势对警察特别是高级警官的素质提出了很高的要求,不仅要有民主的思想理念、扎实的专业知识技能、较高的文化素养,更要有在复杂情况下判断、分析、解决实际问题的综合能力。基于这样的形势要求,日本国家公安委员会、警视厅开始着手成立警察高等教育机构的工作。1948 年,日本警视厅将中央警察学校升格为警察大学校,负责对高级警官进行专业知识技能、行政指导及管理能力的教育训练,同时承担警务理论与实践的研究职能。

20 世纪 50 年代以后,随着国内政治经济形势的变化和全球一体化的进展以及由此而带来的国内治安形势的变化,警察大学校不断扩展和完善组织功能,充分发挥大学校在警察教育训练中的引领作用。1950 年,设立警察大学校附属通信学校(现附属警察信息通信学校),主要对学员进行信息管理技术、电子交换技术、数字通信技术、卫星通信技术和电磁记录解析技术等方面的教育培养。1967 年,设立特别搜查干部研修所,是为培养搜查干部搜查指挥、管理以及其他高级技术的研修机构。1985 年,成立国际侦查研修所(现国际警察中心),主要对警察职员进行外语培训以及国际犯罪搜查、国际搜查合作等方面的研修,以努力培养国际搜查官。1990 年,设立警察通信研究中心(现警察信息通信研究中心),主要任务是对警察通信系统等进行研究和开发。1996 年,设立警察政策研究中心,进行有关组织犯罪对策、恐怖犯罪对策等方面的调查研究。2003 年,设立财务搜查研修中心,主要培养具有高超的财务搜查能力的搜查人员以及进行有关全国警察财务搜查案例研究、金融企业活动和财务会计制度方面的调查研究等。

至此,日本警察大学校组织机构中设有教务部、警务教育部、生活安全教育部、地域教育部、刑事教育部、交通教育部、组织犯罪对策教育部、警备教育部以及特别搜查干部研修所、国际警察中心、财务搜查研修中心、警察政策研究中心、警察信息通信研究中心、附属警察信息通信学校等众多部门。

二、教育训练课程及内容

日本对警员的教育训练,根据实施方法的不同,大致分为学校教育训练和在职教育训练两种。日本警察教育训练机构,根据培养对象不同,可分为高级、中级和初级三类,即高等警察教育训练机构(警察大学校、法庭科学警察研修所)、中等警察教育训练机构(7 所管区警察学校)、初等警察教育训练机构(47 所都道府县警察学校及皇宫警察学校)。对警察的学校教育训练大致分为入警教育训练、初级干部科、中级干部科、警察大学校本科、初任干部科及专科教育训练课程等。

警察大学校本科也称为警部任用科,以警部晋升考试合格的警部补和警部晋升时间较短者为对象,进行警察署科长等上层干部所必备的人格、见识以及实务管理能力、指挥监督能力等方面的教育训练,教育训练期限为4个月。另外,警察大学校还设有初任干部科教育训练课程,该课程对通过国家公务员Ⅰ类考试,被警视厅新录用的国家高级公务员进行教育训练,使之具备作为警察干部所必需的基础知识和相关能力,教育训练课程为期6个月。专科教育训练课程也是警察大学校设置的重要课程,该类课程主要针对各专业领域高度专业性以及犯罪形势的变化等情况进行的有关最新知识及技能等方面的教育训练。具体来讲,警察大学校主要设置了如下教育训练课程:[①]

表4-2　警察大学校教育培训课程表

课　程	时　间	内　容
警察运营科	2~3周	对已被预定任用为警察厅科长、县警察本部部长等级别人员进行教育培训,使之具备其任职所必需的有关组织运营、侦查指挥等管理能力。
警部任用科	3~6个月	对晋升为警部的警官(含预定晋升人员)进行教育培训,使之掌握作为警察署科长所必需的知识及技能。
课长助理任用科	2周	对晋升为警部的警官(含预定晋升人员)进行教育培训,使之掌握作为警察署科长所必需的知识及技能。
初任干部科（Ⅰ类）	6个月	对通过国家高级公务员录用Ⅰ类考试,被新录用的警官进行教育培训,使之具备作为干部所必需的基础知识。
行政实务科	4周	对通过国家公务员录用Ⅱ类考试,晋升为警部的警官进行教育培训,使之掌握必要的知识。
术科负责人培训科	4个月	对警察术科(柔道、剑道、逮捕术及体育)的指导人员(含预定指导人员)进行培训,使其掌握职务中所必需的专门知识和技能。
教官培训科	1个月	对已被预定为警察学校教官的警部或警部补(含相当于此职务的一般职员)进行教育培训,使之掌握作为教官所必需的知识及技能。
专业、研究科	视需要而定	对警部补警衔级别以上的警官(含与此级别相当的一般职员)进行专业性教育培训,使之掌握有关特定领域的高级知识及技能,并进行相关专业领域的研究。

---

① 王彦吉:《中外警察教育培训》,中国人民公安大学出版社2010年版,第84页。

除此之外,警察大学校设立的特别搜查干部研修所、国际警察中心、财务搜查研修中心、警察政策研究中心、警察情报通信研究中心以及附属警察情报通信学校等机构,对警察进行专门知识、专门技能的培养。如特别搜查干部研修所专门培养搜查干部必需的搜查指挥、管理及相关高度专业技术。其培养对象是警部任用课程结业、具有一定侦查业务实践经验且在各都道府县警察本部将来担任侦查部科长的人。该研修所每年实施两次长达 5 个月的教育训练,训练采取小班制,主要案例教学为主,目的是提高学员分析问题、解决问题的能力;国际警察中心主要进行有关跨国犯罪侦查、国际警务合作及有关国际警察活动的学术培训;财务搜查研修中心专门培养具有高超财务侦查能力的侦查人员;附属警察情报通信学校则对新录用的警察职员及各级干部进行有关警察信息通信等方面技术的教育训练。

三、教育训练方法

日本的警察教育是一种非学历教育,它不仅要使警察职员掌握与履行职责直接相关的知识和技能,这是作为民主社会中警察职员应有的状态,还必须使每个警察职员都能够贯彻民主主义精神,提高伦理道德,真正具备光明正大的品德和正确的判断力。① 日本警察大学校是日本警察教育的最高层次,但其教育仍属于非学历教育,而且它与有些大学校不同从未谋求获取学位申请资格,更关注教育训练的职业性、实践性。无论是各级警察学校还是警察大学校,都十分注重一线警务实习环节。日本警视厅官员村田隆在其论文《警官录用的现状与课题》中指出:"为使录用教育更加有效,更富于灵活性,重要的是要让学员将课堂教学中学到的知识、技能实际灵活地应用到一线警察署的工作岗位,从而使他们亲身感受到哪些方面还学得不够,或者应该学习什么诸如此类的学习方面的问题,并带着问题进一步锤炼与警务实际紧密结合的知识和技能。因此,我们一直在加强一线警务实习,努力做到使课堂学习与岗位实习有机地结合在一起。"②

---

① 王彦吉:《中外警察教育培训》,中国人民公安大学出版社 2010 年版,第 71 页。
② [日]河上和雄、国松孝次等:《日本警察·总论》,立花书房 1993 年版,第 98 页。

　　针对警察学员的岗位实习和实务培训工作,日本警视厅还制定了《岗位实习及实务培训实施纲要》,纲要详细制定了岗位实习和实务培训的实施要领,规定了岗位实习和实务培训的内容和方法及考核方式。依据该纲要,警视厅在还对岗位实习和实务培训做出了如下制度安排:在警察署设置教育负责人、教育指导、实习负责人以及实习单位。其中教育负责人由副署长担任,该副署长在署长的指挥下,除制定有关实习生勤务及生活等全盘的指导计划外,还指挥教育指导并与警察本部有关科及警察学校保持密切联系。教育指导则有担任实习相关业务科的科长及负责指导生活方面的总务科长或总务会计科长直接担任。另外,署长根据需要还可以指定科长代理或股长做教育指导的助手。教育指导指挥实习负责人及实习单位的实习指导员,为切实提高实习效果,密切关注整个实习业务,并注意协调各股之间的配合关系,确立指导体制,有计划地推进实习工作。实习负责人由署长从负责实习的科的警部补中指定,受其教育指导的指挥,负责岗位实习指导员及实习生的教育指导。岗位实习及实务培训负责人由警察署长从实习单位的警部巡查部长中指定人品优秀具有较强指导能力及业务能力且工作成绩优秀者担任。除此之外,警察署长还可以根据需要指定岗位实习及实务培训协助员协助实习负责人指导实习和培训。

　　日本警察大学校在长期的办学过程中,针对学员的从警背景和警察业务性质和要求,逐步探索和建立了课程学习与警务实践有机结合的理论、实习、再理论、再实习的循环交替的人才培养模式。以初任干部科的教育训练为例,通过国家公务员Ⅰ类考试的国家高级公务员,在被录用之日即被授予警部补警衔,随后进入警察大学校初任干部科,接受3个月的课程学习。之后到警察署见习9个月,再返回警察大学校接受1个月的补习课程教育。这样经过13个月的学习和实践,晋升为警部,回到警视厅工作。工作2年后,第三次进入警察大学校,再次接受为期1个月的培训,结束后即可晋升为警视警衔。至此,警察初任干部的培训全部完成。

　　为了更加有效地做好警察学员岗位实习和实务培训工作,警察大学校还建立了与警察本部、实习所在地主要领导相互联系制度。在学员实习期间,负责实习的教官经常参加由署长、负责实习的警官及实习生举行的研讨会;警察大学校校长在学员实习期间,根据需要随时指令担任教学工作的教官赴警察署进行巡回检查,了解实习生的实习情况,进行必要的建议和指导;警察大学校和警察署署长、警务部教育科长共同培养岗位实习指导员,使其掌握指导实习生所必需的知识及技能。

在警察大学校的教育训练中,无论是初任干部的长期教育训练,还是其他短期的教育训练,都非常重视学员的实习和实务训练,课程设置中基础实务课程占据总学时的近一半;课堂教学以案例为主;实践环节以岗位实习为主。正是由于警察大学校这种贴近警务一线活动的教育训练模式,才使得警察教育训练取得了国家警察领导机关期望的良好训练效果,在日本的警察教育中发挥了示范作用,使得日本警察队伍的执法能力在世界享有较高的荣誉。

第三节　防卫大学校

一、历史沿革

防卫大学校隶属于防卫省,是日本唯一一所培养自卫队长官(干部自卫官)人才的大学教育机构。防卫大学校的前身是"保安大学校",最早设立于1952年8月,是作为日本保安厅的附属机构而设立的,1953年4月1日,在横须贺久里浜的临时校舍正式建校。1954年7月,日本颁布《防卫厅设置法》,保安厅更名为防卫厅,保安队、警备队更名为自卫队,保安大学校改名为防卫大学校,1955年,迁至位于横须贺市小原台的新校区。

1.保安大学校时期(1952—1954年)

二战后,以美国为首盟军最高司令部占领了日本并对其进行全面改造。其意图是在战后的日本建立一个再也不允许军国主义复活的、彻底解除武装的、从物质和精神两方面实现民主化的非武装和平国家。所以,从日本战败后的1945年到1952年间,盟军的占领政策是在日本建立一个民主的非武装和平国家。但是,由于世界政治格局的变化,东西两大阵营开始由合作走向对立、对抗甚至冲突,特别是1950年朝鲜战争的爆发,使美国的占领政策发生了转变,转向了军事优先政策,进而发展成再军备政策。在朝鲜战争爆发的第二个月,即 1950 年 7 月,盟军最高司令麦克阿瑟就向日本的吉田首相发去了"关于增强日本警察力量的信件",指示日本政府成立 75000 人的国家警察预备队和增加定员 8000 人的海上保安厅。① 于是,吉田首相与大桥国务大臣开始着手国家警察预备队的成立,1950 年,颁发了《国家警察预备队令》。这就为后来日本军备再竞赛拉开了序幕。

盟军最高司令部为了有效促进日本的再军备,计划成立一所军事学校,该校相当于原陆军士官学校和海军兵学校。在盟军最高司令部的默许下,1951 年,日本吉田政府开始策划成立军事干部培养机构。1952 年 1 月,在与盟军最高司令部的会谈中正式决定设立骨干干部培养机构。1952 年 8 月,实施《保安厅设置法》,将以前的警察预备队和海上保安厅合并在一起,成立了保安队(陆军)和警备队(海军)。同时,根据"警察预备队干部培养学校设立纲要"方案,决定在保安厅内设立保安大学校。于是,1952 年 8 月 19 日,正式成立了"保安大学校"。第一任校长由当时任庆应义塾大学理事的槙智雄担任。1953 年 4 月,开始正式招录学生。

保安大学校创立之初的教育目的是培养所谓有知识、有教养的国家公职人员。据当时的《每日新闻》(1953 年 2 月 25 日)对保安大学校的综合报道中,设定的标题是:"培养绅士的保安大学校—新的陆军、海军形象—毕业后就是学士"。关于大学校的构想,《每日新闻》这样写道:"学校的目的不是培养战争者,而是一流的绅士。因此,学科设置不能低于普通大学,学士学位的授予还要与文部省交涉"。② 关于大学校的教育方针,该报这样写道:"课外文化活动是自由的,可以成立各种各样的文化会,像研究共产主义以及社会主义的社会思想研究会也允许成立,但只要不付诸实践活动都是可以承认的。这一点和日本旧式军校顽固的精神主义有很大不同,也是有别于美国西点军校的特别之处"。对于教育课程,该报这样写道:"入学第一年在教养课程中教授哲学、政治学、经济学,以及数学、物理化学等,此

---

① ［日］松田明:《防卫大学校—其教育的本质》,起源出版中心 1989 年版,第 12 页。

② ［日］松田明:《防卫大学校—其教育的本质》,起源出版中心 1989 年版,第 16 页。

外,作为基本常识,在哲学和经济学中加入马克思主义的一些内容……"。①
其教育内容和一般大学并无不同。时任保安大学校的校长槇智雄指出:
"学校的培养目的并不是让学生毕业后成为能发挥作用的战争技术人才,
而是培养能适应社会各领域的一流人才。尽最大可能培养高级自由人才,
让他们受到高级技术教育。学生毕业后如果不喜欢在保安队或警备队就业
的话,可以选择在其他领域就业;如果没有就业义务,也就没有必要返还上
学期间学校发放的各种补贴"。②

　　尽管从表面来看,保安大学校创立之初的教育方针是培养积极、向上的
高素质人才。但是,从保安大学校设立的初衷及时代背景来看,其政治意图
非常明显,是盟军重新武装日本使之成为资本主义阵营对抗社会主义阵营
桥头堡的重要举措。可以说,保安大学校的成立是战后日本背离弃武政策,
走向军事现代化的开端。

　　2.防卫大学校时期(1954年至今)

　　1954年7月,日本颁布实施《防卫厅设置法》,保安厅更名为防卫厅,保
安队、警备队更名为自卫队,保安大学校也由此更名为防卫大学校,并一直
延续至今。在60多年的发展历程中,防卫大学校根据日本社会发展和世界
军事教育发展趋势,不断调整学科结构,充实教育内容,提升办学层次,逐渐
形成了文理兼修、学术与实践相结合的特色,成为日本最具有广泛影响力的
军事教育研究机构。

　　防卫大学校和普通大学一样,实行四年制教育。1953年4月,开始正
式招录学生,1957年3月,第一期学生顺利毕业。1962年4月,开设理工学
研究生课程,1964年,第一期理工学硕士研究生毕业。1974年,开设人文社
会科学课程,加强学生人文素质教育。1989年4月,对教育课程进行了改
革,将专科升级为本科。1991年12月,获得本科及理工科研究生的学位授
予权,1992年,第36届本科毕业生获得学士学位,同年开始招收女生。
1996年4月,对理工学研究生教育课程进行改革,将学科·相关专业整编

---

① [日]松田明:《防卫大学校—其教育的本质》,起源出版中心1989年版,第17页。
② [日]松田明:《防卫大学校—其教育的本质》,起源出版中心1989年版,第17页。

为专业·大讲座。1997 年 4 月,开设综合安全保障研究生课程。2000 年 4 月,对本科结构进行了调整,调整为 6 个学科群、14 个学科(11 个理工科系和 3 个人文社会系)和 7 个教育室。同时,设置了理工科研究生课程的前期课程(相当于硕士研究生课程)和后期课程(相当于博士研究生课程),翌年,理工科研究生课程中的后期课程正式开课。2007 年 1 月,日本防卫厅升级防卫省后,防卫大学校在综合安全保障研究学科中设立前期课程(相当于硕士研究生课程)和后期课程(相当于博士研究生课程),2009 年,后期课程正式开课。

日本防卫大学校招收的是致力于国家国防安全、社会稳定,并对成为干部自卫官有兴趣,有积极性和热情的学生。其招收学生为普通高中毕业的学生,学生报考时其志愿书要提交到日本各都道府县的自卫队地方合作本部,由自卫队地方合作本部负责审查。学生入学有推荐入学和普通入学两种。推荐入学是由高中学校校长推荐本校人格健全、体格健壮、意志坚强、学习成绩优秀、有一定组织能力、立志成为自卫队干部的优秀学生,不过每年只有 10 名左右,大部分要通过考试入学。防卫大学校不同于一般的大学,一旦考试合格被录取即成为国家公务员,所以它的考试被称为录用考试。招生条件中除了要求年龄在 18 到 21 岁之间外,还必须拥有日本国籍,这是报考防卫大学校必须具备的条件。

防卫大学校每年大约招收 500 名学生,其中人文社会学系与理工学系招生人数比例为 1:4 左右。人文社会学系有 3 个学科专业,理工学系有 11 个学科专业,学生的专业领域要在升入第二学年时决定。第一学年学生重点学习基础(公共)教育课目,如英语、宪法、历史、政治等人文社会科学基础课目,此外还要学习数学、物理、化学等理工基础科目。防卫大学校的教职人员 350 名,学生与教师的比率为 4.8:1,推行的是小班授课教育方式。①

防卫大学校教育训练的目的是培养未来自卫队的干部—自卫官,未来

①　[日]讲座与学校·防卫大学校[EB/OL].http://www.gakkou.net/gakkou/g_school/d_005.

的自卫官不仅要具备必要的知识、技能和素质,而且还应具备灵活处理复杂问题的能力。防卫大学校在第一任校长槙智雄的教育方针指引下,历经60余年的改革与发展,形成了其独特的办学思想。

第一,注重职业道德的养成。防卫大学校建校之初确立了"首先要培养真正的淑女与绅士,再培养武士"的理念。防卫大学校的学生首先要接受符合大学标准的一般教育,使自己与国民的道德标准一致,培养学生"广阔的视野、科学的思考能力、丰富的人性"。通过严格的教育训练、有规律的集体生活以及激烈的竞技活动,不仅锻炼学生的身心,磨炼学生的意志,陶冶学生的情操,同时,也培养了学生作为未来干部自卫官应有的责任感和使命感。

第二,重视专业知识与能力的培养。防卫大学校的教育课程按照大学的标准设置,不仅教授给学生一般教育、人文社会科学、理工学及防卫学相关的理论知识,而且重视学生应用能力的培养,使学生掌握作为自卫官必须具备的学习能力和专业技能。

第三,培育自主自律的精神。在第一任校长槙智雄的影响下,防卫大学校第8期和第9期的学生经过讨论,形成了"廉耻·真勇·礼节"的学生纲领。在防卫大学校,学生组成大队、中队、小队各级学生组织,由各级教官进行指导。在指导过程中,教官尽量依靠学生的自律,由上一年级学生对下一年级学生进行生活指导和培养训练。这种培育和尊重学生自主自律的学风形成于槙智雄校长时期,建校初期形成教育和生活形态已经成为防卫大学的传统,虽历经多年历史变迁但依然传承下来。

二、教育训练课程及内容

日本防卫大学校现设有4个学科群,涵盖14个学科专业。此外,防卫大学校还设有与基础教育、公共教育相关的教育学群和防卫学教育学群,包括8个教育室或中心。具体情况见表4-3、表4-4。①

---

① [日]防卫大学校[EB/OL].http://www.mod.go.jp/nda/obaradai/kyouikukunren/mm2_

表4-3 学科群及学科

人文社会学群	人类文化学科	公共政策学科
	国际关系学科	
应用科学群	应用物理学科	应用化学学科
	地球海洋学科	
电气信息学群	电气电子工学科	通信工学科
	信息工学科	机能材料工学科
系统工学群	机械工学科	机械系统工学科
	航空宇宙工学科	建设环境工学科

表4-4 学科群及教育室

综合教育学群	数学教育室	外国语教育室
	体育学教育室	综合教养教育室
防卫学教育学群	安全保障·危机管理教育中心	国防论教育室
	战略教育室	统帅·战争史教育室

防卫大学校的本科分为理工科(11个专业)、人文社会科学(3个)两大学科。学生入学后,要学习文化课、军事课两大类。文化课有人文学、社会学、自然、外语、电气工程、土木工程、机械工程、应用化学、物理学、航海学、航空学等。按学年期分,第一学年分文科、理工科学习一般教育课程和一般军事知识;第二学期文科开始分专业学习,第三学期理工科开始分专业学习。第二学年开始区分军种,学生学习各军种的专门课程。第一学年须修得34学分以上,第二学年须修得73学分以上,第三学年须修得112学分以上,第四学年主要接受教师指导,完成毕业研究论文。学生毕业时须修得151学分以上,所修学分要多于一般大学的标准。具体情况见表4-5。①

① [日]防卫大学[EB/OL].http://www.mod.go.jp/nda/obaradai/kyouikukunren/mm2_

表4-5　课程设置及学分标准

科　目		毕业所需学分		大学设置标准
		人文社会科学专业	理工学专业	
基础教育		24以上	24以上	124以上
外语	英　语	10以上	10以上	
	德语、法语、俄语、中文、朝鲜语等	4(任选一门外语)		
体　育		6		
专业基础		18以上	27以上	
专　业		66以上	57以上	
防卫学		23以上		
总学分数		151以上		124以上

　　防卫大学校作为培养自卫队干部的教育训练机构,虽然其课程设置与普通大学的课程基本一致,但其教育内容与教育方式却存在着较大差异。如一般教养课程中的"哲学""心理学"等,一般大学规定为4个学分,防卫大学校规定为2个学分。学生除了接受一般课程的教育,提高学生的基本素质与素养外,防卫学教育和训练课程是其教育训练的必不可少的科目。"防卫学"是防卫大学校建校以来的一门必修课,该课程体系完整,一直受到学校的高度重视,被认为是干部自卫官入门教育及素质教育的核心必修科目,课程包括防卫学概论、国防论、世界战争史、日本战争史、战略论、军事和科学技术、作战、统帅、防卫学特论等。

　　人文社会科学系由3个学科构成,包括人类文化学科、公共政策学科和国际关系学科。人类文化学科的目的在于加深学生对各国历史、民族、语言、文化、思想等领域中人类各种活动的理解,增强跨国文化交流能力;公共政策学科在于加深学生对经济政策、安全保障政策等公共政策的理解,从组织、法律、经济等方面学习国家制定政策的过程;国际关系学科是从政治、外交、经济、国际法、宗教等为切入口,学习和掌握处理复杂国际关系的能力。这三个学科是防卫大学校为了适应21世纪日本社会发展趋势,作为培养自卫队干部最基本的知识素养而设立的。国际关系学科课程设置多姿多彩,包括国际政治学、国际政治史、政治外交史、军事史、军备管理论、比较政治、国际体系论、国际经济学、安全保障政策论、国际法、国际机构论等。公共政策学科则包括法学、经济学、政治学等基础课程,以及组织论、社会学、安全保障论等应用课程,涉及的范围非常广泛。

理工学系由根据自然科学原理和法则,以人类创造出的科学和技术为对象的理工领域中的 11 个学科构成。其特征是所有的学科以高中阶段的数学、物理、化学的基本知识为素养,从基础到先端领域大范围的系统学习。另外,虽然说学校创立的目的是让学生具备自卫队执行任务所必需的知识和研究能力,但并没有过于偏重专业性知识的学习,而为了让学生掌握在未来社会通用的知识,努力培养在更广泛视野下科学思考的能力,把学生培养成拥有健全人格的人才。

防卫大学校除设置一般教养和专业课程外,还设置了大量的训练课程,其目的是针对自卫官必须具备的基本素质与技能进行重点训练。训练课程一般包括不分专业的共同训练和区分专业的专业训练,具体训练科目见表4—6。① 共同训练主要在第一学年进行,每周进行两个小时。专业训练包括陆地人员训练、海上人员训练和航空人员训练。专业训练采取定期训练,每年约 6 周时间,分别在春夏秋冬四个季节进行。

表4-6 训练课程

类型	区别	科 目	合计时间
共同训练		辅导、基本训练、战斗训练、野外训练、武器、舢板、安全管理、卫生、教育法、游泳、滑雪、战争遗迹研究、部队参观以及陆地、海上航空的基础训练	1005
专业训练	陆地人员训练	辅导、部队指挥运用基础、战斗训练、野外训练、野战修筑城堡、通信、武器、部队实习等	
	海上人员训练	辅导、舢板、巡航型快艇、机动艇、操纵技术、航海、通信、信号、气象、游泳、乘舰实习、潜水实习、航空实习等	
	航空人员训练	辅导、基地警备、航空法、搭乘训练、飞机维修、通信、自救、航空交通管制、部队实习、滑翔机等	

---

① [日]防卫大学[EB/OL].http://www.mod.go.jp/nda/obaradai/kyouikukunren/mm2_

防卫大学校除进行本科教育外，还设有理工研究科，开展研究生层次的教育训练。研究科的教育目的是为了让学生掌握自卫队执行任务必备的高级理论和知识应用能力，并具备相应的研究能力。研究科学制为 2 年，按一般大学硕士标准设置课程，现开设电子学、航空工学、兵器制造工学、物理工学、材料工学、地球工学、作战运筹学等高技术专业。

三、教育训练方法

防卫大学校每年大约招收 500 人左右学生，不过每年略有不同，如2012 年招收人文社会学系 95 人、理工学系 345 人，共计 450 人。① 据统计，目前在校生合计 1,909 人，其中男生 1,758 人，占总人数的 92.1%，女生151 人，占总人数的 7.9%。② 全校共有教师 350 人，其中教授 131 人、副教授 128 人、讲师 62 人、助教及外聘教师 29 人，学生与教师的比率为5.5∶1。③

防卫大学校严格的学生选拔制度、充足的师资配备、优越的设施设备，使之呈现出精英化的教育倾向，而小班授课模式更是防卫大学校实施精英化教育的重要体现。理工学系所有的学科专业均采用小班授课方式，让学生在课程学习和实验实习过程中，以高中阶段的数学、物理、化学的基本知识为素养，进行从基础到先端领域宽范围的系统学习。特别是毕业研究阶段充分发挥小班教学的优势，采用一对一的指导方式，对学生进行悉心指导，这是防卫大学校独具特色的人才培养模式。在人文社会科学系，人类文化学科的教学同样实施小班授课，广泛采用小组讨论、合作学习和探究式学习等方式，激发学生学习的兴趣和热情。另外，为了让学生掌握在未来社会中必备的全面知识，教学（课程）计划中还增加了理工方面的课程，为学生提供人文社会科学与自然科学交叉的学习环境。国际关系学科重视教官与学生、学生与学生之间的交流，实行小班授课。如以二、三年级为教学对象

---

① ［日］日经进学·防卫大学校［EB/OL］.http：//daigaku.shingakunavi.jp.
② ［日］大学指南·防卫大学情报［EB/OL］.http：//www.toshin.com/univ/detail.
③ ［日］讲座与学校·防卫大学校［EB/OL］.http：//www.gakkou.net/gakkou/g_school/d_005.

的"国际关系"课程,实行以 5~10 名左右学生的小组讨论方式,通过小组讨论培养学生发现问题、分析问题和解决问题的能力。学生升入四年级时,指定毕业论文指导老师,对学生进行个别指导,指导学生完成有独创性的论文。公共政策学科每学年以 25 人左右为一班进行小班教育,特别是二年级的"公共政策研究Ⅰ"和三年级的"公共政策研究Ⅱ"的讨论课,把学生分为 8 人左右的小组,通过小组讨论学习,让学生掌握公共政策方面基础知识。四年级的毕业研究,采取一位教官对 1~3 学生,进行详细的指导。实行小班授课,可以激发每位同学的学习热情,培养学生的问题意识及解决问题的能力,收到了良好的教学效果。毕业研究阶段,教官对学生进行一对一的指导,提高了学生毕业论文的质量,产生了一批具有独创性的高质量毕业论文。

防卫大学校作为培养自卫队干部的教育机构,良好的军事素质是自卫队干部的必备条件之一。因此,防卫大学校的训练课程注重培养学生强壮的体魄和坚强的意志,注重培养学生全面军事技能和军事素质。训练课程贯穿于 4 个学年,与文化课相比为 1:6。第一学年进行共同科目训练,包括基础训练、战斗训练、野战勤务、武器、识图、游泳、划艇、快艇、医务、教育法与参观部队。第二学年分军种后,陆上自卫队学生进行战斗训练、野战勤务、野战筑程、通信、兵器、车辆、海上机动、综合地形侦察、测绘学等专业课目,并将训练与到部队参观实习相互结合;海上自卫队学生则学习快艇、航海、通信、信号、气象、游泳等专门课目,并进行乘舰实习、航空实习与发动机操作维修实习等;航空自卫队学生则学习战斗训练、野战勤务,领航、维修保养、通信、航空交通管制、自救等专业,并到部队实习。此外,每周有 2 小时的基础训练,每年有 6 周的定期训练。因为按传统规定,军事训练采取日常训练、定期训练和课程训练三种方式,大学校将重点放在基础训练上,循序渐进,使学生打好基础。

第五章　日法两国大学校比较分析

"任何国家的教育发展都受其国家政治、经济、社会、文化等多种发展的制约。由于各国政治、经济、社会、文化的发展各有不同的特点,其发展的方向、内容、速度和成就等,也有不同之处"。① 日本高等教育自明治维新以来,经过一百多年的发展与变革,逐渐形成了以普通高等教育为主体,以高等职业教育与高等职业训练为两翼的独具特色的高等教育体系,而本书的研究对象—日本大学校可以说是日本高等教育体系独特之处的重要体现。纵观世界各国高等教育体系,唯有日本和法国两国设有大学校这一特殊的高等教育机构。美国杰出的教育学家康德尔(I.L.Kandel)指出:"比较教育的研究继续教育史的研究,把教育史延伸到现在,阐明教育和多种文化形式之间必然存在的密切联系。"②正是基于这样的观点,本书拟对法日两国大学校作一横向比较,通过比较分析,拓宽研究视野,延展日本大学校研究的广度和深度,加深对日本大学校发展演变以及现有体制机制的认识。

第一节　法国大学校的创建及其发展演变

法国是世界高等教育的发源地之一。在中世纪的欧洲,由于博洛尼亚大学孕育了巴黎大学,巴黎大学又孕育了牛津大学、剑桥大学,因此,巴黎大学和博洛尼亚大学一起被称为中世纪"欧洲大学之母"。13 世纪时巴黎大学声名显赫,是欧洲各国高等教育模式的样板以及国际学术和教育的中心。

---

① 　贺国庆:《近代欧洲对美国教育的影响》,河北大学出版社 2000 年版,第 1 页。
② 　吴文侃、扬汉清:《比较教育学》,人民教育出版社 1999 年版,第 2 页。

但是,15世纪以后以巴黎大学为代表的法国大学在教会的严格控制下,日渐由开放走向封闭,不仅与现实社会严重脱离,而且国际交流也大大减少,其学术水平和声望也逐渐走向衰落,作为"欧洲大学之母"巴黎大学也逐渐丧失了欧洲学术和教育中心的地位。16世纪欧洲文艺复兴运动,揭开了近代欧洲历史的序幕。16、17世纪一批新型教育和研究机构应运而生,法国高等教育体制改革进入新的变革时期。进入18世纪,旧式大学因其保守和封闭难以跟上社会经济和科学技术前进的步伐,一批注重实用性和实践性的新型高等教育机构—高等专科学校纷纷建立。高等专科学校是法国高等教育的精华,它的出现标志着法国近代工程教育的开始,同时也使法国高等教育进入独具特色的高等专科学校与大学并存且相互竞争、相互补充的历史新阶段。① 这些高等专科学校在法国统称为大学校(les grandes écoles)。从历史上看,法国大学校的发展大致经历了萌芽、初创、增长、扩张几个阶段。

一、孕育萌芽阶段

法国历史上形成的第一个统一的国家是由克洛维建立的法兰克王国,即墨洛温王朝。在墨洛温王朝时期,教育由教会把持和控制,所有的学校都是由教会和修道院开办。751年法国进入加洛林王朝时代。查理大帝时期重视文化教育,奖励学术,兴办学校。此时期法国不仅国力强大,而且文化发达,史称"加洛林文艺复兴"。中世纪大学在法国出现后,国王与教会就在争夺其控制权。但是,由于神权笼罩一切,王权敌不过教会,最终在欧洲享有盛誉的巴黎大学日渐封闭并走向没落。

在14至16世纪的文艺复兴初期,王权需要依靠资产阶级,所以一度支持文艺复兴运动。1530年弗朗索瓦一世建立了实行政教分离原则的法兰西学院,同教会把持下的巴黎大学抗衡,开另建大学之先河,为18世纪大学校的产生奠定了基础。到法王路易十四时期,王权得到极大加强,建立了欧洲大陆上第一个统一的封建集权制国家。路易十四在位期间,不仅重视宫

---

① 贺国庆,王保星,朱文富:《外国高等教育史》,人民教育出版社2003年版,第118页。

廷教育,把贵族青年训练成能干的国家官吏,而且为了把文化人控制在王权的利益范围内,继法兰西学院之后,在王权支持下,又先后成立了许多学术和艺术机构。值得一提的是,在此期间还出现了建筑师学院等之类的新式学校——培养工艺师的专门化学校,它们可以说是大学校的前身。

随着王权统治的加强,为适应国家的发展,实科性专门化学校相继出现。路易十五继位后,出于对内加强统治,对外争夺殖民地的需要,1720年,首先创办了炮兵学校,相继又开办了军事工程学校和骑兵学校。同时,为了满足对内发展经济,又相继建立一批不同于巴黎大学的单科性质的专门化学校。如巴黎路桥学校(1747年)、皇家工程学校(1749年)、矿业学校以及一些商业学校等。这些专门化学校就是大学校的雏形。

二、初创形成阶段

18世纪,在法国部分发达地区出现了许多资本主义性质的手工工场,个别企业雇佣了大量工人,并拥有先进生产设备。资产阶级已成为经济上最富有的阶级,但在政治上仍处于无权地位。随着新兴资产阶级的崛起和壮大,必然要求获得更大政治权利和地位。因此,他们要对以王权为代表的封建制度进行资本主义改造,建立现代的资产阶级国家。同期,法国思想启蒙运动开始兴起,孟德斯鸠、伏尔泰、卢梭、狄德罗等杰出的思想家和哲学家提出了一系列资产阶级的民主思想,为大革命的爆发准备了条件。

1789年,法国爆发了著名的资产阶级大革命。法国大革命的胜利,完成了对封建制度的资产阶级改造。在取得政治和经济斗争的胜利之后,资产阶级的当权者和精英们开始着手进行教育的改造。在国家功利主义教育思想主导下,新兴的资产阶级在1793年一度取消了被视为是旧制度象征的法国全部27所大学,而利用大革命之前就已存在的专门化学校代替大学进行高等教育,为共和国培养所需的各种高级人才来管理国家、指挥军队、发展资本主义经济。同时,新生的资产阶级为了培养资产阶级精英人才,国民公会创办了巴黎理工学校(1794年)、巴黎高等师范学校(1795年)等完全不同于旧式大学的新型高等教育机构。这些学校统称为"大学校",人们把这种学校称之为"大学校(les grandes écoles)",以区别于中世纪的"大学

(les universités)"和实施基础教育的"学校(les écoles)"。随着法国资本主义经济的发展、国外市场的开拓、国际贸易的活跃,专门技术学校开始大量的建立。圣艾田矿冶学校(1816年)、高等商业学校(1820年)、中央工业学校(1829年)等应运而生,成为资本主义经济发展的必然结果。

法国大革命后,这类学校因其重实际、重应用、重质量,符合了上升时期资产阶级的要求,成为培养高级管理和工程技术人才的主要场所。拿破仑建立法兰西第一帝国后,十分重视高等教育的发展。因大学校可以造就帝国所急需的各领域杰出人才,所以拿破仑希望大学校能与帝国保持一致并为帝国服务。他为巴黎理工学校题下了"为了祖国、科学和荣誉"之词,就因为这所学校培养出了大批具有工兵军官和学者双重品质的高级人才,为帝国的建立和巩固立下了不朽的功勋。这样,帝国政府就把发展高等教育的重点由大学转向了大学校。也正是在这一时期,大学校确立了其在法国高等教育体系中的地位。

三、稳步增长阶段

从第一帝国到1914年第一次世界大战爆发,法国经历了从王朝复辟到资产阶级政权的最终确立,从大资产阶级建立的帝国到资产阶级共和派的统治,经过两次工业革命和三次经济危机。在这一时期,大学校的发展受到国家发展的影响,在各个时期表现出不同的发展态势。1816至1869年间,是法国工业起飞时期,煤、铁等重工业得到大力发展,其主要表现在铁路的发展上,同时铁路的发展又带动了整个工业的发展,进而促进了金融业、商业的快速发展。因此,该时期大学校特别是培养工程师的大学校得到较快增长,同时,也出现了一些商业和管理类学校。王朝复辟之后,以共和精神为原动力创建的大学校受到一定程度的抑制,直到第二共和国时期,资产阶级才重新点燃了建立大学校的热情。但由于国内阶级矛盾激化、普法战争失败等因素的影响,这一时期,大学校发展速度缓慢,学校数量只增加了8所。

1870至1914年间,法国社会得到显著发展,资产阶级共和制得到最终确立。自1895年起,法国的经济结束了长期的停滞和萧条,从20世纪初到一次大战前的十多年里处于大发展时期。在这一时期,法国政府对教育较为重视,大学校也有了进一步发展的社会条件。大学校的发展速度有所加快,到 1914 年已达到了 85 所。在此时期,大学校的发展呈现出多样化的特点。首先是区域分布的多样化。创建之初,大学校都集中在巴黎地区。但从 1816 年起,随着国家的发展,在外省的中心城市开始建立大学校,促进当地经济社会的发展,从而促进整个法国的发展;其次是办学主体的多样化。19 世纪初期大学校是由国家兴办并统一管理。第二帝国时期,法国经济进入"起飞"阶段。经济快速发展促进大学校在数量上的快速增长,但国家的力量是有限的,政府无法承担由于大学校数量的增加而带来的财政支出。因此,在这一时期,除了由国家新建和统一管理的大学校外,产生了更多的私立大学校;第三,大学校的类型多样化。大学校类型可分为四大类:工程师学校,农艺类学校,高等师范类学校,商业、法律、行政、经济、艺术等类学校。创建初期,法国大学校以工程师学校为主,相继建立了不同工程领域的工程师学校。其后,随着资本主义经济的发展,商业类大学校逐渐增加,到第一次世界大战前夕,已占到了大学校总数的 20% 左右。

四、快速扩张阶段

法国作为欧洲大陆的主要战场,经过第二次世界大战的战火,基础设施遭受严重摧毁,国内经济受到严重破坏。战后,满目疮痍的法国为了重现大国的光荣与梦想,开始了重建之路。发展经济、重建家园,迫切需要各种高级专门人才。因此,随着战后恢复,大学校再次受到国家和社会的重视。1959 年 6 月 9 日,法国总统戴高乐将军在巴黎理工学校视察时致辞:"我看巴黎理工学校就像法国一样,古老而常新。它和法国一样,历尽种种变化而不失其本色。我不愿错过在这里,向所有成就这所学校的人和所有这所学校的成就致敬。我满怀崇敬和激情表示我的敬意"。① 他同拿破仑一样给予了这所大学校极高的荣耀,同时也是对法国大学校这种高等教育机构的高度评价。

---

① 洪丕熙:《巴黎理工学校》,湖南教育出版社 1986 年版,第 229 页。

总体上,战后法国大学校进入了大发展时期。不仅工程师大学校的数量迅猛增长,其他类型的大学校也发展迅速。1914 年,大学校为 85 所;到 1986 年,法国大学校共有 300 多所;而到 1997 年,更增加到 500 所左右。①

战后,随着法国现代公务员制度的建立,大学校几乎成了高级公务员的摇篮。为了简化公务员培养和选拔程序,中央政府统一设置高等学校和研究机构,专门培训高级公务员。例如,国立行政学校培养"通才"的高级文官,巴黎理工学校培养高级技术性公务员。许多部也都设有自己的学校,以便直接培训本部门的公务员。比如,经济和财政部设有国立海关学校、国立税务学校、国立财务学校;邮电部设有国立邮电行政管理学校;内政部设有国立警察学校等等。其中,最著名的是国立行政学校,从成立以来,为法国培养出一大批高级行政官员、经济学家和外交家。

法国在大革命后建立的各种专业高等学院不仅先于德国柏林大学揭开教育近代化的序幕,而且发展成为近代高等教育的另一大模式——高等职业化教育。② 其意义不仅如此,经过 200 多年的发展演进,法国大学校已经成为法国高等教育体系的重要一极,与大学相互补充、相互促进,相互竞争,共同成为法国经济社会进步的推动力量。

第二节　法国大学校在高等教育系统中的地位与作用

一、法国高等教育系统的构成

1789 年法国大革命后,经过长时间的分化与重组,至二战前夕法国高等教育已经形成了"大学"与"大学校"并行的"双轨制"体系,即"一个国家、两种大学"的高等教育格局。二战后,为了适应产业经济的快速发展,培养企业急需的技能劳动者,法国高等职业教育开始起步,高等教育系统进

---

　　①　孟雅君等:《"一个国家,两轨高教"之谜——法国大学校社会地位的历史文化分析》,《民族教育研究》2008 年第 1 期,第 64 页。

　　②　黄福涛:《法国近代高等教育模式的演变与特征》,《厦门大学学报(哲学社会科学版)》1996 年第 4 期,第 68 页。

一步扩充。1950 年,法国开办"高级技术员班";1966 年,又正式创办了 2 年制的"大学技术学院",短期高等教育子系统开始形成。如此,在横向结构上,法国高等教育分化为大学系统(大学校、大学)、非大学系统(大学技术学院、高级技术员班)。在层次结构上,1966 年,法国将大学本科教育学制由 4 年一贯制改为"2—2"分段制,前 2 年进行普通教育,后 2 年进行专业教育,新设置硕士学位。这样,法国高等教育由原有的学士—博士两级变为学士—硕士—博士三级学位;大学、大学校纵向上形成了三个层次。①

近代以来法国高等教育系统逐渐分化为学科型高等教育系统、专门型高等教育系统和职业型高等教育系统,各系统分别承担学术型人才、专业型人才和技能型人才的培养任务,高等教育机构之间相互分工比较明确。同时,各种类型的高等教育机构之间分层也比较清楚,并且构建起了各种层次和类型高等院校相互对应和衔接且比较完善的转学、文凭和资格证书体系,特别是通过一定条件下的文凭相互承认等措施,在高等普通教育和高等职业教育之间架设起相互沟通的桥梁,使学生在一定范围内可以在高等普通教育与高等职业教育之间流动。从系统机能角度来看,学科型高等教育系统(大学)是介于精英高等教育与大众高等教育之间的类型,可将其视为"普通型";职业型高等教育系统(高级技术员班、大学技术学院、大学职业学院)属于大众型,但同时又设立于大学内部,使得大学与技术学院和职业学院在任务和培养目标上容易产生冲突;专门型高等教育系统(大学校)属于精英型,这是与其他国家明显不同的地方,也是法国高等教育最具特色的部分。

二、法国大学校的地位与作用

大学校在法国高等教育系统中具有重要的、特殊的地位与作用。首先,法国大学校以其数量多、规模小、教学设施先进的特点代表着法国的精英培养机构,10%的录取率保证了精英教育的实施。大学校分为三大类,包括近

---

① 王耀中、陈厚丰:《近代以来法国高等教育分化与重组的历史考察》,《黑龙江高教研究》2006 年第 7 期,第 146 页。

238 所工程师学校、230 所高等商校和其他高等艺术学校。其中,巴黎理工学校、巴黎高等师范学校、巴黎政治学院、高等商业学校等几所大学校逐渐以其精英教育享誉世界。特别是 1945 年由戴高乐总统颁布法令创办的国家行政学院是所有大学校中最有名望的一所,虽然至今仅为国家输送了 5 000 多名毕业生,但其中的 80% 都在法国行政管理领域占据过最高职位。

其次,大学校重应用性训练,不强调基础科学研究,教学面向职业,目标是培养工程师、公共与私人领域的干部,就业方向非常好,一些名校的毕业生可以直接进入政府和大型企业担任要职。工程师学校是公立的,学生毕业后获国家颁发的工程师文凭,是一种认可度很高的国家文凭,一般企业的高级技术人员都要由获得该文凭的人才能担任。高等商校一般属于法国工商会或私立机构,毕业时获高等商校文凭,就业走向为大型企业的管理、市场、金融等方面的工作。可以说,大学校是法国军政、高科技与工商管理等应用人才的主要培养基地。

第三,法国大学校虽然历史不长,但自它诞生以来,就推动了国家的政治、经济、军事的发展,提高了国家的核心竞争力,为国家培养精英人才,成为法国人心目中的精英学校,它与大学并驾齐驱、各自为政、互不干涉地构成法国高等教育的主要体系,成为颇具特色的高等教育"双轨制"。法国高等教育系统作为社会复杂性的一面镜子,很好地适应了社会对教育多样化的需求。高等教育的"双轨制"满足了法国社会的需求,保证了法国高等教育的大众性和精英性的共生并存。历史上的长期共存,现实中的显著效能,使精英教育与大众教育得以良好的契合,这就是法国高等教育的"双轨制"的独特性。

第三节　日法两国大学校的比较

从高等教育发展的内在逻辑来看,高等教育发展史表明,高等教育经历了从简单到复杂、从单一到多元的演进历程。作为一个开放系统,高等教育系统与其外部的政治、经济、文化系统不断进行着信息的动态交流与互动,同时其自身内部诸要素因相互影响、相互作用而不断分化与重组,其结果是促进高等教育系统的多样化。无论是法国大学校,还是日本大学校都是本国高等教育系统在其历史发展过程中不断分化与重组的结果,从而满足了本国经济社会发展中不同层次、不同方面的多样化需求。法日两国大学校作为世界高等教育领域特有的教育形态,两者之间有哪些历史渊源和异同呢,本节将对此进行横向比较,以期对日法两国大学校有一个清晰的认识。

一、两国大学校本质属性比较

所谓本质属性是指反映事物的本质特征,直接决定事物存在及发展的本质属性。[1] 关于法国大学校的本质属性,学界从不同视角进行审视,产生不同的理解和认识。国内有学者认为法国大学校属于高等职业技术教育,如邢克超、李兴业;而有些学者却并不将大学校归为高等职业技术教育之列,而是归为精英型高等教育之列,如梁忠义、李守福、贺国庆。王德林认为对于法国大学校要具体对象具体分析,不能笼统而论,既有侧重于工程型人才培养的高等工程教育,又有侧重于技术型人才培养的高等职业技术教育。[2] 法国大学校作为世界高等教育中独具特色的一种类型,与其他类高等教育类型相比具有鲜明特征。首先,与大学进行的普通教育相比,它具有鲜明的职业性、专门性和应用性;其次,与大学技术学院等高等职业教育相比,它具有不同于高等职业教育面向社会生产、建设、管理及服务一线培养高技能劳动者的目标,主要培养技术劳动者层次以上的工程师。由此可见,法国大学校尽管具有职业教育的一些特征,但是简单地将之归类于高等职业教育,似乎有悖于法国建立大学校的初衷,更确切地说,法国大学校是实施高度专门化教育的机构。

相比法国大学校,日本大学校本质属性的界定更为集中和明确。无论是从培养对象、培养目标,抑或其专业课程组织模式来看,日本大学校的职业教育训练性质较为明晰。其一,从培养对象和培养目标来看,日本大学校

---

① 廖盖隆、孙连成等:《马克思主义百科要览·上卷》,人民日报出版社1993年版,第258页。

② 王德林:《法国大学校的高等职业技术教育性质辨析及启示》,《职教通讯》2004年第1期,第57页。

主要为企业培养实践型技术劳动者或为行政部门培养具有实务能力的公务员。其二,从专业课程组织模式来看,专业设置以产业发展或行政领域的实际需求为指针;课程编制基础理论课程与实务课程的学时比例大体相当,有时实务课程比例略高,突出实践教学;教育训练采取以实习为中心的"实学融合"模式,将学科学习与实际技能训练有机结合在一起。由此可见,法国大学校与日本大学校在人才培养上都侧重实践性和应用性,且都具有很强的行业性特征,但严格而言,由于两者人才培养层次不同、社会角色不同,两者在本质属性上存在显著区别。

二、两国大学校类型结构比较

为了适应越来越多样的社会需要,世界高等教育机构呈现出日益多样的趋势。高等教育机构的多样化,特别是学校的层次、类型、能级、形式由单一走向多样,已经是不可逆转的全球性趋势了。[①] 伴随着社会进步、经济发展和新技术革命,法日两国大学校在不断分化、重组与扩展中都呈现出多样化的格局。前面章节通过对日本大学校历史演变的考察以及类型结构的分析,日本大学校主要分为两大类:一类是为政府机关培养行政管理公务员和技术性公务员,其办学主体是日本政府各个省厅根据相关政令或法规设立,涉及军事、安保、航空、运输、税务、邮政等多个专业领域。另一类是为产业发展培养实践型技术者的大学校,主要由日本劳动省下属雇用能力开发机构设置与运营,有2年制的职业能力开发短期大学校和4年制的职业能力开发大学校。

相比日本大学校的类型结构,法国大学校不仅数量众多,类型丰富,而且结构比较复杂。二战后法国大学校进入了大发展时期,大学校的数量迅猛增。1914年,大学校仅为85所,到1997年增加到500所左右。根据学生毕业后服务领域和对象的不同,法国大学校可分为高等专业工程师教育、高等商业与管理教育、高等艺术教育、高级行政管理教育等四个部分。

---

① [德]弗·鲍尔生:《德国教育史》,滕大春等译,人民教育出版社1986年版,第85页。

1. 高等专业工程师教育

高等专业工程师教育是法国高等专业教育的重要组成部分,诞生于 17 世纪工业技术革命时代。法国有不同性质的工程师高等学院近 240 所,专业设置涵盖工学的所有领域。工程师高等学院必须定期接受法国全国工程师职衔委员会(CTI)的资格认可与评估,其培养目标是让毕业生能够在特定的工业部门领域就业,因此教学过程理论与实践联系十分紧密。法国的很多公立工程师高等学院在国际上享有崇高声誉,例如巴黎综合理工学院、中央理工学院、矿业学院、国立路桥学院、国立高等工程技术学院、国立综合理工学院等等。

2. 高等商业与管理教育

法国有近 230 所高等商学与管理学院,这些属于工商会或私立的高等专业学院提供适应经济环境演变及新的企业管理实践的专业课程、采用实习与国际交流密切结合的教学方法。这类学校中有许多出类拔萃并在法国和欧洲享有盛誉的名校,例如高级商业研究学院、巴黎高等商学院、巴黎高等经济商业学院、里尔北方高级商业研究学院、里昂企业管理学院以及高等商业学院集团等。商学院颁发的文凭均为校颁文凭,但都得到国家和企业界的承认。

3. 高等艺术教育

法国高等艺术类大学校分三类。第一类是由法国文化部管辖并属于大学校性质的国立高等艺术学院,这类学校中最著名有:国立巴黎高等美术学院、国立高等装饰艺术学院、国立高等工艺设计学院、国立高等图像与音响技术学院、国立路易·卢密耶高等电影学院、国立阿尔勒高等摄影学院等。第二类是高等应用艺术类大学校,属于教育部主管。如高等应用艺术学院、家具与室内装饰工业高等应用艺术学院、国立高等应用艺术与技艺学院、高等平面设计艺术学院、国立高等戏剧艺术与技术学院、高等戏剧艺术学院等。第三类是由法国文化部主管的高等美术类大学校,高等美术学院分国立和区立(或市立)两类。

4. 高级公共管理教育。法国非常重视公务员队伍的建设,中央政府统一设置高等学校和研究机构,专门培训高级公务员。例如,国立行政学校培养"通才"的高级文官,巴黎理工学校培养高级技术性公务员。政府许多部门也都设有自己的学校,以便直接培训本部门的公务员。比如,经济和财政部设有国立海关学校、国立税务学校、国立财务学校;邮电部设有国立邮电行政管理学校;内政部设有国立警察学校等等。其中,最著名的是国立行政学校,从成立以来,为法国培养出一大批高级行政官员、经济学家和外交家。

通过以上分析可以看出,无论日本大学校,还是法国大学校专业教育涵盖范围相当广泛,涉及社会政治、军事、经济、文化等各个领域,但两国大学校的布局侧重点不同,日本大学校主要集中在公务员以及产业技能者的教育训练领域,而法国大学校则以工程师教育和商业教育为主体,这两类大学校几乎占到所有大学校的90%。

三、两国大学校层次结构比较

教育系统的层次结构,又称水平结构,它是教育机构办学层次、办学水平的直接体现。战后,随着日本职业训练日益高度化,日本大学校的办学层次进一步提升。1991年,日本相继对《国立学校设置法》《学校教育法》《研究生院设置基准》《学位规则》进行较大的修改。新的《学位规则》规定:由学位授予机构认定,在大学以外的教育机构中修完相当于大学学部、研究生院硕士及博士课程并经审查合格者,可授予学士、硕士、博士学位。1992年,日本《职业能力开发促进法》改正案,废除原有培养训练、提高训练、能力再开发训练的区分,代之以训练程度与训练期的区分。根据新的《职业能力开发促进法》,职业能力开发综合大学校主要实施以高中毕业生为对象的四年制的职业训练指导员的养成训练,相当于大学本科水平。职业能力开发大学校和职业能力开发综合大学校的东京校进行2年专门课程和2年应用课程的训练,专门课程毕业相当于短期大学毕业水平,应用课程毕业则相当于大学本科水平。日本人事院承认应用课程毕业者的本科学历,毕业生可进入国立大学研究生院继续攻读研究生课程。另外,经过日本学位授予机构的严格审查,防卫大学校、防卫医科大学校、水产大学校、职业能力开发综合大学校等大学校的部分课程被认定为学士、硕士、博士课程。至此,日本大学校形成了学士、硕士、博士三个层次的体系结构。

法国建立了不同于其他欧美国家的颇具特色的高等教育体制。在层次结构上,1966年,法国将大学本科教育学制由4年一贯制改为"2—2"分段制,前2年进行普通教育,后2年进行专业教育,新设置硕士学位。这样,法国高等教育由原有的学士—博士两级变为学士—硕士—博士三级学位体系。大学纵向上形成了三个层次。第一层次,普通教育阶段。学制2年,修满规定学分可授予大学普通学业文凭;第二层次,专业教育阶段。学制2年,修完第1年课程可获得学士学位,修完第2年课程可获得硕士学位;第三层次,博士生教育阶段。学制3—4年,分两个阶段,第1年为第一阶段,设置两个平行的国家文凭,即研究型的"深入学习文凭"和职业型的"高级专业学业文凭",前者可视为博士预备阶段,后者是一种高级就业资格。第2—3年为第二阶段,学生在导师指导下参加一个研究小组,完成博士论文。在每个教育阶段,学生即可升入大学高一阶段学习,也可进入劳动市场就业。

1973年,法国设置了"工程师博士文凭"和"国家博士文凭"两种新的博士文凭。"工程师博士文凭"学制3年,第一年攻读"深入学习文凭",后2年进入实验室学习和研究,与大学博士文凭属于同一水平层次。这一文凭是为满足已取得理科硕士学位或大学校毕业的工程师进一步深造愿望而设置的一种应用型博士学位文凭。"国家博士文凭"为法国最高一级学位,是申请大学教授和国家科研中心高级研究员职位的必备条件,其学术地位高于大学第三阶段博士文凭。

法国大学校由于其实施五年一贯制的精英化教育,在层次结构上与大学略有区别。第一级,大学校预备班。一般设在重点高中,学制2年,招收高中毕业的优等生,主要学习基础课程,实行淘汰制。与大学第一阶段教育水平(相当于我国大学专科层次)相当,属于高等教育(中学后教育)范畴。结业时学生参加大学校入学的竞争性考试,合格后可升入大学校就读。第二级,专业教育。招收大学校预备班结业的学生,学制3年,颁发工程师文凭。其水平相当于大学系统中第二阶段的硕士文凭,但工程师证书实际上在就业时高于大学系统的硕士文凭。获得工程师证书的毕业生既可以直接以工程师资格就业,也可以进入大学第三阶段攻读工程博士或其他相关学科的博士学位。第三级,博士教育。经过"深入学习文凭"阶段和实验室研究阶段,颁发工程师博士文凭。

战后,伴随教育改革的推进,法日两国大学校逐步构建起三级层次结构。无论是日本大学校实施的"专门课程"、"应用课程"及"研究课程"的叠加式教育模式,还是法国大学校实施的"分段制"教育模式,都为大学校的学生进入高一级学习或就业提供了多样化的选择,体现了大学校体制的灵活性和适应性。从层次结构来看,日本大学校与法国大学校的根本区别在于日本大学校被纳入了日本学位制度之内,采取的是一种资格认定制度;而法国大学校作为"高等教育双轨制"中的一轨,未被完全纳入法国学位制度之内,仍保持了其固有特色,大学校毕业后颁发的工程师文凭在社会具有很高的认可度,体现了法国大学校精英化本质。

四、两国大学校招生选拔比较

法国大学校作为一种典型的精英教育,其规模往往只有大学的十分之一,一所大学校平均每年仅招收 200—300 名学生,因此,大学校实行异常严格的考试与录取制度,淘汰率极高。法国大学校的招生一般不直接招高中毕业生,而是从设在重点高中的预备班中招生,所以进入预备班是进入大学校的主要途径。预备班没有入学考试,根据报名者高中学习成绩择优录取。但是,法国每年约有 80 万高中毕业生,其中只有约 1.1 万人能进入大学校预备班,即预备班招生人数只为当年高中毕业生的 1.5% 左右,所以进入预备班的学生无一不是高中毕业生中的尖子生。[①] 预备班要求十分严格,实行淘汰制。预备班分文、理、工、商四科,开设普通文化课和专业基础课,课时多、难度大、要求高。在预备班经过 2 年学习并且通过期间的各种考试之后,所有学生必须参加大学校单独或联合举行的"竞试"(Concours),竞试每年 5~7 月进行,通常须用两周时间。第一周为笔试,第二周为面试或实践性环节的考核。竞试难度大、竞争性强、淘汰率高,例如,巴黎高

---

① 李岩:《法国大学校精英教育对我国高等教育的启示》,《辽宁行政学院学报》2011 年第 2 期,第 138 页。

等师范学校竞试淘汰率达 80% 以上,每年通过全国性入学考试从大学预科班录取文、理科学生各 50 名左右,入学考试难度居法国各大学校之首。巴黎高等师范学校可以说是世界著名大学里规模最小的高校,每年仅招收大约 200 名学生,而报名的却有几万人,因此,入学竞争非常激烈,有资格进入巴黎高等师范学校的学生其成绩必须是相当优秀的。法国大学校这种双层筛选的体制,体现了从预科班到大学校这一培养环节的精英性特征。

相比法国大学校"封闭式"的招生选拔方式,日本大学校则采取的是"开放式"的招生选拔方式。以公务员教育训练为目的的各省厅大学校,其生源主要来自通过国家公务员考试而被录用的国家公务员。日本《国家公务员法》第 46 条规定:"录用考试对于具备人事院规则规定的报考资格的所有国民在平等的条件下公开进行"。国家公务员的考试分 3 种,即从大学毕业生中选拔公务员的"I 级"考试、"II 级"考试和从高中毕业生中选拔公务员的"III 级"考试。这 3 种考试的难易程度相差悬殊,考试合格者的待遇也大不相同。近年来,由于日本经济不景气,报考公务员的毕业生呈逐年递增趋势。根据日本人事院公布的数据,日本报名参加国家公务员考试的大学毕业人数 2008 年为 7.8 万人,2009 年为 8.6 万人,2010 年超过 10 万。通过国家 I 类考试的公务员主要在中央省厅工作,未来有望成为各省厅的候补干部,其考试难度、未来成长性、受欢迎程度都是最高的。2010 年报名参加国家公务员 I 类考试的 26888 人中,最终只有 1314 人考试合格,通过率仅为 4.9%。II 类公务员主要在地方的省厅或分支机构从事政策实施工作。在 II 类考试中,2010 年报名的 48040 人有 4076 人合格,合格率为 8.5%。显然,竞争也非常激烈。① 由此可见,日本省厅大学校的招生选拔方式,体现了招生的公平、公正、公开。但是,由于考试难度大(特别是国家 I 类 II 类考试)、竞争激烈、录取比例低,使日本省厅大学校的教育训练具有了精英化的特征。

---

① 崔寅:《日本大学生就业倾向是其产业发展的"晴雨表"—考试升温有缘由》,《人民日报》,2010 年 11 月 30 日,第 17 版。

对于培养训练企业劳动者为对象的大学校来说,其招生选拔方式相对简单。一般来说,参加短期训练的学生递交入学申请,经审核后即可入校参加各类技能训练。而参加长期训练的学生,则需要参加各大学校自己组织的入学考试。入学考试方式灵活多样,考试科目因学科而异。例如,日本雇用能力开发机构设立的职业能力开发大学校、短期大学校的招生采取的是统一命题、分别招生的办法。职业能力开发综合大学校东京校的入学考试有三种:推荐入学考试、自我推荐入学考试以及一般入学考试。推荐入学、自我推荐入学要求高中毕业(包括同等学力),并且高中期间品学兼优,特别是对志愿学科具有强烈的兴趣以及相应的能力,考试方式大致是小论文(45 分钟)及面试。一般入学考试要求高中毕业(包括同等学力),考试科目为数学Ⅰ、英语Ⅰ,产业设计学科考英语Ⅰ及铅笔素描。短期大学校设立之初,入学竞争非常激烈,例如信息技术学科设立之初,入学竞争倍率甚至达到 7 倍,一般学科大致也有 2—3 倍[①]。近年来,随着高等教育的普及,日本大学校入学竞争日渐缓和。雇佣能力开发机构设立的短期大学校,1997年的入学定员为 3110 人,应试者约为 7000 人,实际入学者为 3591 人。应试者大致只有一半可以入学。其中通过一般入学考试选拔的有 1638 人,推荐选拔的有 1953 人,推荐入学者居多。[②]

五、两国大学校培养模式比较

实施"英才"教育是法国大学校的传统,正是这种英才教育的传统,保证了大学校在社会上的地位,以及其文凭在市场上的价值。由于各类大学校的隶属关系、专业性质、培养目标等原因,大学校在人才培养方面也形成了各自不同的特点,差别较大。这里主要选取两所学校进行案例分析,一所是进行工程师教育的国立巴黎高等矿业学院,另一所是培养高级公职人员的国立行政学院。

国立巴黎高等矿业学院的主要任务是为国家和私营企业培养矿业领域

---

①　[日]永田万享:《公共职业训练的展开—以短期大学校为中心》,《职业与技术的教育学》1998 年第 3 期,第 32 页。

②　胡国勇:《日本高等职业教育研究》,上海教育出版社 2008 年版,第 215 页。

的工程师、工程博士和第三阶段博士,它要求毕业生不仅具有广博扎实的理论知识,而且要有管理决策的实践经验和能力。由于学生入学基础不同,所以采取不同的培养方式。针对巴黎理工学校毕业生理论基础深厚的特点,巴黎高等矿业学院主要对理工生进行实践训练。基本分四个阶段进行:第一阶段,与工业界初步接触,为进入工业生活作准备,时间为 3 个月;第二阶段,以新任工程师的资格在工业部门担负一定的责任,时间为 1 年;第三阶段,在校内或校外的研究中心工作,目的在于进一步了解和掌握专业知识和技能,时间为 10 个月;第四阶段,通过校内讲座、讨论和处理企业具体问题的演习等方式,学习管理科学和管理技术,时间为 1 年。而对于由预备班考取的学生,由于其理论基础还相对薄弱,在注重实践锻炼的同时,理论知识的学习仍是极为重要的内容。理论知识的学习主要分为两个部分:第一部分是基础课教育,包括数学、物理、力学及电子学等科技方面的普通基础课,以及采矿、冶金、化学等专业基础课,约需 2 个学期的时间;第二部分是专业学习,学生在为从事科学研究作准备的补充性理科课程、有关在工业中占重要地位的实际工作课程、现代化管理与组织的技术课程等三个方面进行选修,具体包括应用数学、热力学、能量机器、地球科学、矿井与地层结构、化学工程、原子工程、科学管理、冶金与材料学、信息学、材料加工、发展经济学、社会学等门类。由上述可见,巴黎高等矿业学院的培养目标是矿业方面的工程师,是一种要求理论基础深厚并具有相应实践能力的工程型人才。

法国国立行政学院是一所专门培养未来行政部门高级公务员的应用型职业培训学校,其目标在于培养真正能进行行政管理改革的国家官员,使国家能不断适应社会的发展。它以实用为首要原则,强调理论联系实际,教学内容以学生未来的工作需要为轴心精心设计和组织。因此,该校的专业和课程设置不以学科为基础,而是以将来所要从事的工作的实际需要为中心,具有极强的多科性、综合性和实践性特点。该校的课程设置分为教学和实习两个部分。教学内容主要包括三个部分:一是公共课程培训,每个学生必须参加,涉及诸多领域包括法国地方行政、欧洲共同体事务、国际问题和外交行动、公共管理、经济分析和决策实践、行政和法律问题、预算和税收问题等几个方面;二是应用性研究和分组工作培训,主要任务是选择法国现实政治、经济生活中的重大课题进行深入研究,提出积极有效的建议和改进措施,目前学生必须参加比较行政和社会问题这两门研讨课;三是个性化课程,主要是满足学生多方面的需求,完善他们的个性、专长、才能和素质,包括外语、体育、专题讲座等。实习主要包括两个部分,即第一年的行政实习,涉及省政府、市镇政府、驻外使领馆以及国外行政部门和国际组织等多个领域;毕业前三个月进行企业实习,目的是了解企业的运行机制和政府的规章制度在企业中的实行状况,促进政府部门与企业的相互沟通与理解。由此可见,法国国立行政学校的专业和课程具有很强的职业针对性,当然不是针对某一具体职业,而是针对高级官员这一职业群。因此,教学和实习就表现出综合性的特点,不是根据某一学科的内在逻辑,而是根据这一职业群的实际需要,注重培养学生未来工作所需的知识和技能,以及分析问题、处理问题的实际能力。

　　法国各类大学校在人才培养方面有一个共同特点,即它们都强调对学生高标准严要求,理论紧密结合实践,强调综合培养,重视人文和社会科学、经济和法律甚至体育等学科在工程技术人员和管理人员培养中的重要作用。其特点一是强基础。两年的预科教育使学生打下扎实的理论知识基础,锻炼抽象思维和逻辑思维能力。进入大学校后,前3个学期依然以基础课程学习为主。可见,在总共10个学期的工程师培养中,有2/3以上的时间在打基础。二是重实践。注重培养学生的适应性,以适应社会发展、技术创新、产业结构升级和不同岗位的需求。实习的全部时间不少于10个月,约占三年学业时间的三分之一,其中毕业实习的平均时间为18周,均在企业或公共机构中进行。三是课程设置灵活。大学校根据社会发展和企业需要对自身的课程设置进行调整,注重应用性。此外,大学校的课程安排具有多样化、模块化的特点,学生在完成基本课程的学习后可根据自身学术或研究兴趣选择主攻的学习方向。

　　与法国大学校人才培养模式相比,日本大学校同样也强调理论与实践的有机结合,但是由于人才培养目标、培养层次不同,法国大学校更重视基础课程的学习,为学生将来在工程领域或行政领域具有独立处理复杂问题的能力打下坚实基础。而日本大学校对于基础理论课教学采取"必需够用"的原则,淡化理论知识的系统性和完整性,突出实践教学环节,加强学生实际动手能力,突出应用性、实用性,以提高学生分析问题和解决问题的能力。

第六章　日本大学校发展的经验与意义

纵观日本大学校的发展演变,如果说明治维新初期大学校的创建是日本高等教育近代化的开端,那么二战后日本大学校的重建则是日本高等教育多样化趋势下高等职业训练与高等职业教育分化并走向独立发展的新起点。战后,伴随着政治、经济改革,日本大力推进职业训练的改革和发展,为日本社会安定、经济恢复与高速增长奠定了基础。1947年,相继颁布《劳动基准法》、《职业安定法》,奠定了日本战后职业训练制度;1958年,颁布《职业训练法》,确立了日本现代职业训练制度;1985年,颁布《职业能力开发促进法》,全面构建起以职业能力开发为基本理念的职业训练体系。战后日本大学校的重建始于公务员教育训练,其后随着日本职业训练制度的确立以及经济的快速发展、产业技术的进步,大学校迅速扩展至高技能劳动者的教育训练领域,并成为日本高等职业训练的主要力量。日本在战后的50年之间,一举成为继美国之后的世界第二经济强国,完全从战争的废墟之中复苏过来。日本创造的"经济奇迹",包含了很多因素的作用,但与经济社会发展关系密切的职业训练是其重要的推动力量,而居于职业训练顶端的大学校更是发挥了不可或缺的作用。因此,我们对日本大学校进行深入考察、分析与研究,毋庸置言,具有很重要的意义。当然,其意义并不是仅仅对其进行价值判断,重要的是剖析其内在发展的内在机制,找出可资借鉴的经验。

第一节　日本大学校在高等教育 体系中的地位与作用

战后,日本经济的高速增长、职业训练的高度化促进了日本大学校的迅速发展,逐渐形成一个颇具特色的相对独立的教育训练体系。日本大学校明确的培养目标、独特的办学优势、鲜明的办学特色以及对经济社会发展的直接推动作用,逐步奠定了其在高等教育体系中的地位,而且对日本整个高等教育的发展产生了极其重要的影响。

一、大学校高等教育地位的确立

在第二次世界大战以前,日本的高等教育体系是在日本传统学术文化和西方现代教育思想的共同影响下建构发展起来的。战前的日本高等教育的机构种类繁多、层次复杂、等级序列严格,是一种典型的多轨制的高等教育体制。它由帝国大学、公立私立大学、高等学校、专门学校、实业专门学校、高等师范学校等多种教育机构所构成。

战后,日本按照美国模式建立起"六、三、三、四"制学校教育制度,并对战前多重多层的高等教育机构进行统合、再编,试图建立具有单一形态、同等水准、同一机能的大学。但是,由于一些教育机构办学条件差,不符新制大学的设置要求,难以升格为 4 年制大学,因此,作为一种临时措施设立了一种新型的高等教育机构—短期大学,这成为日本高等教育突破大学一元化政策的重要步骤。随着日本经济社会的发展,高等教育制度自身也不断更新,高等教育体系更趋多元化。20 世纪六、七十年代,在大学以外陆续产生了多种以高等职业教育为主要职能的新型院校,如高等专门学校、专修学校等。高等职业教育机构的建立大大地改变了原来高等教育概念的内涵,突破了战后高等教育统一的体系。伴随日本职业教育的发展,职业训练作为一个相对独立的体系开始形成,大学校的重建与功能转型是日本职业训练高度化的标志,日本高等教育的内涵与外延进一步丰富和扩充。

1947 年,日本政府颁布《教育基本法》、《学校教育法》,从而确立了现代学校教育制度。《学校教育法》第一章明确界定了学校教育的范围,包括小学、初中、高中、大学、盲人学校、聋哑人学校、养护学校和幼儿园,同时,还规定各级各类学校的性质任务、培养目标、入学条件、修业年限、管理体制以及各类各级学校之间的关系等。这些学校称之为"一条校"或正规学校,是日本整个教育制度的主体和核心部分。关于高等教育制度,日本实施的是高等教育机构大学一元化政策。大学校不仅被排除在学校教育制度之外，划为"进行类似学校教育"的"各种学校"，而且其高等教育的属性也没有明确界定。

作为战后教育民主化一个重要环节，学校体系的一元化或者说单轨制学制，特别是单一的高等教育体制，出台之初便遭到产业界的强烈反对。特别是随着日本经济的恢复与快速发展，单一化的高等教育体制难以满足经济社会发展的多元化需求。在社会各界的强烈要求下，以多样化为特征的高等教育改革成为该时期日本教育改革的主要特征。短期大学的永久化以及专门学校的建立即是日本高等教育改革的结果。与此同时，大学校发展迅速，渐成体系，机能作用日趋增强，社会影响日渐扩大。在此背景下，1986年，日本临时教育审议会报告书指出"现阶段我国高等教育机构包括研究生院、四年制大学、短期大学、高等专门学校、专修学校专门课程、以高中毕业以上为入学资格的各种学校、政府各省厅的教育训练机构等，这些教育机构的教育领域非常广泛"①。该报告拓展了高等教育的范畴，首次明确了大学校高等教育的基本属性。

20世纪60年代起，随着日本经济迅速恢复和高速增长，经济实力显著增强，国家越来越重视高等教育，不断加大经费投入，着力提升高等教育的综合实力和水平。其中，分属于政府各省厅的大学校由于得到省厅的政策和资金支持，办学实力得到加强，行业特色进一步凸显。这种行业教育体系符合当时日本现代化建设的需要和行政管理体制，有利于快速培养各级各类专门人才，有利于充分调动政府各部门的积极性。至20世纪90年代，大学校作为高等职业训练机构的地位进一步巩固，而且构建起了社会各界普遍认可的特色化高等职业训练体系。

高等教育机能分化下的大学校与大学的严格统制不同，大学校没有统一的设置基准和管理体制，属于一种松散型的组织体系。这种组织特征，因其灵活机制，适应了高等职业训练职种的广泛性，专业的对应性，需求的多

---

① ［日］《临时教育审议会关于教育改革第三次咨询报告》，大藏省印刷局1987年版，第4页。

样性,逐渐成为日本经济社会发展的重要推动力量。至此,日本构建起了一个在世界范围内独具特色的高等教育体系,它由实施普通高等教育的大学,实施高等职业教育的短期大学、高等专门学校和专门学校,实施高等职业训练的大学校三种不同属性的教育机构所组成。三种教育类型各自定位明确、分担机能、优势互补、相互竞争构成了一个适应社会经济发展多样需求的完整的高等教育体系。在该体系中,大学校扮演了不可或缺的重要角色,它所承担的高等职业训练职能也成为日本高等教育最具特色的制度设计之一。

二、大学校对日本高等教育的影响

大学校作为高等职业训练的载体,是高等教育体系中的一个下位体系,也是对作为高等教育体系核心部分的大学教育的完善与补充。具体而言,大学校的建立以及体系的形成对日本高等教育发展产生了重要影响。

1. 大学校的发展优化了高等教育人才培养结构

人才结构是随生产发展而演变的,这种演变起源于社会的分工。在人类社会发展的各个阶段,由于社会生产的分化,人才类型日益丰富。特别是进入资本主义社会以后,由于广泛使用机器、新技术、新工艺和新材料,新的生产部门不断出现,社会分工不断发展,人才结构也随之愈来愈复杂。社会对人才的需求,从大的方面来看,可以分为两大类:一类是发现和探索客观规律,即研究科学原理的人才—学术型、研究型人才;一类是将科学原理应用于实践,从而转化为工程、产品等物质形态的人才—应用型、实用型人才。不同类型的人才要由不同类型的教育来造就。一般来说,学术型、科研型和工程型人才由普通高等教育来培养,而技术型、技能型人才则由职业教育或职业训练来造就。由此可见,教育类型是由社会需要的人才类型决定的。日本大学校作为一种特殊的教育类型,其产生与发展无疑是社会对不同类型人才需求的直接结果。

战后,日本试图通过对战前多元化高等教育体系的整顿、统合与重编,建立单一化的高等教育形态—大学,并将大学定位于"大学作为学术中心,在教授广博知识的同时,应以教授和研究精深专门的科学、艺术并发展才智、道德以及应用能力为其目的"。① 这种制度设计,显然是矫枉过正,没能科学地预见和把握社会未来发展对高层次专门人才需求的多样化趋势。随着战后日本经济社会的快速发展,人才培养结构与社会人才需求之间的矛盾日趋尖锐,要求高等教育改革的呼声愈加强烈。在这种背景下,大学校作为体制外的教育训练机构,从最初的省厅"文教设施",逐渐演变为以培养应用型、实践型专门人才的高等教育机构。在人才培养方面,大学校创造出"实学融合"、"课题指向"、"现场主义"的训练方法及以课题为中心的课程编制,形成了独具特色的应用型人才培养模式。随着大学校体系的形成以及社会认可度的提高,大学校的人才培养涵盖了从专科、本科到硕士、博士的各个层次,成为日本高层次应用型人才培养的主要承担者,极大改善了日本高等教育人才培养结构单一化的弊端,丰富了日本高等教育人才培养类型,满足了日本经济社会发展对各级各类人才的需求。

2. 大学校的发展推动了高等教育的大众化

战后,日本的高等教育制度最初是仿照美国的教育制度而形成,其结果成为比美国的教育制度更为纯粹、彻底、划一、僵硬的学校教育制度。这一制度的问题和缺陷是轻视职业教育,推崇大学学术教育,对青年升学压力巨大,没有提供升学以外的出路。而作为学校教育体制外的教育机构—大学校重建并渐成体系促进了日本高等教育由僵硬划一的教育制度开始向一种更为多样、灵活、自由、开放的学历教育与继续教育相结合的教育体系转变。日本大学校的发展不仅丰富了日本高等教育的类型结构,而且成为日本高等教育体系中一个不可缺少的与经济社会发展密切相关的重要组成部分,兼具高等教育和职业训练的双重特色。在日本高等教育的大众化、普及化进程中,大学校由于其独特的优势发挥着极其重要的作用。首先,多数大学校属省厅或地方政府主管,省厅或地方政府的政策和资金支持,为大学校的发展提供了有力保障。大学校体系的形成奠定了战后日本高等教育的基本格局,为高中毕业生接受高等教育提供了更多样的选择。其次,大学校区域分布广泛,特别是与工农业生产相关的职业能力开发短期大学校、农业大学

---

① 瞿葆奎、钟启泉:《日本教育改革》,人民教育出版社 1991 年版,第 62 页。

校,几乎遍布日本各都道府县。生源大多来自本地,学生就近入学,可以走读,经济方便,给更多学生上学的机会。第三,大学校办学形式灵活多样,产教结合,入学门槛不高,为发育较迟缓的学生和成人提供继续教育的机会,这是普通大学难以做到的。第四,大学校的多职能性使其既为青年学生提供就业前的职业教育、普通高等教育,又为成人提供继续教育、再就业教育,并能够为所有的职业者提供终身教育,多管齐下,满足了社会多方面的需要,适合了不同背景、水平、能力的学生的升学和就业需求。可以说大学校教育以其服务于行业或地方发展的灵活性、多样性和直接性等特点,发挥着传统的普通高等教育难以替代的作用。

3. 大学校的发展拓展了高等教育的范围和内容。

1947 年颁布的《学校教育法》是战后日本大学改革的基本法律依据。1948 年文部省制定了《新制国立大学实施纲要》,开始了新制大学改组工作。截至 1952 年,507 所旧制高等教育机构共组成 226 所新制大学,有大学生 393051 人,在这 226 所新制大学中,按设置者区分,包括国立大学 72 所,公立大学 34 所,私立大学 120 所;按组成类型区分,由旧制大学构成的有 26 所,由旧制大学和其他高等教育机构一起构成的有 58 所,不含旧制大学的有 137 所;按学科构成区分,有综合大学 98 所,文科大学 51 所,医药大学 33 所,工科大学 16 所,农科大学 10 所,学艺大学 8 所,语言大学 3 所,艺术大学 6 所,体育大学 1 所。[①] 由此,日本构建起了学科专业覆盖比较齐全的普通高等教育体系。但是,作为普通高等教育其教育内容不可能覆盖社会生产和社会生活的方方面面,存在着普通高等教育难以涉及或涉及不深的领域范围。另外,在某些关系国计民生的关键领域,一般大学也难有作为,需要国家采取措施加以解决。战后,日本为了建设民主新型国家和现代化工业强国,急需大量专门技术人才,为此,中央政府各省厅陆续兴办了一批具有行业特点的高等教育机构——大学校,涉及政治、军事、航空、航海、交通、建筑、工业、农业、水产等多个国家关键领域或特殊行业。这些省厅所属大学校在特殊领域、特殊行业的高级专门人才培养方面具有深厚基础和

---

① 贺国庆、王保星、朱文富:《外国高等教育史》,人民教育出版社 2003 年版,第 601 页。

独特优势。例如防卫大学校、警察大学校、职业能力开发综合大学校、航空大学校、气象大学校、税务大学校、建设大学校、社会保险大学校、农业大学校、水产大学校、海技大学校等省厅所属大学校都是本领域或本行业权威的高等教育机构,省厅大学校突出强调与经济建设、社会发展各行业相对应的专业设置和学用一致,入学选拔严格,经过系统学习和严格训练,培养和提升与未来职业相适应的素质与技能。

大学校的兴起及其体系的构建,标志着日本高等教育突破了战后形成的以大学为主轴的单一体系,促成了涵盖普通高等教育(大学)、高等职业教育(短期大学、高等专门学校等)、高等职业训练(大学校)等多种职能的多元化高等教育结构的形成,进一步拓展和丰富了日本高等教育的内涵。

第二节 日本大学校体系的基本特征

任何事物之所以存在都由于其内在矛盾的特殊性,即该事物质的规定性。日本大学校的存在和发展,同样由于它具有区别于其他高等教育的特征,这种特征是一种客观存在,而且又是社会的实际需求。

一、多样化特征

日本大学校的多样化是日本高等教育大众化以及机能分化(大学教育与非大学教育)背景下大学校发展演变的必然结果。战后,随着日本公共部门的改造与经济结构重组,为大学校的重建提供了新的契机。其后的经济恢复与发展,特别是科学技术进步推动下的知识结构的复杂化、产业结构的高级化、劳动力市场的弹性化,不仅促进了日本高等教育的根本改革,而且推动了日本大学校的全面发展及多样化特征形成。

多样化是大学校体系结构的一个显著特征,主要体现在办学主体的多样化、办学类型的多样化、办学层级的多样化、学科专业的多样化、教育对象的多样化、管理的多样化等问题。从办学主体来看,大学校可分为三种类型,一是政府各省厅及地方公共团体设置的大学校;二是社会团体设置的大学校;三是由个人设置、以盈利为目的大学校。从办学类型来看,大致可分为寄宿制学校类型、锻炼所类型、研修类型、研讨会类型、大学类型研、究生院类型等几种类型。其中寄宿制学校类型、大学类型和研究生院类型属于学校形态的教育训练设施,有严格的教学计划和生活指导。除此之外的所有类型属于职业训练类型,只关注于职业能力的训练与提升。从办学层级来看,有设有博士学位课程的大学校,如防卫大学校、防卫医科大学校;有设有硕士学位课程的大学校,如防卫大学校、职业能力开发综合大学校、水产大学校;有设有学士课程的大学校,如防卫大学校、防卫医科大学校、海上保安大学校、气象大学校、国立看护大学校、职业能力开发综合大学校、水产大学校;有相当于短期大学水平的大学校,如职业能力开发短期大学校;此外,还有只开设短期职业训练课程,专门致力于职业能力开发的大学校。从教育训练对象来看,有以国家、地方公务员养成训练为主的大学校和以民间人士为培养训练的大学校。从学科专业或职业角度来看,有面向公共管理领域培养公务员为目的的大学校;有以应对广泛的社会职业需求特别是第三产业需求的大学校;有以工业特别是制造业为主要内容的大学校。

由此可见,日本大学校是一个复杂多样的集合体,既有专门以公务员为培养对象的大学校,又有以产业技术劳动者为培养对象的大学校,这些不同类型的大学校,专业广泛、定位清楚、功能独具,它们相互之间既区别又联系,结构合理、功能互补,发挥着整体的系统功能,成为日本职业训练体系中坚力量。

二、差异化特征

差异化特征是日本大学校在高等教育大众化、市场化、多样化的多重背景下,保持其独立发展、可持续发展所具有的基本特征之一。所谓差异,即差别、不同或特殊之处,用来表征事物相互区别和自身区别。差异化发展是经济学、管理学研究的范畴。"营销之父"菲利普·科特勒认为,差异化是指设计一系列有意义的差别,以使公司的产品同竞争者产品相区分的行动。他认为企业通过差异化来明确区别不同竞争者的产品并确立自己产品的独特性,进而获得竞争优势。[①] 高等学校虽不同于企业,但两者在广义上来讲

---

① 李家福:《大学差异化发展研究》,中国人民大学出版社 2011 年版,第 50 页。

都是为社会提供某种产品或服务,有其相通之处。差异化发展理论引入高等教育领域,为高等学校的发展提供新的理念和新的思路。

对于高等学校而言,实施差异化发展包括两个方面,即有形差异和无形差异。有形差异化要求在办学硬件设施,如学校的办学条件、基础设施、学习环境、工作环境等方面与其他学校相比具有鲜明特色;无形差异化则体现在学校的办学传统、办学理念、办学风格、文化积淀、社会知名度等多个方面。具体而言,首先是办学理念和学校文化的差异。办学理念包括学校的办学定位、办学层次、服务面向、人才质量观、人才定位等;学校文化集中体现了一所学校对独特、鲜明的办学理念的实践和办学目标的追求,也是学校群体意识的集中体现。其次是高等学校之间在学科结构和研究领域上的差异,主要体现在学科结构的优化、学科优势的生长以及研究方向的扩展与深化。其三是办学主体的差异,包括学校领导治学方略和决策水平,教师队伍结构优化程度和教学科研水平。其四是管理机制的差异,包括管理理念、管理制度、管理体系、管理结构、运行机制等。其五是人才培养的差异,不同学校只有面向不同市场,培养层次、规格、特点各异的学生,才能满足国家发展和社会进步的不同需要。其六是社会声望上的差异,盛誉良好的学校显然具有更强的可持续发展的能力。办学声望的好坏与办学质量密切相关,而与办学层次、类型没有必然的联系。只要办出质量、办学水平,任何层次或类型的学校都能赢得良好的社会声望。①

战后,在日本高等教育系统的重新建构中,试图建立大学这一单纯高等教育机构的最初构想在社会需求多样化的趋势下逐渐解体,高等职业教育与高等职业训练异军突起,最终构成了一个办学理念、办学目标、办学类型、办学层次、学科专业、服务面向等相互差别、相互联系、相互作用、相互依赖的具有整体功能和综合效益的有机整体。从教育生态学的视角看,日本大学校可以被视为高等教育系统中具有相对独立性的子系统。每一个子系统在其生存、发展过程中,均表现出其自身的特性和发展轨迹,即呈现出个性

---

① 李家福、刘生:《高等教育大众化阶段的大学差异化发展》,《中国高教研究》2008年第5期,第64页。

突出、风格各异的多元化态势。

在日本高等教育系统中，大学校必须准确定位，找准自己在整个社会大系统和整个高等教育系统中的位置，明确自身的办学理念和办学目标，实施有别于大学、短期大学、高等专门学校不同的差异化发展道路，保持和彰显自身的独特性。唯有如此，大学校才能确立自身存在与发展的理由和价值。作为高等职业训练的大学校与实施普通高等教育的大学相比具有自己显著的特征。大学校的办学目标以培养应用性、实践性的专门人才为己任；大学校的学科专业设置专注于某一领域、某一行业，特别是大学难以涉及的学科领域，有些学科已成为日本国内独有的特色学科、优势学科；大学校的培养模式倡导"实学融合"，注重实践；大学校的办学形式灵活多样，不拘泥于某种设置规范或标准。这些特点是大学校与大学并行发展，并保持自己独特个性的根本。

在日本"职业教育"与"职业训练"是两个不同的概念。① 但职业教育与职业训练的内容、方式大同小异。作为高等职业训练的大学校与作为高等职业教育的短期大学、高等专门学校，由于培养目标的趋同性，有可能造成理念同构、学科同构、专业同构、模式同构的同质化发展局面。同质化趋势必会引起不良竞争，资源浪费，不利于高等教育系统中多种类型、多个层次高等学校的良性发展。为了突破同质化发展的重围，大学校必然要选择一条与高职院校不同的发展路径。高等教育市场化是当今世界各国高等教育改革与发展的基本趋势之一和必然选择。根据"市场细分"理论，针对市场对人才培养千差万别的需求将整个市场划分为若干个消费者目标群，通过细分市场明确学校向社会提供的差异化教学、科研及人才服务目标，以满足经济建设和社会发展的多层次、多规格、多样化、多元化的高等教育质量需求。市场需求的差异性，为大学校的创建与发展提供了现实的可能性。大学校针对特定的消费群，提供不同于短期大学、高等专门学校的教育训练，满足社会多样化的需求。在"市场细分"视域下大学校特定的消费群一是公务员或技术官僚，这是大学校特有的专属领域；二是从事第一、二、三产

① 胡国勇:《日本高等职业教育研究》，上海教育出版社 2008 年版，第 15 页。

业的劳动者。大学校的教育对象涵盖了几乎所有产业部门,面向初、高中毕业生及在职或离职人群,提供多样化的旨在培养和提高职业能力教育训练。面向产业劳动者的大学校隶属于厚生劳动省,与隶属于文部科学省的短期大学、高等专门学校相比,大学校与劳动力市场的关系更为紧密。其专业化的技能培训、灵活的体制机制有利于大学校发掘和开拓新的市场机会,有利于选择目标市场和制定差异化的发展策略,以适应市场需求变化,提高大学校的应变能力和竞争力。

日本大学校的差异化特征,不仅表现在大学校与大学、短期大学、高等专门学校之间的差异化,同时在大学校体系内部,也就是各个大学校之间的差异化也非常明显。其一,日本大学校一般按行业类别设置,以为社会相应对口行业培养专门人才为主要职能。因此,各个大学校的学科专业设置都具有独特性、异质性、排他性的特点。即使在某些领域或行业,由于市场需求量大,设置多所同类大学校,形成了一个小的子体系,如职业能力开发大学校、农业大学校、中小企业大学校等。但是,这类大学校在设置时充分考虑区域布局的要求,以满足区域经济发展对各类人才的需求为原则,设置一些与区域产业相关的专业,避免了同类学校相互竞争造成的资源浪费。其二,注重个性,崇尚特色,是大学校差异化的重要体现。大学校之间在历史传统、办学规模、办学条件、办学水平、学科方向、师资队伍、人才培养、社会服务等方面都会存在差异,在办学理念、办学风格和文化积淀等方面独具个性。如防卫大学校是日本军事国防教育的最高学府,在国内外具有极高知名度;职业能力开发综合大学校确立了"科学、技术、能力"融合的办学理念,成为日本职业训练指导员培养的摇篮和职业训练研究的基地,引领日本职业训练发展的方向;中小企业大学校面向中小企业这一特殊群体,以解决中小企业技术及管理人才短缺为己任,赢得了良好的声誉和广泛认可。海技大学校通过为日本海洋运输提供合格的高级船员和向海事活动提供受过良好教育的专门人才和领导者,为日本的海洋经济和海事安全服务。特色是一所大学校差异化发展的"生命线",也是一所大学校在高等教育系统中的价值体现。学校特色是以学科为载体的。战后经过几十年的积淀,多数大学校通过持续发展某一行业门类的对应学科,业已形成了具有自身特色的学科专业。如防卫医科大学校的医学学科,防卫大学校的电子信息、装备基准工程及综合安全保障,水产大学校的水产技术及资源管理,职业能力开发综合大学校的机械、电子、信息、建筑等学科,在日本高等教育领域具有较高知名度和影响力。各个大学校根据本校校情和服务对象,确立了适合学校实际情况的发展模式,形成了独特的办学路径,通过形成特色学科、特色专业、特色师资、特色人才等,突出重点学科,强化优势学科,奠定自己在某一行业或学科领域人才培养的优势地位。

总之,高等教育的大众化和普及化必然伴随着高等教育办学模式的多样化、管理上的自主化和分权化、资源筹措的多元化、教育机会的开放化、教学制度的灵活化、高等教育机构的社会化、院校的个性化、结构的合理化等等一系列重大变化。① 日本大学校要应对这些变化,必然要选择差异化发展道路。只有这样,大学校的生存、发展、壮大才会得到可靠保证,大学校的价值、地位、作用才会得以充分彰显。

三、行业性特征

行业性特征是日本大学校体系的又一个显著特征。战后日本大学校发展的逻辑起点是中央政府各省厅为本部门培养训练公共管理人才和专门技术人才而设置的教育训练机构,服务于国家政治民主化、管理高效化的需要。之后,随着日本政治体制改革的深入及经济的快速发展,急需大量公共管理人才和专门技术人才,为此,中央政府各省厅及地方自治体陆续重组兴办了一批具有明显行业性的大学校,涉及工业、农业、航空、交通、运输、邮政、通信以及军事国防等多个国家关键行业领域。这些按照专业大类设置的大学校,共同构成了一个高度专门化的高等教育训练体系。

日本大学校的行业特性是由大学校的管理体制决定的。大学校不同于大学由文部省统一集中管理,而是由各省厅分别管理。各省厅为了本部门事业的发展,其学科设置往往是本行业涉及的领域,由此导致大学校学科高

---

① 张金磊:《对我国高校定位的再思考》,《长春工业大学学报(社会科学版)》2005年第2期,第11—12页。

度集中化,人才培养高度专门化,社会服务高度专一化。这种行业教育训练体系符合当时日本公共管理和经济建设的需要,有利于快速培养各类专门人才和充分调动各部门的积极性,极大地促进了大学校的发展和体系的形成。大学校的行业背景和政策资金支持催生了一批优势学科和特色学科,拓宽了专业领域,并依靠其雄厚的师资队伍、良好的办学条件和技术开发能力等得天独厚的资源,为对口行业提供了数量庞大的专业技术人才和管理人才,支持和带动了相关行业的快速发展,实现了建设民主、高效政府和壮大经济的愿望。

四、职业性特征

职业性是日本大学校体系的基本属性和特征。在日本教育范畴中,虽然职业教育与职业训练是两个不同的概念,但二者都具有共同的基本属性—职业性,即面向职业,按专业组织教学,培养专门人才。高等职业教育与高等职业教育训练作为职业教育与职业训练的最高形式,同样具有职业性这一基本特征。它们的主要任务是培养生产、管理、服务等社会各行业第一线的高级应用型专门人才,具体而言,也就是能把科研与开发设计成果应用于生产过程的以工艺技术为主的专门人才,能把决策者的意图具体贯彻到实际工作中去的一线管理人才。

尽管高等职业训练与高等职业教育都具有相同的属性和培养目标,但二者之间的差别还是显而易见的。高等职业教育比高等职业训练的专业适应面大,不是对应特定的职业,而是从属于一定的行业(或较大的职业群),培养目标适应于行业发展需要。对于高等职业训练的大学校来说,其教育训练面向特定的受众,针对社会发展所特有的专门性问题,通过实践性的训练方式所采取的旨在缩小目标与现状间潜在差距的措施,重点是提高受众满足社会需求的能力,强调工作能力的提升与物化。它包括就业前训练、转业转岗训练、在岗人员的知识、技能补充性训练以及职业发展性训练。这是一种职业针对性最强、同经济社会发展联系最紧密的教育训练形式。

五、市场化特征

市场化是 20 世纪 90 年代以来日本大学校发展的基本趋势与表征。20 世纪 80 年代,管理主义、经济理性主义等思潮在西方兴起,从而带动了世界范围内教育领域的私有化和市场化浪潮。90 年代初,以大学设置基准"大纲化"为标志,日本开启了以自由化、市场化、规制缓和为主要内容的高等教育改革。有学者认为,1993 年第四次高等教育未来构想出台后,日本的高等教育实际上从"计划模式"转向"市场模式"。①

在高等教育市场化的潮流中,日本政府竭力推进高等职业训练的市场化、自由化,试图灵活应对经济全球化、价值观的多样化、少子高龄化等经济社会的大幅变化,构建可以提供以及能够应对消费者多样化的价值观及需求的职业训练体系,促进市场在教育资源配置中的核心作用,使高等职业训练更有生气,更有活力。由于大学校主办者及教育目的多元化,教育对象及办学类型的多样化,大学校的市场化改革不同于大学的全部市场化,它是一种选择性的市场化。在日本大学校体系中,以公务员教育训练为目的的大学校,由于是为国家政治服务,难于纳入市场机制;而对于与社会经济发展最为密切、与劳动力市场直接对接的大学校,无论是官办、公办,还是民办,悉数交与市场。21 世纪初,日本省厅大学校的行政法人改革开始启动,农业者大学校、水产大学校、海技大学校和航空大学校四所大学校率先完成了行政法人化。对于在日本产业劳动者职业训练中发挥主导作用,隶属于厚生劳动省的职业能力开发综合大学校和职业能力开发大学校,日本政府特别颁布《独立行政法人雇用能力开发机构法》,成立"独立行政法人雇用能力开发机构",全面推进其法人化改革,改变其由厚生劳动省"直接管辖"为"间接干预",提高其运营的自主性、自律性,使之成为"个性丰富"、"具有魅力和社会责任"的大学校。总之,日本省厅大学校法人化改革是引进市场竞争机制和民间经营理念及模式,使大学校向经营体制转移的一次脱胎换骨的改革。

同时,日本高等职业训练的市场化也带动了民间大学校的兴起。90 年

---

① 胡国勇:《日本高等职业教育研究》,上海教育出版社 2008 年版,第 266 页。

代以来日本建立了众多称之为大学校的高等职业训练机构,由政府主导投资建设大学校的局面得到明显改观。这种局面的形成其实体现了日本政府极力抑制公办大学校的不断扩张而着力扩大民办大学校的政策意图。就高等职业训练而言,国家不可能完全包下来,可以而且应该让各种社会力量参与,但问题是公立大学校与民办大学校如何进行分工,在这一点上,日本的经验值得借鉴。关乎国家社会发展基础的、私立大学校难以承担的领域由国家承担;民间高等职业训练市场可以提供的交给民间高等职业训练机构,不与民争利,促进非公立大学校的发展。

高等职业训练的市场化,必然带来大学校办学理念的深刻变化。大学校的"市场定位"要求学校从地方、行业经济发展和社会对技术技能人才的需求出发,确定教育对象、教育内容和教育运作体制。市场需求变化是专业设置及调整的风向标。大学校对市场具有敏锐的感受力,通过对未来劳动力市场的需求及职业训练的发展方向作出科学预测,并采取积极主动的办学应变措施,创造条件开设新专业。另外,大学校建立了灵活的反应机制,增强专业设置的灵活性,及时调整专业方向,使专业设置积极适应社会和市场需要。由此可见,大学校的生存与发展离不开市场的导向作用,这种导向作用可以有效地发挥高等职业训练的作用,促进教育资源的有效配置和合理利用。

相对于美国以公立社区为主的"公共政策型"高等职业训练体系,日本可以说是"市场依存型"的高等职业教育训练体制,这种体系的特点是能够充分调动民间的教育资源,充分发挥市场的调节作用,使大学校不受统一制度法规的限制,能够自觉地适应社会需求,并根据社会变化的需要而灵活地确定教育目标、设置学科专业、编制教学课程。正是基于这样的特点,大学校比实施普通高等教育的大学和实施高等职业教育的短期大学、高等专门学校更加自由、灵活且具有独创性。

第三节 日本大学校发展影响因素分析

日本大学校作为一种特殊的学校类型,因与经济社会发展最为密切,其改革与发展深受日本的政治变革、经济发展和教育改革等诸多因素的影响。

一、政治变革对大学校的影响

教育作为国家的一个基本制度,直接受制于政治的制约,因此形成了教育的"政治"属性。① 日本大学校是明治维新的产物,从其诞生起即被打上了"政治"属性的烙印。明治维新是日本历史上一次具有划时代意义的重大变革,它是日本由封建制度向资本主义制度过渡的转折点。1868 年,明治天皇发布《五条誓文》,提出了政治改革的基本纲领;颁布《维新政体书》,确立了"三权分立"的资本主义政治体制。1969 年,在明治政府的官制改革中,大学校作为一种行政机构而设立,兼具教育和管理的职能。1871 年,明治政府设立主管教育的行政机构—文部省,大学校的行政管理职能被剥离,成为单纯的高等教育机构。其后大学校的扩增、撤并,几乎都是日本政治改革和政治需要的结果。19 世纪 80 年代,日本资本主义得到一定程度的发展,政治日趋"军国化"。明治初期提出的"富国强兵"国家发展方针开始转向"强兵富国",确定了一条优先"强兵"的国家发展路线。该时期,大学校呈现"一出一进"的情况,大学校开始退出国民教育体系,以大学校为母体而组建的东京大学(1886 年改名为帝国大学)成为日本近代真正意义上的大学。同时期,大学校进入军事教育领域而成为最高的军事教育机构。1883 年,开设陆军大学校,1888 年,开设海军大学校,从而形成了以陆军大学校、海军大学校为核心的军事教育体系。

第二次世界大战后,在美国占领当局的主导下,日本开始了清除军国主义、专制主义而进行的全面变革,这是继明治维新以来日本的又一次重大变革。1946 年,《日本国宪法》公布,确立了主权属于国民、尊重基本人权、确保国际和平三大原则。同时,根据新宪法精神,先后制定了《国会法》、《内阁法》、《地方自治法》、《国家公务员法》等法律,形成了战后的政治制度。其中,1947 年颁布的《国家公务员法》,标志着日本现代公务员制度的建立。为建立一只务实、高效、精干且具有民主意识的高素质公务员队伍,日本建

---

① 袁振国:《当代教育学》,教育科学出版社 2010 年版,第 287 页。

立了从中央到地方,从高级到初级的公务员培训体系。日本现代公务员制度的建立和公务员教育培训体系的形成,为大学校的重建奠定了基础。1947年,日本第一所大学校—警察大学校创建后,中央各省厅相继建立了一批以公务员培训为目的的大学校,如海上保安大学校、保安大学校(1954年改为防卫大学校)、自治大学校、航空大学校、消防大学校等,大学校的建立为战后日本政治民主化改革进程提供了人才保证。

由此可见,无论是大学校的初创,还是战后大学校的重建,都是日本政治变革的直接结果。日本政治改革的宗旨、理念、趋向,不仅决定了大学校的设立与存废,而且还对大学校的办学理念、培养目标、教育内容等方面产生了重大影响。

二、经济发展对大学校的影响

如果说,明治维新时期大学校的设立是日本高等教育近代化的起点,那么战后日本大学校的重建则是日本高等职业训练制度形成的标志,大学校的社会职能与作用日益凸显。大学校不同于其他高等教育机构之处在于,对经济社会服务的直接性以及直接参与经济活动的主动性和能动性。大学校作为与经济发展关联度最高的一种学校类型,一方面大学校对经济的发展具有积极的能动作用,而另一方面经济发展为大学校的发展提供强大的推动力。具体而言,经济发展对大学校的影响主要体现在以下几个方面。

1. 经济发展为大学校提供物质基础和财政支持

唯物主义告诉我们,物质是人类社会赖以生存和发展的基础,是其他一切社会活动的首要前提条件。物质生产的发展既为大学校的发展提供了条件,又对大学校提出新的要求,成为推动大学校快速发展的重要社会动力。战后日本经济经过短暂恢复,20世纪60年代,随着《国民收入倍增计划》的实施,国民经济实现最大限度的增长,年均增长率达10.9%,国民生产总值增长350%,先后超过法国和德国,仅次于美国,成为世界第二个经济强国,创造了举世人瞩目的经济增长"奇迹"。经济的高速增长,社会财富的大量积累,为大学校的发展奠定了坚实的基础。一方面大学校快速扩张。由政府财政拨付建立的以公务员为培养对象的省厅大学校进一步扩增,由政府财政拨付和民间资本建立的以第一产业、第二产业技能者为培养对象的大学校大量涌现,大学校的类型进一步丰富;另一方面大学校的办学条件进一步改善。在政府的财政支持下,大学校建立了完善的教学实训场所,购置了先进的教学仪器、实验实训设备等,从而保证了教育训练的质量和水平。此外,日本《国民收入倍增计划》的实现,使国民收入水平大幅提高,个人学费支付能力增强,再加之政府对职业训练的援助制度,进一步激发了人们参加职业训练的愿望。强烈的社会需求,成为推动大学校快速发展的直接动力。

2. 经济发展促进了大学校布局结构的调整

战后日本经济的发展,必然带来整个社会的变化。一方面社会管理日趋专门化、专业化,与之相应,对公务员的素质结构提出了更高要求;另一方面经济发展刺激产业技术者需求旺盛。这些显著变化直接促进了日本大学校布局结构的调整。战后初期设立的大学校主要是为了适应政治民主化,提高公务员基本素质和技能为目的。20世纪60年代,一批以培养技术官僚为目的的大学校开始建立。20世纪70年代后,以产业技术者为培养对象的大学校纷纷建立,并逐渐成为大学校体系的主体。由此可见,日本大学校布局结构的调整是大学校适应经济高速发展的一种自适应式变化,反映出经济发展与职业训练的内部联动机制。

3. 经济发展推动了大学校办学层次的提升

从世界经济发展规律来看,人才从劳动密集型产业流向资本密集型产业和知识技术密集型产业,与人才由第一产业流向第二产业、第三产业保持同步的趋势,这就要求有与之相配套的教育结构来培养不同层次、不同类型、不同行业的技术人才。作为职业教育训练载体的大学校则应紧密根据产业结构的调整、就业结构的变化、技术结构的要求建立与之适应的层次结构,满足生产管理第一线各类应用型人才的需求。1975年职业训练短期大学校(后改成职业能力开发短期大学校,相当于短期大学水平)及其专门课程的设立,标志着日本职业训练开始走向高度化。20世纪90年代初,日本学位制度改革促成了大学校学位制度的建立,形成了学士学位—硕士学位—博士学位三级学位课程体系。大学校办学层次的提升,不仅确立了大学校在高等教育系统中的地位,而且在高级应用型专门人才培养方面形成了不同于大学的模式和特点。

4. 经济发展促进了大学校学科专业结构的优化

从世界各国职业教育训练发展情况来看,每个国家在各个不同历史阶段,职业教育训练的重点应是所处时期国民经济中占主导地位的产业部门,也就是说职业教育训练的发展是随着经济结构的调整而转移的,必须与产业结构、就业结构的需求保持一致。产业结构的调整和就业结构的变化深刻影响着职业教育训练的学科专业设置和课程结构。作为与经济密切相关的日本大学校更加重视学科专业结构的调整优化。首先,经济发展、科技进步要求更新专业的教学内容,那些已经被淘汰的落后工艺、机械设备、操作技法等必将从课程教学内容中删除,而更先进并得到了大面积推广的新工艺、新设备和新技法等必将被吸收进新的教学体系。其次,随着社会分工程度的不断细化,岗位技能越来越专业化、精细化,这就可能打破原来形成的学科或专业划分的格局,形成一批新兴专业或交叉专业。大学校的学科建设必须不断契合产业发展的趋势,调整专业布局,剔除、新设或合并有关专业。例如,职业训练大学校(后改为职业能力开发综合大学校)1959 年将长期训练课程设为机械科、钣金焊接科、第一电气科、第二电气科、运输装备科、铸造锻造科、木材加工科、涂料装潢科等 8 个学科。20 世纪 80 年,随着信息技术革命的兴起,职业训练大学校对学科设置进行重大调整,突出日本产业发展机电一体化和信息化的趋势,将长期课程再编为产业机械工学科、生产机械工学科、电气工学科、电子工学科、信息工学科、建筑工学科、造型工学科、福祉工学科等 8 个工学科。

三、教育改革对大学校的影响

明治维新时期,日本教育改革是整个社会变革的重要组成部分,而高等教育改革又是日本教育改革的重要方面。日本教育改革经历了《学制》时期、《教育令》时期、《学校令》时期三个具有不同思想内核的改革阶段,与此相应,日本高等教育机构也经历了由大学校到东京大学再到帝国大学这样一个递进式的演变。这不仅仅是高等教育机构称谓的变化,而是日本近代大学内涵逐渐丰富本质特征日趋鲜明的进化过程。1869 年大学校创立之初,这一机构带有明显的传统大学寮的性质。1877 年东京大学的设立,成为日本近代教育史上的第一所大学,深受欧美自由主义精神的影响。随着日本国家主义教育体制的形成,1886 年东京大学改称帝国大学,开始转向德国的教育模式,因其具备了培养人才与发展科学的基本功能,帝国大学被称为具有"近代大学"之根本内涵的高等教育机构。[①] 帝国大学的建立及其拓展,是明治维新时期日本教育改革所取得的重要成果。在日本高等教育改革中,大学校这一称谓并没有被彻底抛弃,反而被赋予新的内涵,成为具有专门教育属性的高等教育机构,如工部大学校、陆军大学校、海军大学校等。

二战结束后,日本对原来的教育制度进行了民主化的改革,建立了新的"六、三、三、四"制的学校教育体系,战前多轨制高等教育被单一的四年制大学所取代。20 世纪 60 年代以后,日本经济开始从战后恢复期进入高速成长时期,这种单一化的学校体系越来越不适应经济的高速发展,应用性技术人才的需求和供给之间的矛盾日益突出。在经济界的强烈呼吁和倡导下,日本开始检讨和修正战后形成的教育体制。70 年代以来,日本教育改革突出体现在两个方面,一是高等教育的多样化;二是教育的终身化,这两项改革对大学校的发展产生了深远的影响。1971 年,中央教育审议会在一份咨询报告中提出:今后教育改革最重要的内容是要进一步推动高中教育及高等教育的多样化。高等教育多样化政策的宗旨是实现以正规学历教育为主的高等教育体系向学历与非学历教育兼容的中等后教育体系转变。高等教育多样化改革政策,为高等职业训练的快速发展提供了契机,面向产业培养实践型技术人才的大学校相继建立,并形成了独立于学校教育制度之外的大学校体系。这种大学校体系与学校教育体制内的高等职业教育机构共同承担起培养高级技能型人才的职能,为日本战后经济腾飞做出了巨大贡献,由此也奠定了大学校在整个高等教育体系中的重要地位。进入 20 世纪 80 年代以后,终身教育逐渐成为日本教育改革政策的主导思想。1984

---

① 吴光辉:《转型与建构—日本高等教育近代化研究》,世界知识出版社 2007 年版,第 161 页。

年临时教育审议会提出日本教育改革的根本目标是实现从以学校为中心的教育体系向终身教育体系过渡,建立适应社会发展的新型"终身学习体系"。日本教育改革的终身教育思想深深植入日本的职业训练之中。1985年颁布的《职业能力开发促进法》将终身教育理念确立为职业训练改革的主导思想,主张进行贯穿劳动者整个职业生涯的能力开发工作。以此为契机,作为日本职业训练载体的大学校以其广泛性、灵活性、开放性、多样性的特点,成为终身教育体系的重要组成部分。

第四节　日本大学校发展存在的问题

战后日本大学校经过半个多世纪的创建、调整和扩充,到 21 世纪初,已经形成了一个具有特色鲜明、类型丰富的大学校群,对日本经济社会发展起到了巨大的推动作用。但是,日本大学校作为一种"旁系"的教育体系,由于受到社会各种因素的影响和制约,大学校的发展还面临着诸多问题和挑战。

一、军国主义思想对大学校发展的毒害

日本军国主义是 1868 年明治维新之后形成并发展起来的一种军国主义思想,渊源为日本古代武士道精神。明治维新之后,日本全力学西方,成绩卓著,国力突飞猛进。但是,无论是古代学习中国文化还是近代学习西方文明,在思想文化和精神方面,东西方理性思维的核心并没有融进日本文化。正是这个原因,导致日本政治上被军国主义分子控制,终止了走向现代民主化的进程。

日本步入工业化社会后,开始走上了军国主义道路,对外大肆扩张、侵略,争夺所谓的生存空间和资源。最初,因为掠夺成功和战争刺激,日本经济疯狂发展,军事实力快速崛起,军国主义思想急剧膨胀。在这种形势下,军国主义教育充斥各级各类学校,军事教育体系迅速形成。在日本陆军系统形成了陆军幼年学校—陆军士官学校—陆军大学校三级教育体系;在海军系统形成了海军兵学校—海军大学校两级教育体系,此外还有各技术兵

种的军官学校。1886年,《帝国大学令》颁布后,明治初期设立的大学校退出了国民教育体系,但是,大学校作为日本军事教育的最高机构却在军事教育领域得以保留,凸显了明治政府对高级军事人才培养的高度重视。据统计,从日俄战争到第二次世界大战结束,日本的中高级军官有90%毕业于陆军大学校和海军大学校。由此可见,陆海军大学校成为策划侵略、发动战争的军国主义分子的摇篮。

物极必反,盛极而衰。日本的疯狂扩张、掠夺和发动战争最终深陷战争泥沼,直至经济崩溃,国家陷落。二战结束后,以美国为首的盟国占领当局对日本进行了和平改造,按照《日本国宪法》规定,日本不得保持战争力量,并永远放弃交战权。日本的国家愿望曾一度表现出和平主义倾向。但日本军国主义的流毒并没有清除干净,右翼势力沉渣泛起,极端民族主义冲击着这股和平潮流。特别是朝鲜战争的爆发,美国对日政策发生了方向性的转变,日本开始迈向军国主义道路。1950年,朝鲜战争爆发,东西方两大阵营对抗加剧,美国基于其自身需要,指令日本重新发展军事力量。1954年,日本颁布《防卫厅设置法》和《自卫队法》,设置政府的军事行政机构—防卫厅,建立陆、海、空力量组成的国家军队—自卫队。1956年,设立决定国防基本方针的最高机构—国防会议。日本政府于1957年、1961年、1967年、1972年、1976年、1978年、1981年先后7次制定了军事扩充计划,表明日本军事开始了外向型的发展。2007年日本将防卫厅升格为防卫省,其职能性质和权限将得到很大改变,这是日本朝着军事大国又迈出了十分重要的一步。

战后,日本军事力量的整备,必然要求建立相应的军事教育体系。战前作为"帝国"象征的陆军大学校、海军大学校又以另一种面貌而死灰复燃,成为战后初期日本大学校重建的主流。1947年日本政府建立警察大学校后,又相继建立了多所具有军事性质或准军事性质的大学校,如海上保安大学校、保安大学校(1954年改为防卫大学校)、航空大学校、消防大学校、防卫医科大学校等。而这些所谓以公务员教育训练为目的的大学校却是日本最享有盛誉的高等教育机构,其中防卫大学校被称为日本的西点军校,誉为"军官的摇篮"。

二战之后,日本经济曾有惊人发展,但自 20 世纪 90 年代起,日本经济从高峰滑落。当年的辉煌和今天的困局,导致了日本发展方向的迷失,不断制造令亚洲邻国愤怒的事端,如否定慰安妇、修改教科书、参拜靖国神社、否定南京大屠杀、制造领土争端等。同时,极力向国际社会推销其"新国家"的理念,主张打破国际禁忌,修改和平宪法,恢复日本作为一个"正常国家"所应享受的一切权利,包括集体自卫权、交战权、海外出兵权等。日本极右势力恶性膨胀,控制了社会民意,绑架了国家政策,已在国内占据绝对上风。一股为侵略历史翻案、扩张军力和海权,重振政治军事大国地位的思潮悄然兴起,并快速蔓延。据新闻报道,由于中日钓鱼岛争端加剧,今年报考日本海上保安学校和大学校的申请者激增,报考人数为 16783 人,比去年增加了1.5 倍,是历史上报考人数最多的一次。① 这一信息从一个侧面向人们昭示了日本正一步一步滑向军国主义的危险境地。

二、学历主义思想对大学校发展的困扰

日本社会素有学历社会之称。所谓学历社会,是说每个社会成员的地位、职务、工资待遇等,不是由其门第、家庭出身等决定,也不是由他本人的实际能力来决定,而是由其学历来决定。日本著名教育学家天野郁夫在其著作《学历社会史》中,对日本学历社会的形成根源进行了深入分析,他指出:学历具有了社会意义,被当作指标、尺度,给人以社会性评价并定位,重要性增加。就是说,学历从个人的东西变成社会的东西。学历社会,学历主义支配的社会,就是指这样的学历所具有的社会意义或机能显著增大的机会。

1872 年,明治政府颁布的新学制是日本实行近代学校教育制度的标志,也是日本学历社会的起点。学历社会形成了开放的阶级构造,提供了平等的社会流动机会,从而使社会成员产生了参与竞争的主观动力和客观条件。明治初期,为了打破封建等级身份制,培养日本近代化的英才,日本政

---

① 《日嘲讽"中国无人报考海监"称怕被派钓鱼岛》,《环球时报》,2012 年 12 月 1 日,第15 版。

府开始普及基础教育,发展近代高等教育,把人受教育的程度作为人才任用的依据,学历社会便初具原型。"学而优则仕",帝国大学成为明治政府官僚阶层的摇篮,以学历为基础的官僚任用制度加速学历主义制度化。战后,学历主义不仅没有减弱反而得到发展,特别是年功序列工资制度,即学历加工龄的工资制度,进一步强化了学历主义。学历社会实际是精英社会或白领社会的现象与构造,1970 年前后,日本高中升学率高达 17%以上,高等教育由精英阶段进入大众阶段。高等教育的大众化,并没有弱化学历主义对日本社会的影响。在日本,学历的高低,除了看毕业哪一级哪一类的学校外,还要看哪一流的大学,是否名牌大学。如果毕业于东京大学等名牌国立大学,或者毕业于早稻田大学等名牌私立大学,不仅能在政府部门或大企业找到工作,而且能较快提升,工资待遇也随之提高。由此可见,明治时期,日本的义务教育迅速普及,在日本政府的学历序列的政策设计下,学校教育的文化社会性再编功能被强化,在社会地位和报酬分配以学历为标准进行的学历社会,学校教育作为正统的教育机构被赋予特别的价值。与学历社会、学校化社会的出现密不可分的学校、学历不断扩张又强化了人们的学校志向、学历志向,提高了升学的要求,而这种学校志向、学历志向表现为升学需求又使学历社会、学校化社会越来越坚固。①

以美国社会学家科林斯为代表的教育发展的社会地位竞争理论指出,当教育和文凭与社会中的权力与地位具有十分密切的关系时,教育扩张与发展的主要根源是社会各个群体之间争夺地位和声望的竞争,社会的教育需求并不都是源于社会经济发展对人才的需求。社会成员为了改善和维护各自的地位,总是力求使自己及其子女接受更多的教育。这样,即使社会中所需的某类人才已经足够,但只要是这类教育在社会地位获得和流动中发挥重要影响,社会的相应教育需求还会不断增长。社会地位竞争的需要是推动教育发展的重要动力。② 但在社会地位竞争导致的教育发展中,并不是所有教育内容、教育层次和类型都受到同等程度的重视。依据在社会地

---

① 胡国勇:《日本高等职业教育研究》,上海教育出版社 2008 年版,第 304 页。
② 杨凤英、袁刚:《我国转型期社会分层与职业技术教育发展的困境》,《职业技术教育》2003 年第 31 期,第 11 页。

位获得中的实际功效,不同性质的教育内容受到的重视程度不同,不同层次和类型教育的社会需求和投入出现差异。当教育成为影响社会分层的重要因素时,与之相应,社会分层模式也会作为重要因素直接影响教育的发展。如果从社会分层和流动的角度透视学历主义现象,社会分层是学历社会根源。日本大学校之所以出现发展困境,其社会根源在于建立在学历主义基础之上的现行社会分层模式。

王桂编著的《日本教育史》指出:"学历主义和信息社会对人才的要求相矛盾,与终身教育相矛盾",①日本传统的根深蒂固的学历主义观念已成为日本教育与社会发展的痼疾。信息社会知识更新快,技术进步日新月异,显然一次性的学校教育,已经不能满足人们更新知识的需要,终身学习是当今社会发展的必然趋势。正是由于这种社会需求,具有终身教育特质的大学校被推到了前台,成为日本终身学习体系的中坚力量。但是,由于大学校的双重功能(即养成教育与职业能力开发),存在着大学校与其他高等教育机构同行竞争的可能,这也必然导致大学校深受学历主义的影响。在学历社会的大环境下,高等教育机构之间的竞争日益激烈,作为高等教育"旁系"的大学校根本没有优势可言,其发展愈发艰难。因此,20世纪80年代以来,日本大学校为了增强可持续发展的能力和社会竞争力,进行了一系列改革,一方面进一步强化自身在终身学习体系中的地位与作用;另一方面提高办学层次和水平,强化大学校的研究职能。这种趋势也导致了大学校与大学的同质化,大学校的特质与边界日趋模糊。

三、高等职业教育对大学校发展空间的挤压

战后,在高等教育制度的改造中,日本将战前多重多轨的高等教育机构进行统合、再编,升格为大学,形成了单一形态,同一水准,同一机能的高等教育制度。随着日本经济的恢复与发展,这种一元化或者说单轨制学制特别是单一的高等教育体制越来越受到产业界的指摘和反对,以实用主义、合理主义的观点改变单线型学制单一化的高等教育体制成为日本政府教育政

---

① 王桂等:《日本教育史》,吉林教育出版社1987年版,第346页。

策的基本走向。① 战后日本高等职业教育体系就是在这种高等教育多样化的战略之下形成的。

1950年,第二次美国教育使节团在其报告书中首次强调高等教育机构多样化的必要性;1951年,日本政令改正咨询委员会咨询报告对高等教育的单一性提出批评,并建议将大学分为专修大学和普通大学,实施高等职业教育;代表企业界的日本经营者团体联合会要求改革当前单轨制教育制度的呼声特别强烈,1952年、1954年、1956年连续提出了"关于新教育制度的再讨论要求"、"关于当前教育改革的要求"、"关于对应新时代要求的技术教育的意见"等建议,要求"排除全国性划一"、"充实专业教育"、"培养骨干技术人才"。1958年,产业界的要求作为"专科大学法案"提交国会,但由于短期大学相关者的强烈反对最终未能实现。作为对策,1962年文部省开始建立高等专门学校,1964年短期大学制度永久化。到60年代前期,日本高等教育实现了大学、短期大学、高等专门学校的机能分化和定位,高等职业教育体系开始建立。1976年日本国会通过《专修学校法》,将"高等教育水平的各种学校"确定为专修学校。这样,高等教育多样化政策进一步推进,高等职业教育体系初步形成。可以说,战后日本高等职业教育体系的建立是日本经济发展的客观要求和结果,无论短期大学、高等专门学校,还是专修学校,在它们建立之初,由于有强大的市场和社会需求,其发展势头非常强劲,为社会培养了一大批应用性、实践型技术人才。截止到2000年的21世纪初,日本短期大学从1955年初设时的149所(其中公立17所,私立132所)发展到572所(其中国立20所,公立55所,私立497所),在校生327680人;高等专门学校从1962年初设时的19所(其中国立12所,公立2所,私立5所)发展到62所(其中国立54所,公立5所,私立3所),在校生56714人;专修学校从1976年初设时的819所(其中国立46所,公立28所,私立819所)发展到3551所(其中国立139所,公立217所,私立3195所),在校生750824人。

据统计,现在日本高中毕业生中有大约40%进入高等职业教育机构

---

① 胡国勇:《日本高等职业教育研究》,上海教育出版社2008年版,第46页。

学习。见表 6-1。① 由于日本政府相关部门没有发布大学校的相关统计资料,关于大学校的整体情况不是特别清楚,但是有关专家估计,从大学校及短期大学校的入学定员来判断,整个职业能力开发促进大学校、短期大学校及相当的职业训练机构每年的招生人数大致是 5500 人左右。② 由此可见,与高等职业教育机构相比,进入大学校学习的学生只占很小的份额。

表 6-1　高等教育升学者学校种类别

		大学			短期大学		高等专门学校第四学年	专修学校专门课程
		合计	本科	函授等	本科	函授等		
数量	男	518372	353.755	5938	10486	1682	9395	137116
	女	506879	249299	7958	80254	3850	1800	163718
	计	1025251			90740	5532	11195	300834
比例	男	100.0	68.2	1.1	2.0	0.3	1.8	26.5
	女	100.0	49.2	1.6	15.8	0.8	0.4	32.3
	计	100.0	58.8	1.4	8.9	0.5	1.1	29.3

从专业或职业的角度来看,日本高等职业教育体系涵盖得职业范围或领域相当广泛,有偏重教养以及特定职业资格的短期大学,有以工业特别是制造业为主要内容的高等专门学校,以及以应对广泛的社会职业需求特别是第三产业需求的专修学校。日本《学校教育法》第 108 条规定,短期大学以"深入教授研究专门的学艺,培养职业以及实际生活所必要的能力为主要目的"。学制一般为 2—3 年,主要领域为家政类、人文类、教育类,只有少数的国立、公立学校开设一些工学、农学、保健等专业,毕业生可授予"短

① 日本文部省:《教育指标的国际比较(2007 年)》,http://www.mext.go.jp/b-menu/toukei。
② [日]永田万享:《公共职业训练的展开—以短期大学校为中心》,《职业与技术的教育学》1998 年第 3 期,第 31 页。

期大学士"学位。《学校教育法》第 115 条规定,高等专门学校以"教授高深专业学艺、培养职业必要的能力为目的",招收初中毕业生实施五年一贯制的教育。主要领域为工业、商船及电子,毕业生可授予"准学士"学位,在条件好的高等专门学校设立专攻科,对修满专攻科学分的学生授予学士学位。高等专门学校受到国家政策的强力支持,每年仅招收少量学生,国家提供优良的教育设备,被誉为育英高专。为了克服和解决高专设立后形成的六三五制带来的学生进路狭窄、单一的问题,1976 年,日本成立了具有授予学士学位和硕士学位的长冈技术科学大学和丰桥技术科学大学,以接受有志于升学的高专学生。《学校教育法》第 144 条规定,专修学校以"培养职业或实际生活必要的能力,提高教养为目的"。专修学校的最大特点是依赖市场机制来运作,设置标准比较宽松,具有学校及课程设置上的灵活性和机动性,教育内容及方法上的实用性和多样性,因而能主动地适应多样化的社会教育需求。专修学校招收高中毕业生,学制2 年以上的为专门课程,其学科设置极为广泛,包括工业、农业、医疗、卫生、教育、福利、商业以及家政等,符合规定基准的专门课程毕业生授予"专门士"称号。

战后日本大学校的创建虽然早于高等职业教育机构的建立,但高等职业教育机构的发展步伐却快于大学校的发展,高等职业教育的快速发展无疑对大学校的发展形成某种程度的冲击和空间挤压。纵观战后日本大学校的发展,大学校的创建几乎是伴随日本学校教育制度的确立而诞生的,但是作为学校制度外的教育训练机构,其"旁系"身份注定其发展受关注的程度远不及"一条校"。1958 年,《职业训练法》的颁布,标志着日本职业训练制度化的形成,1969 年,《职业训练法》改正案,使大学校冲出公务员教育训练的篱墙,延展到产业技能型人才培养训练领域,成为日本职业训练高度化的象征。1985 年《职业能力开发促进法》颁布,其中第 3 条规定,"职业训练应避免与学校教育重复,而且必须与之密切关系下进行",从而明确了职业训练与学校教育之间的基本关系。尽管作为"一条校"高等职业教育机构与学校制度外的高等职业训练机构功能定位不同,但是二者存在着明显的共性特征,即都是以职业技能培养为主要内容的教育活动。这种共性特征,使日本高等职业教育的短期大学、高等专门学校、专修学校与作为高等职业训练的大学校之间必然存在相互合作、相互促进而又相互竞争的关系,而由于隶属关系的不同,往往导致两者之间的竞争强于或多于合作。特别是近年来随着日本高等教育大众化以及出生率的急剧下降,学校间的生源争夺战愈演愈烈。在高等教育领域很多私立的本科高校不断降低标准,扩大招生;在高等职业教育领域数量众多、具有实用性和多样性特征的职业教育机构为考不上大学准备就业的高中生提供了丰富的选择。而作为学校体系外的大学校处于二者的夹缝中,一些大学校生源短缺,经营难以为继,生存状态令人担忧。

第五节　日本大学校改革与发展的基本经验

在世界各国的现代化范例中,日本是最值得研究的对象之一,首先在于日本不仅是近代亚洲唯一实现"近代化"的国家,也是现今发达程度最高的国家之一。众所周知,明治维新与战后民主化改革是日本近现代历史两次重大的变革,前者毁灭了旧的封建秩序,开创了新时代,是一场对日本经济、政治结构和思想文化价值观念重建产生重大影响的变革。后者作为在美国占领当局主导下进行的政治、经济、军事、教育、司法等领域的民主主义改革,使日本由军国主义法西斯国家转变为资产阶级民主主义国家,为战后日本经济的恢复和高速发展打下了良好的基础。

在日本社会变革中,教育作为社会系统演进的主要推动力量,一直是人们高度重视和深入探讨的课题。因为在日本社会和经济发展过程中,日本的教育改革与发展曾经并正在起着重要的作用,尤其是日本不断学习和借鉴外国教育经验,并在实现现代化的过程中形成了以追赶欧美发达国家为目标的现代化教育模式。日本文化教育之所以受人关注,似乎在于它的独特性,而不在于它的普遍性。李文英教授将日本教育近代化的基本模式或逻辑表达为:模仿—自立—创新这样一个逐步递进的过程,她认为"日本在学习西方的过程中,力求避免照搬照抄外国的教育制度、教育理论,而是调查研究各国的教育制度,分析各方面的因素,再结合本国的实际,创新出一个新的模式,也就是日本特色的教育模式",①对于日本高等教育而言,无论是日本高等教育思想的演变、高等教育制度的革新、高等教育机构的转化,还是高等教育学科课程的推移,既有其外在影响所形成的共性特征,亦有其内生的独特性。

纵观近代以来日本高等教育的发展,大学校是一个非常特殊的现象,也可以说是日本高等教育创新的一个标志。1868 年,明治维新改革,开启了日本近代化的新纪元。1869 年,设立大学校,揭开了日本近代高等教育发展的序幕。1872 年,文部省颁布《学制》,确立了近代学校制度。1877 年,创建工部大学校,探索出了理论知识与实践二者兼重的"三明治方式",②开创了新型工业教育模式。尽管在日本高等教育进化进程中,大学校几经存废,角色多次转换,但是大学校见证了日本高等教育的创立、变革与发展。

战后日本职业训练发展迅速,不断发展的职业训练不仅通过提高劳动力素质、促进劳动力在地区、产业和职业间的顺利流动从而为战后日本经济的高速发展起到了巨大的促进作用,而且还在稳定社会秩序(如减少失业、降低犯罪率等)等方面发挥了重要的职能,因而受到了国际社会的广泛关注和高度评价。随着日本职业训练制度的形成以及职业训练高度化,大学校得以重建并实现了功能转型和角色定位,成为日本高等职业训练的主要承担者,为日本经济社会发展做出了巨大贡献。日本大学校以其鲜明的学校定位、多样化的办学体制、灵活的办学机制、差异化的发展策略、实学融合的教育训练模式,成为世界职业训练发展的成功典范,为世界各国特别是我国职业训练提供了可资借鉴的模式或经验。

一、体制机制创新——大学校建立与体系形成的基础

战后,美国占领当局按照美国思想重新改造和改组日本教育体制,试图建立一种单轨制的学校教育制度,将职业教育与训练纳入到学校教育体系

---

① 李文英:《模仿、自立与创新—近代日本学习欧美教育研究》,河北教育出版社 2001年版,第 285 页。

② 李文英:《模仿、自立与创新—近代日本学习欧美教育研究》,河北教育出版社 2001年版,第 286 页。

中,构建一种类似美国的"政府依赖型"职业教育训练模式。但是,这种教育制度忽视了或者说没有充分预见到社会发展对教育的多元化、多样化需求的趋势,因此,从一开始就遭到社会各界的普遍质疑和诟病。战后日本社会的现实需求和经济的恢复与发展,进一步加剧了整齐划一的学校教育体制与社会多样化需求之间的矛盾,迫切需要突破现有制度设计的框架结构,构建一种体系开放、机制灵活、选择多样的教育训练体制机制。这种突破首先表现在高等职业训练领域。1948年日本设立警察大学校,开启了战后大学校重建的序幕。警察大学校设立具有重要的标志性意义,它不仅仅是历史上大学校的重新复活,其更深远的意义是实现了大学校的功能转型,赋予了大学校新的历史使命,创造了一种崭新的具有日本特色的高等职业训练体制。

教育体制机制创新的最大动力来自于社会变革及生产方式的变化。20世纪50年代,在"民主、公正、高效"的行政管理理念下,继警察大学校之后日本各省厅陆续创办了一批以公务员教育训练为目的的大学校。20世纪60年代至80年代中期,伴随日本经济的高速增长,经济结构的转换,特别是新技术革命的兴起,现代生产日趋高度机械化、自动化、信息化和智能化,社会劳动也日益智力化、综合化,进而推动了技术人才培养重心的上移。在这种形势下,由厚生劳动省主导与产业相关的高等职业训练机构开始建立,并且发展迅速,以高度技术技能者培养与训练为目的大学校成为日本高等职业训练的主要力量。至此,日本构建起了政府主导、行业指导、企业参与、市场调节、以大学校为主体的高等职业训练体制。

由此可见,大学校的创建与体系的形成即是日本教育体制机制创新的结果,也是对战后日本学校教育体制的突破,更是在世界职业训练领域创造了一个新的模板,展示了日本高等职业训练特有的理念和模式。总的来说,日本大学校的创建至少具有三个方面的典型意义,一是大学校的创建及其体系的形成使得高等职业训练从此有了自己的载体和体制上的保障;二是大学校作为高等教育的重要组成部分,拓展了高等教育系统的功能作用,丰富了高等教育的人才培养类型,进一步强化了高等教育的社会服务功能;三是大学校的建立与发展使职业训练实现了从基础训练到高级训练的迁移,出现了研究生教育层次,使职业训练的结构形成了明显的层次性。

在我国由于体制等方面的原因,在职业训练领域没有设立像日本大学校这样的高等职业训练机构。与大学校类似的教育机构是新中国建立后中央政府各部委设立的行业性高等学校。新中国建立后,我国高等教育体制经历了两次重大变革,一是 20 世纪 50 年代高等学校的重组与兴办。为建设现代化工业强国,培养专门技术人才,中央政府各部委陆续重组兴办了一批行业性高等学校,建立了高度专门化的高等教育体系。这些行业性高等学校除承担专门人才培养和科学研究职能外,还承担本部门、本行业的短期职业培训任务;二是 20 世纪 90 年代高等学校管理体制的改革。1998 年,经过调整和划转,各部委管理的高校脱离原行业主管部门,划转教育部或地方政府管理,基本形成了中央和地方政府两级管理的新体制。这次改革,虽然解决了行业管理之下的条块分割、学科专业面过窄、重复建设等问题,但是也带来了一些新的问题。行业性大学重组后,纷纷转型,将发展目标定位于建设综合性或研究型大学,从而导致了大学原有特色的消退,大学服务社会功能的弱化。

我们知道,体制机制创新是职业教育训练发展的重要推力。日本通过体制机制创新,建立了职业教育训练的双轨制,在职业教育领域,先后建立了短期大学制度、高等专门学校制度和专修学校制度,继而又设立技术大学和专门研究生院,实现了职业教育的多层次化和系统化;在职业训练领域,创建了以大学校为核心的职业训练体系,其层次结构涵盖短期大学水平、本科水平、硕士水平和博士水平四个层次。我国现阶段的发展类似于日本 20世纪 60、70 年代时期,经济高速发展,产业结构升级,人才结构与劳动力市场之间的矛盾日益突出,高等教育体系重构成为当前我国教育改革面临的重要课题,建立多样化的高等教育体系是今后改革的一个重要方向。因此,我们应认真借鉴日本及其他国家的经验,大胆探索,积极推进体制机制创新,建立符合我国国情的高等职业教育训练体系。

二、法律法规完善——大学校健康发展的根本保证

日本作为一个自然资源匮乏岛国,特别重视人力资源开发在国家发展中的作用,尤其是战后更是将人力资源开发提升到国家发展的战略高度。职业训练作为人力资源开发的重要途径,历来受到日本政府高度重视。日本政府通过立法的形式,不仅保证了职业训练的规范化、科学化和制度化,而且还构建起了极富特色的职业训练体系,被誉为世界上最成功的模式之一,其中大学校制度是日本职业训练特色的突出体现。

日本将公务员人才资源开发放在突出位置,通过设置专门机构,加大培训力度,开发公务员的潜能,推进公务员队伍能力建设。战后,在美国主导下,日本进行了以现代公务员制度构建为主的官僚制改革,为日本战后政治民主化与经济建设构筑了良好的基础。1947年,日本相继制定颁布了《国家公务员法》、《地方公务员法》、《人事院规则》、《国家公务员教育训练规则》等法律法规,确立了日本现代公务员制度,建立了公务员教育训练体制,同时也为大学校的设置提供了法律依据。除此之外,还制定了与政府各省厅业务相关的专门法律,这些法令直接促成了大学校的设立。例如,1948年,日本警察厅依据《警察法》第27条设置了警察大学校;1952年,日本保安厅依据《保安厅法》设置保安大学校,1954年,《防卫厅设置法》施行后,保安大学校改称防卫大学校,1973年,又设置了防卫医科大学校;1953年,日本总务省依据《总务省组织令》设置自治大学校;1953年总务省消防厅依据《消防组织法》设置消防大学校,等等。

职业训练作为促进人力资本增值的重要手段,对企业培育核心竞争力实现持续发展具有重要作用。1947年,日本政府相继制定了《劳动基准法》《职业安定法》,形成了职业辅导制度与技能养成制度并存的职业训练体系,奠定了日本战后职业训练的制度基础。经过战后十年多的重建,日本经济重又得到了复苏,这又带来了对技术劳动者需求的扩大,为了确保满足产业界的这一新要求,1958年,《职业训练法》颁布实施,原来的职业辅导与技能者养成制度面目一新,代之而起的是综合的职业培训制度,标志着现代化职业训练制度的确立。与之相应,原来的机构"职业辅导所"也更名为"职业训练所",并根据培训对象、内容及要求的不同建立包括一般职业培训所、综合职业培训所、残疾人职业培训所、中央职业培训所的职业训练体系。为了满足社会经济发展对高度技能者需求增加的现实,1965年,劳动省将中央职业训练所升格为成立职业训练大学校。日本的职业训练立法总是随着时代的变化在不断地进行修改、补充和完善。1969 年,为了适应新的经济发展及技术革新的形势变化,又制定了新的职业训练法。新法重新调整了职业训练体系,训练种类也相应变更为养成训练、提高训练、能力再开发训练以及指导员训练。1974 年、1978 年,日本又对新职业训练法进行了两次修订,为了培养高级技能劳动者,新设了职业训练短期大学校及技能开发中心,同时强调建立官民一体的灵活的职业训练实施体制。随着《职业训练法》的不断修正,大学校呈现出办学主体多元化、办学类型出多样化的发展趋势。

进入 20 世纪 80 年代,日本经济进入了一个结构转换时期。1985 年,日本政府公布了现行的《职业能力开发促进法》,以取代原有的职业训练法。其目的在于突破原来狭义的职业训练范围,致力于更广泛的职业能力开发的促进工作。伴随日本产业的技术革新及劳动力结构的变化,《职业能力开发促进法》自 1985 年颁布后,经过 1986 年、1987 年、1992 年、1993年、1997 年、2001 年、2002 年、2004 年、2005 年、2006 年的历次修正,形成了日本现有的职业训练体制。日本职业训练体制改革促进了高等职业训练结构的不断重整和扩展。例如,1992 年,《职业能力开发促进法》修正案将原有职业训练大学校、职业训练短期大学校、职业训练校改为职业能力开发大学校、职业能力开发短期大学校、职业能力开发校,将技能开发中心改称职业能力开发促进中心;1997 年《职业能力开发促进法》修正案及 1999 年《雇佣—能力开发机构法》的颁布,职业能力开发大学校、职业能力开发大学校研修研究中心、东京职业能力开发短期大学校统合为职业能力开发综合大学校,职业能力开发短期大学校中的据点校向职业能力开发大学校升格,升格的大学校可以附设短期大学校。

承上所述,日本职业训练立法及其不断完善,不仅使日本建立了系统、完备的职业训练法制系统,而且为职业训练制度化提供了基础和前提性条件,进而对大学校的创办与发展起到了推动与保障作用。

职业训练立法是职业训练发达的基石。日本在"教育先行"战略思想指导下,把职业训练发展计划与经济发展计划紧密结合,通过不断调整与修订相关职业训练法律法规,为职业训练发展指明方向和明确任务。1958年,日本颁布《职业训练法》以来,该基本法频繁修订,至2006年修订次数多达十几次,最终形成了现在比较完备的职业训练制度。日本在职业训练立法方面的做法值得我们学习和深思。与日本职业训练立法相比,我国职业教育训练立法严重滞后,反应迟缓。改革开放以来,我国职业教育训练发展很快,但直到1996年我国才颁布了《职业教育法》。该法的颁布从法律上确立了职业教育在经济社会发展中的重要地位和作用;规定了政府、行业企业和社会各方面兴办职业教育的职责和义务,以及建立职业教育体系、完善职业教育体制和保障条件等内容。《职业教育法》颁布实施十几年来,社会经济环境和形势发生了巨大变化,特别是我国经济增长方式的转变,产业结构的升级,高级技能者的培养成为当前职业教育训练的主要任务,客观上要求修订旧法,明确职业教育训练的改革方向,确立新的职业训练制度,构建以高等职业训练为主的教育体系。为此,2002年、2005年国务院先后下发了《国务院关于大力推进职业教育改革与发展的决定》、《关于大力发展职业教育的决定》等文件,但是将职业教育训练列为战略发展重点,不能仅停留在国家发展的宏观政策上,而是要建有一套相应的法律法规体系作为切实的保障,同时需要适时修正使职业教育训练立法日趋系统化和完整化。

三、教育投入充实——大学校稳健发展的基本保障

教育投资,也称教育资源、教育投入等,是指投入教育领域的人力、物力和财力的总和,或者说是指用于教育训练后备劳动力和专门人才,以及提高现有劳动力智力水平的人力和物力的货币表现。一定的教育投入(支出)是教育发展的物质基础。[①] 职业训练经费是否有保障、是否充足,关系到职业训练能否顺利发展,因此,它受到许多国家的高度重视,扩大对职业训练的经费投入成了许多国家发展职业训练的基本措施之一。

日本大学校是由社会众多部门参与的多元多层次管理体制,除中央各省厅和地方政府外,行业协会、企业及各类公共部门均是直接参与者,由此

---

① 范先佐:《教育经济学》,中国人民大学出版社2012年版,第155页。

决定了其经费来源的多途径性。显然,日本大学校的经费保障体系是由公共财政和私营经济共同资助的一个多元混合模式。以公务员为教育训练对象的大学校,由于其"公共产品"的属性,即满足社会全体公民或大多数人的需要,或者说是为了特定的公共利益和需要,因此,这类大学校的教育投入完全由政府财政拨付,办学经费充足,学校发展有保障。而对于以产业劳动者为训练对象的大学校,由于其"私人产品"或"准公共产品"的属性,日本以其市场经济运行机制为依托,采取了社会化的投资模式,即社会(特别是产业部门、企业)取代政府作为大学校的投资主体,政府投资则作为辅助。

在市场经济条件下,因政府只被作为市场与市场调节的补充者和校正者,政府的职能被限制于市场不能发挥和不能正常发挥作用的领域内,或者主要被用于弥补和消除市场调节所带来的种种缺陷和不足等。因此,政府投资主要用于其他教育训练机构无法承担的特殊行业、特殊领域专门人才培养的大学校,或者是面向中小企业开展职业训练的大学校。日本职业训练的这种投资模式在其职业训练有关法规中有着充分的体现,如《职业能力开发促进法》、《雇佣对策法》、《雇佣保险法》等法规规定了国家和地方政府各自对职业训练经费负担的比例,对公共职业训练的拨款办法,对民间职业训练机构(主要是企业内教育机构)的补助办法,对职业训练受训人员的补助费用等。政府对职业训练的投入主要包括两部分:一是政府对企业主的资助。厚生劳动省对于制定能力开发计划,积极促进能力开发的企业主都支付终身能力开发给付金,包括能力开发给付金及教育训练休假给付金。前者主要资助企业内实施的教育训练和企业外委托有关机构举办的职业训练。后者主要资助提供劳动者休假教育训练的企业主;二是对接受职业训练者实行援助。其中主要有:1.技工养成资金。对在公共职业训练机构接受养成训练、能力再开发训练,及在职业训练大学校接受长期指导员课程训练者,如因经济原因难于就学,由雇佣促进事业团体借给无息技工养成资金。这些借款,在技能审定合格并连续从事该职业1年以上后,可按规定免予偿还。2.支付训练费。在接受能力再开发训练的人当中,对领取雇佣保险失业金者,训练期间除延长发放失业金期限,支付基本的生活费外,平均每月支付 20,750 日元的技能训练费。对没有雇佣保险失业金的中高年龄者(收入在一定标准以下),平均每月支付 104,770 日元的训练费。[①] 另外,对派遣工人接受认定职业训练的企业,也发给奖金。同时,还设有终身职业训练奖金和教育训练带薪休假奖金等。政府提供的财政资助和补贴,包括"认定训练助成金"、"自我启发助成金"、"技能评价促进付给金"、"中小企业团体能力开发推进事业助成金"、"中小企业事业转换等能力开发付给金"等等。如 1979 年度日本公共职业训练经费的预算额约合 3.15 亿美元。另外,雇佣促进事业团也用共约合 10.7 亿美元的雇佣保险金和利息,每年为师资培训、高级技术训练以及有关职业学研究等提供经费支持。[②] 政府对职业训练的财政资助和补贴,不仅调动了企业和企业劳动者参加职业训练的积极性,同时也为大学校带来充足的生源。

　　企业作为社会经济活动的主体,也是主要的教育投资主体。企业投资职业训练的方式取决于企业规模的大小。一般而言,大中型企业因其实力雄厚,资金充足,往往会采取自己办学或设置训练机构的方式对职业训练进行投资,如日本松下电器公司的松下电器工学院和松下商学院、丰田公司的丰田工业大学、日立公司的日立工业专科学院、三井不动产公司的不动产大学、大荣百货公司的大荣流动大学等,都是企业自办的职业训练机构。职业训练内容均为本企业岗位所需的基础技术知识和实用的业务知识。而小型企业,因其规模小,财力物力有限,无力举办正式的学校或训练机构,只能采取向由社会或政府主管的大学校等训练机构提供一定资助或捐赠的方式,或者采取校企、企业联合的方式对职业训练进行投资。

　　总之,日本政府在稳定增加对公共职业训练的投资以保证大学校办学经费之同时,积极支持、鼓励企业投资职业训练,共同确保职业训练资金的充分投放,进而从根本上消除了职业训练发展过程中的资金短缺问题。这种社会化的投资模式,多渠道的经费筹措方式,不仅减轻了政府的财政负担,而且使日本职业训练经费有了充分的保证,确保了日本大学校的顺利

---

　　①　王军:《日本的职业训练》,《外国教育研究》1986 年第 3 期,第 64 页。
　　②　梁忠义:《日本职业训练制度的特点、问题及发展趋势》,《外国教育研究》1994 年第 5 期,第 1 页。

发展。

与日本职业训练以市场为主导、以政府为辅助的政策不同,我国目前基本上是一种政府行政主导模式。改革开放以来,我国 GDP 连续多年保持较快的增长态势,2012 年,国家财政性教育经费支出 21994 亿元,占 GDP 比例首次超过 4%,成为中国教育事业发展的里程碑。"十一五"期间,政府对教育的投入开始向职业教育训练倾斜,除财政预算内教育拨款大幅增长外,中央政府还投入专项资金 100 亿元,实施"职业教育基础能力建设计划"。政府对职业教育训练投入的持续扩大,体现了政府对职业教育训练的高度重视。但是,这种单一渠道的教育投入,不仅在维持庞大的职业教育训练中捉襟见肘,而且也会使职业教育训练机构因缺乏竞争而日趋僵化。我国职业教育训练经费筹措应借鉴日本的经验和教训,一方面引入市场机制,最大限度地发挥市场机制在资源配置中的基础性作用;另一方面拓宽经费筹措渠道,通过各级政府财政拨款,行业组织、企事业组织及其他用人单位合理承担,举办者自筹,受教育者缴费等多渠道筹集,从而建立起稳定的职业教育训练经费保障机制。

四、思想理论更新——大学校发展变革的动力之源

第二次世界大战后,人类社会进入一个相对和平时期,经济高速发展,科技日新月异。在这种环境下,社会各个领域都孕育和产生了众多新思潮、新思想、新理论、新观点,深刻地影响和改变了当今经济社会生活和世界面貌。作为社会最为活跃的教育领域,不仅诞生了对其本身发展产生深远影响的新思想新理论,而且还汲取了社会学、经济学、管理学等学科的思想理论,以指导改造现有的教育形态和模式。职业训练作为与社会经济的发展密切的一种特殊教育形态,必然受各种新思想新理论的影响,做出显性的变革或隐性的改变。总的来说,对日本职业训练产生重要影响并推动其不断变革的思想理论主要有现代终身教育理论、市场需求论、能力本位论等,这些思想理论价值的实现往往通过政府在职业训练方面实施的政策和措施来达到。日本职业训练理论的充实与更新无疑对高等职业训练以及大学校的发展与变革产生重大影响。

1. 现代终身教育理论。20 世纪 60 年代,伴随技术革新和社会结构的急剧变化,在联合国教科文组织以及教育专家的积极倡导和推动下,终身教育思想最终汇集成一股强大的思潮、一种意义深远的理论以及一个完整的科学体系。人们一般以保罗·朗格朗 1965 年在联合国教科文组织的成人教育发展国际会议上所做的终身教育的报告和 1970 年发表的《终身教育导论》作为终身教育思想正式确立的标志,将联合国教科文组织 1972 年发表的《学会生存——教育世界的今天和明天》作为终身教育思想的进一步发展,而将该组织 1996 年发表的《教育——财富蕴藏其中》认为是终身教育日趋成熟的标志。终身教育的主要观点、学习方式及教育目标,正在引发和推动着教育思想观念的巨大变革,指导和促进教育实践体系的创新与发展。可以说,现代终身教育理论以其所具有的强大的生命力和划时代特征,正在成为世界各国教育改革和发展的主导思想和指导原则。

随着科技、经济的发展,职业变动和职业技能的更新加速,从业人员在一生中会多次变动职业和更新职业技能,这就要求教育体系特别是职业训练具有较大的灵活性和适应性。现代终身教育理论不仅为职业训练提供了新的理论基础和支撑,而且也成为职业训练发展与变革的动力源泉。曾任联合国教科文组织终身教育部部长的 E.捷尔比指出:"终身教育应该是学校教育和学校毕业以后教育及训练的统和;它不仅是正规教育和非正规教育之间关系的发展,而且也是个人(包括儿童、青年、成人)通过社区生活实现其最大限度文化及教育方面的目的,而构成的以教育政策为中心的要素。"联合国教科文组织第 18 届大会通过的《关于职业技术教育的建议》要求各国政府把职业教育贯穿人的一生之中。1999 年 4 月在韩国首尔召开的"第二届国际技术与职业教育大会",则将大会的主题定为"终身学习与培训——通向未来的桥梁",大会强调职业训练是终身教育体系的一个内在组成部分,号召各国政府要以终身教育思想指导职业教育与训练,构建面向 21 世纪的终身职业教育训练体系,真正发挥职业训练在社会发展中的作用和地位。

现代终身教育理论对日本教育以及职业训练的改革与发展产生了深刻影响,成为日本教育训练改革与发展的指导原则。1984 年,日本临时教育审议会的咨询报告将终身教育定义为"从摇篮到墓地的学习论",并赋予了职业能力开发在终身教育中的重要地位。1988年,日本文部科学省设立终身学习局,作为推动终身学习体系建设的组织机构。1990年,日本颁布《终身学习振兴法》,以立法的形式推动终身教育的发展,同时在文部省设立了终身学习审议会,根据发展的状况和需要,及时提出对全国具有指导性的政策。在职业训练领域,1969年,《职业训练法》修正案首次提出职业训练应该是"终生教育"。1978年,颁布的《部分职业训练法的法律》明确提出终身职业培训及终身技能评价是职业教育的根本方向。1985年,颁布《职业能力开发促进法》代替原有《职业训练法》,新法延续了《职业训练法》所确定的"终身教育训练"体系的构想,要求进行贯穿劳动者整个职业生涯的、有阶段的、成体系的、适宜的、必要的能力开发。终身教育理念,不仅为日本职业训练注入了新的活力,而且对大学校的办学理念、办学形式以及课程结构等都产生了深刻影响。目前,日本大学校除在培养实践型专门人才方面发挥独特作用外,更多的开设短期训练课程,为更广阔领域的社会人员提供了各种各样的学习机会,以适应教育终身化社会的需求和期待。另外,很多大学校还设立了面向地方开放的各种教育中心,通过公开讲座、开放学校教育设施、特别公开讲演会等形式支持地方居民的终身学习。还有大学校通过卫星教室、昼夜讲课制等灵活的职业进修方式提高社会人员的职业能力和素养。总之,大学校越来越成为社会终身教育体系中的重要组成部分,并将发挥重要的作用。

2. 市场需求论。西方经济学的市场需求是一个集合概念,市场需求理论研究所有消费者对商品需求的总和。西方经济学中最有影响的市场需求理论,是萨伊的"供给会自行创造需求"理论和凯恩斯的"有效需求"理论。经济学范畴的市场需求理论延伸扩展至教育领域,形成了教育供给与需求理论。学界普遍认为,教育是一种培养人的活动,从其本身来看,确实有别于纯粹的商业性活动。但在市场经济条件下,其产品是具有商品属性的。因而,教育同其他任何商品生产部门一样,都存在供给与需求的问题。①

---

① 范先佐:《教育经济学》,中国人民大学出版社2012年版,第111页。

"需求决定供给"是经济学上的一般规律,只有适应需求的供给才是有效的供给,才能实现供给的价值。同样,在教育领域就是只有适应劳动力需求状况的教育供给才是有效供给。正因为如此,政府在决策教育供给的规模和结构时,总是着眼于经济社会发展需求、建立于劳动力需求状况之上的。所以,劳动力需求的数量和结构直接引导着教育供给的数量和结构。

市场需求理论为日本大学校教育训练的规模、结构、内容、方式调整优化提供了科学依据。从 20 世纪 80 年代起,日本开始新一轮产业结构调整,优先发展电子、新材料、生物工程等尖端技术,经济的信息化、软件化、服务化发展迅速。产业结构的调整引发劳动力结构的变化,进而加剧劳动力市场需求与供给矛盾的加剧。为了应对这样的变化,日本中央职业训练审议会提出:超越学科界限,设置复合型教育内容,以适应当今社会信息化、国际化、高龄化以及经济服务化的要求;同时,根据日本产业及就业结构的变化重新改革学科制度。据此,日本中央职业训练审议会认为,为培养掌握专业能力的职业人,要开设能够适应社会变化和科技发展的学科,改革教育内容,推进课题解决型学习。为此,大学校一方面根据社会及产业的发展不断改编、充实现有的学科,不细分专业,重视学科的基础和基本内容;另一方面则根据技术发展的需要不断导入新的学科,使职业训练适应甚至超前于产业发展的需要。由此可见,日本大学校的专业设置与调整,一方面往往在充分了解经济发展趋势的基础上,对未来劳动力市场的需求及职业训练的发展方向做出科学预测,采取积极主动的办学应变措施,创造条件开设新专业;另一方面,根据市场需求的波动,建立灵活的反应机制,增强专业设置的灵活性,及时调整专业方向,使专业设置积极适应社会和市场需要。总的来说,大学校的生存与发展离不开市场需求的导向作用,这种导向作用将有效地发挥大学校的职能与作用,促进教育资源的有效配置和合理利用。

3. 能力本位论。能力本位论其宗旨是使受教育者在学校学习期间具备某个职业所必需的实际工作能力,而且把是否具备这种能力作为评价学生和教师,乃至学校办学质量的标准。能力本位论强调以学生为中心,着重培养学生的自我学习能力和自我评价能力;强调教学的灵活多样性和管理的严格科学性,真正体现重能力培养。能力本位论在人才培养方面发挥的作用至少包括两个方面：一方面，它能够为社会培养出更多动手能力较强的实用人才；另一方面，它在某种程度上也是一种个性化教育，每个学生根据自己的爱好、兴趣和需要选择不同的专业。能力本位论指导下的教学模式对教学管理系统也提出了一定的要求，除了满足不同学生的需要外，学校在专业设置、师资配备、基础设施等方面也要跟上学生的实际需要。

科学技术的迅速发展使行业更新日益加快，狭窄的职业技术教育往往使学生定位于某一岗位、某一职位，不能适应频繁变换工作的需要，因而重基础、有弹性、具有广泛适应能力和迁移能力的综合职业能力培养成为未来人才培养的重要目标。能力本位论对日本大学校的人才培养目标产生了重要影响。1985 年，随着《职业能力开发促进法》的颁布，日本职业训练大学校、职业训练短期大学校不仅改称为职业能力开发大学校、职业能力开发短期大学校，而且在人才培养方面更注重综合职业能力的开发。综合职业能力包括专业能力，如技术操作能力、技术管理能力、技术诊断能力和技术创新能力等，又包括一般能力，如认知能力、表达能力、管理能力等。人才培养目标的变化使课程设置的重点发生了重要变化，更加重视基础课程，一般教养课程范围逐渐扩大，职业课程群集化，为学生提供进入多种相关行业所需的知识和技能。以公务员教育训练为职能的大学校，按照科学规范、易于操作、立足现实、适度超前、突出重点的原则，制定不同类别、不同层次的公务员能力标准框架，为能力建设提供重要依据。以能力建设统领公务员四类训练：初任训练，重点提高新录用公务员的适应能力；任职训练，重点提高晋升领导职务公务员的胜任能力；专门业务训练，重点提高公务员的业务工作能力；在职训练，重点促使公务员更新知识、紧跟时代、开阔视野和思路。大学校在长期办学中形成了以能力为本、注重实务的特点。把理论学习与专题讨论、案例分析、政策研究、经验交流、实地考察、职场训练结合起来，重视并充分发挥学员学习的主动性，充分尊重学员的主体地位，把训练课程与公务员自我探索、自我思考、自我研究、自我创造有机结合起来，调动公务员学习的积极性和主动性，增强训练的吸引力，提高学员分析和解决问题能力。

改革开放以来，随着国际交往和学术交流的日益密切，西方教育思想理论大量涌入中国，对我国教育改革与发展产生广泛而深刻的影响。与发达国家相比,我国职业教育训练还处于初级阶段,理论基础尚为薄弱。为了促进改革,加快发展,缩小差距,达到构建有中国特色职业教育训练体系的目标,需要我们积极借鉴日本等国外先进的职业教育训练理论和经验,结合我国国情充分加以吸收和利用,从而实现从计划培养向市场驱动转变,从政府直接管理向宏观引导转变,从学科本位向能力本位转变,从终结性教育训练向终身教育训练转变,逐步提高我国职业教育训练的水平。

五、培养模式创新——大学校培养目标的实现路径

如果说战后大学校的设立是日本教育创新的一个标志、是对学校教育体制的一个突破,那么可以说日本大学校独特的人才培养模式则是大学校体制创新的延续,或者说是大学校人才培养目标实现的路径选择,也可以说是大学校价值追求的集中体现。其实,早在日本明治维新时期,工部大学校的创建,不仅开创了日本早期工业教育的先河,而且其独特的理论与实践相结合"三明治"模式也为世界工业教育的发展创造了价值典范。

战后,日本大学校的创建与功能转型,实现了大学校角色的转换,承担起高等职业训练的职能。角色的转换,功能的重新定位,必然引起教育目标、教育内容、教育原则和方法以及教育评价标准的全面的、根本的变革。其中,培养目标是大学校设立意旨及其内涵的具体化,培养模式则是大学校实现培养目标的手段和途径。我们知道,日本大学校层次、类型、对象复杂多样,涉及的领域极其广泛,每个大学校都有其独特的个性。但是,从总体上来看,大学校的教育训练目标是面向生产、管理一线培养具有较高职业素养的实践型高级专门人才。针对这样的培养目标,日本大学校在长期的办学实践中,逐渐形成了以能力为根本、以实践为中心的具有鲜明特色的人才培养模式。具体来说,大学校在公务员教育训练中,由于职业指向性明确,教学内容一般以学生未来的工作需要为轴心精心组织和设计;教学方式采取一种"多层叠加"的模式,即学校理论学习与职场实习交互进行,通过多次重复、叠加,最终将专业知识与专业技能内化为学生的实际工作能力。大学校在产业技能者的培养中,针对高度技能者的特点和要求,创造出一种有别于普通职业训练通过反复操练培养技能的方式,即"实学融合"。"实学

融合"模式根据学生理解能力和思考过程,创造性地将学科与实践有机融合起来,是一种通过基础性学理或实验训练使学员理解实际技能实习中的实践性、具体性事实的方法。这种模式强调在学习过程中把理论和技能、技术有机地结合在一起;把实验、实习更多地安排进各专业独自的课程体系。"实学融合"模式即能唤起学生的学习兴趣,提高其学习效果,又能很好地使学生掌握生产技能,不仅成为生产技能的操作者,还可以成为生产技术的革新者。

作为大学校特有的人才培养模式,"实学融合"不同于一般普通的高等教育或学校职业教育,它既注重理论与学科知识的传授,同时又强调生产现场的操作,主张将理论和实践的有机结合,这种培养模式对改变我国高等职业教育训练"压缩式本科教育"的弊端很有参考价值。我国在大力发展高等职业教育训练的进程中,应致力于深化人才培养模式改革,坚持面向市场、面向社会、面向企业的原则方针,积极探索工学结合、校企合作、顶岗实习等教育训练模式,凸显高等职业教育训练的特性和人才培养功能。

附录　日本大学校一览

一、国家设置的大学校

1. 防卫大学校（防卫省）

2. 防卫医科大学校（防卫省）

3. 航空保安大学校（防卫省）

4. 气象大学校（国土交通省）

5. 海上保安大学校（国土交通省）

6. 警察大学校（国家公安委员会警察厅）

7. 自治大学校（总务省）

8. 消防大学校（消防厅）

9. 税务大学校（财务省国税厅）

10. 国立看护大学校（厚生劳动省）

11. 社会保险大学校（厚生劳动省社会保险厅）

12. 国土交通大学校（国土交通省）

二、独立行政法人大学校

1. 水产大学校（农林水产省管辖的独立行政法人水产大学校）

2. 农业者大学校（农林水产省管辖的独立行政法人农业与食品产业技术综合研究机构）

3. 海技大学校（国土交通省管辖的独立行政法人海技教育机构）

（1）国立波方海上技术短期大学校

（2）国立清水海上技术短期大学校

（3）国立宫古海上技术大学校

4. 航空大学校(国土交通省管辖的独立行政法人航空大学校)

5. 劳动大学校(厚生劳动省管辖的独立行政法人雇佣·能力开发机构)

6. 职业能力开发大学校(厚生劳动省管辖的独立行政法人雇佣·能力开发机构)(共10所)

（1）北海道职业能力开发大学校

（2）东北职业能力开发大学校

·东北职业能力开发大学校附属青森职业能力开发短期大学校

·东北职业能力开发大学校附属秋田职业能力开发短期大学校

（3）关东职业能力开发大学校

·关东职业能力开发大学校附属千叶职业能力开发短期大学校

（4）北陆职业能力开发大学校

·北陆职业能力开发大学校附属新潟职业能力开发短期大学校

·北陆职业能力开发大学校附属石川职业能力开发短期大学校

（5）东海职业能力开发大学校

·东海职业能力开发大学校附属浜松职业能力开发短期大学校

（6）近畿职业能力开发大学校

·近畿职业能力开发大学校附属滋贺职业能力开发短期大学校

·近畿职业能力开发大学校附属京都职业能力开发短期大学校

（7）中国职业能力开发大学校

·中国职业能力开发大学校附属岛根职业能力开发短期大学校

·中国职业能力开发大学校附属福山职业能力开发短期大学校

（8）四国职业能力开发大学校

·四国职业能力开发大学校附属高知职业能力开发短期大学校

（9）九州职业能力开发大学校

·九州职业能力开发大学校附属川内职业能力开发短期大学校

（10）冲绳职业能力开发大学校

7. 职业能力开发短期大学校(厚生劳动省管辖的独立行政法人雇佣·能力开发机构)(共1所)

（1）港湾职业能力开发短期大学校横滨校

（2）港湾职业能力开发短期大学校神户校

8.中小企业大学校（经济产业省管辖的独立行政法人中小企业基础训练机构）（共9所）

（1）中小企业大学校东京校

（2）中小企业大学校旭川校

（3）中小企业大学校仙台校

（4）中小企业大学校三条校

（5）中小企业大学校濑户校

（6）中小企业大学校关西校

（7）中小企业大学校广岛校

（8）中小企业大学校直方校

（9）中小企业大学校人吉校

9.都市再生大学校（国土交通省管辖的独立行政法人都市再生机构）

10.市民大学校

·地球环境市民大学校（环境省管辖的独立行政法人环境再生保全机构）

三、都道府县设立的大学校

1.道府县农业大学校

（1）北海道农业大学校（专科学校专门课程）

（2）青森县营农大学校（专科学校专门课程）

（3）青森县农业大学校（2006开始停止招生）

（4）岩手县农业大学校（专科学校专门课程）

（5）宫城县农业实践大学校（2009年7月14日开始专科学校专门课程）

（6）山形县立农业大学校（专科学校专门课程）

（7）福岛县农业综合中心农业短期大学校

（8）茨城县农业大学校

(9)栃木县农业大学校

(10)群马县立农业大学校(专科学校专门课程)

(11)埼玉县农业大学校(专科学校专门课程)

(12)千叶县农业大学校

(13)神奈川县立农业大学校(1997 年改称神奈川县立神奈川农业学校)

(14)新潟县农业大学校(2009 年开始专科学校专门课程)

(15)长野县林业大学校(专科学校专门课程)

(16)山梨县立农业大学校(2009 年开始专科学校专门课程)

(17)长野县农业大学校(专科学校专门课程)

(18)静冈县立农业大学校(专科学校专门课程)

(19)岐阜县农业大学校

(20)爱知县立农业大学校(2009 年开始专科学校专门课程)

(21)三重县农业大学校(专科学校专门课程)

(22)滋贺县立农业大学校(专科学校专门课程)

(23)京都府立农业大学校

(24)大阪府环境农林水产综合研究所农业大学校

(25)兵库县立农业大学校(专科学校专门课程)

(26)奈良县农业大学校

(27)和歌山县农业大学校(专科学校专门课程)

(28)鸟取县立农业大学校(专科学校专门课程)

(29)岛根县立农业大学校

(30)冈山县农业综合中心农业大学校(专科学校专门课程)

(31)广岛县立农业大学校(专科学校专门课程)

(32)德岛县立农林水产综合技术援助中心农业大学校

(33)香川县立农业大学校(2009 年开始专科学校专门课程)

(34)爱媛县立农业大学校(专科学校专门课程)

(35)高知县立农业大学校

(36)佐贺县农业大学校

（37）长崎县立农业大学校

（38）熊本县立农业大学校（专科学校专门课程）

（39）大分县立农业大学校（2009 年开始专科学校专门课程）

（40）宫崎县立农业大学校

（41）鹿儿岛县立农业大学校（2009 年开始专科学校专门课程）

（42）冲绳县立农业大学校

2. 都道府县立职业能力开发短期大学校

（1）岩手县立产业技术短期大学校

（2）山形县立产业技术短期大学校

·山形县立产业技术短期大学校庄内校

（3）茨城县立产业技术短期大学校

（4）神奈川县立产业技术短期大学校

（5）山梨县立产业技术短期大学校

（6）岐阜县立国际木工学院职业能力开发短期大学校

（7）长野县工科短期大学校

（8）熊本县立技术短期大学校

（9）大分县立工科短期大学校

（10）郡山职业能力开发大学校（科技学院郡山内）

（11）广岛县立技术短期大学校（又称科技学院广岛）

3. 兵库县立但马技术大学校（根据职业能力开发促进法成立的公共职业能力开发机构）

4. 栃木县产业技术大学校（根据职业能力开发促进法成立的公共职业能力开发机构，又称栃木县立中央高等产业技术学校本科）

5. 栃木县立卫生福祉大学校（专科学校专门课程）

6. 长野县福祉大学校（专科学校专门课程）

7. 熊本县立保育大学校（专科学校专门课程）

8. 爱知县立保育大学校（专科学校专门课程）

9. 千叶县医疗技术大学校（专科学校专门课程）

10. 神奈川县立看护教育大学校（2003 年停办）

11. 佐贺县立有田窑业大学校(专科学校专门课程)

12. 福井县中小企业产业大学校(财团法人福井产业援助中心运营)

13. 市民大学校

(1)千叶县生涯大学校

(2)鸟取县高龄者大学校"长寿学园"(社会福祉法人鸟取县社会福祉协议会运营)

(3)爱媛县高龄者大学校(社会福祉法人爱媛县社会福祉协议会运营)

(4)岛根县高龄者大学校(社会福祉法人岛根县社会福祉协议会运营)

(5)长崎县健康长寿大学校(财团法人广岛县健康长寿财团运营)

(6)广岛县高龄者健康福祉大学校(财团法人广岛县健康福祉中心运营)

(7)熊本健康大学校(财团法人鸟取熊本健康长寿财团运营)

(8)栃木县高龄者大学校(社会福祉法人栃木健康福祉协会运营)

(9)冲绳县长寿大学校(财团法人冲绳县加强交流财团运营)

(10)德岛县立综合大学校

(11)德岛县高龄者大学校(财团法人德岛"爱"的乐园推进协议会运营)

(12)德岛县消费者大学校

(13)石川县民大学校

(14)高龄者交通安全大学校(福井县警察本部)

(15)高龄者交通安全大学校(岐阜县警察本部)

四、市(包含特殊地区在内)町村成立的大学校

1. 金泽手工艺人大学校(由石川县金泽市成立,并对学校进行管理,社团法人金泽手工艺人大学校运营)

2. 公设国际贡献大学校(由冈山县新见市成立,并对学校进行管理,国际贡献大学校运营机构进行运营)

3.市民大学校

(1)橿原市高龄者大学校(奈良县橿原市)

(2)高龄者大学校(东京都板桥区)

(3)北九州市老年研修大学校(福冈县北九州市)

(4)明石市高龄者大学校夕阳红学园(兵库县明石市)

(5)姬路市立生涯学习大学校(兵库县姬路市)

(6)姬路市立好古学园大学校(兵库县姬路市)

(7)成田市生涯大学校(千叶县成田市)

(8)掛川市民大学校(静冈县掛川市)

(9)白井市民大学校(千叶县白井市)

(10)千叶市长寿大学校(千叶县千叶市)

(11)船桥市民大学校(千叶县船桥市)

(12)富冈市民大学校(群马县富冈市)

(13)野野市町民大学校(石川县野野市町)

五、职业训练法人设立的大学校

1.由指定训练机构成立的职业能力开发短期大学校

(1)高知县建设职业能力开发短期大学校(职业训练法人高知县建设职业能力开发短期大学校)

(2)熊本职业训练短期大学校(职业训练法人熊本市职业训练中心)

(3)山形工科短期大学校(职业训练法人山形共工科学院)

(4)职业能力开发短期大学校东京建筑学院(职业训练法人东京土建技术研修中心)

(5)匠短期大学校(职业训练法人匠国际职能开发协会)

(6)丸久时尚学院短期大学校(现在的丸久时尚研究中心、普通职业训练、职业训练法人丸久职业训练协会)

2.由指定训练机构成立的职业能力开发校

名护屋建筑技能大学校(职业训练法人爱知县建设中心)

3.滋贺县烹饪短期大学校(职业训练法人滋贺县烹饪技能协会)

六、股份公司设立的大学校

1. 日产横滨汽车大学校(日产汽车股份公司、专科学校)

2. 邮政大学校(从属于邮局股份公司、原总务省邮政事业厅的机构)

3. 由指定训练机构成立的职业能力开发短期大学校

(1)千秋庵糕点制作短期大学校(札幌千秋庵糕点制作有限公司)

(2)电解工业技术短期大学校(电解有限公司)

(3)精工爱普生工科短期大学校(精工爱普生有限公司)

(4)马自达工业技术短期大学校(马自达有限公司)

(5)松下电工工科短期大学校(松下电工有限公司)

(6)中电工技术短期大学校(中电工有限公司)(2008年停办)

(7)箕轮昌幸技术短期大学校(箕轮昌幸有限公司)

(8)松下电器工业技术短期大学校(松下有限公司)

4. 日本电气工业技术短期大学校(日本电气有限公司)(1998年停办)

5. 印刷工业技术短期大学校(印刷工业有限公司)

6. 松下制造大学校(松下有限公司)

7. 劳动大学校(PASONA 人才派遣有限公司)

七、学校法人成立的大学校

1. 朝鲜大学校(学校法人东京朝鲜学园)

2. 专门学校北海道体育大学校(学校法人吉田学园,专科学校)

3. 日本航空大学校(学校法人日本航空学园,专科学校)

4. 爱媛医疗专门大学校(学校法人河原学园,专科学校)

5. 专门学校北海道保健看护大学校(学校法人吉田学园,专科学校)

6. 京都建筑大学校(学校法人二本松学院,专科学校)

7. 京都传统工艺大学校(学校法人二本松学院,专科学校)

8. 日本医科学卫生福祉专门大学校(学校法人村上学院,专科学校)

9. 指定职业训练成立的职业训练机构

　·奈良烹饪短期大学校(学校法人若羽学园)

10. 指定职业训练成立的职业能力开发短期大学校

·鹿儿岛宾馆短期大学校(学校法人日章学园)

11.汽车大学校

(1)群马汽车大学校(学校法人小苍学园,专科学校)

(2)东京汽车大学校(学校法人小苍学园,专科学校)

(3)新潟国际汽车大学校(学校法人国际综合学园,专科学校)

(4)读卖汽车大学校(学校法人读卖理工学院,专科学校)

(5)中央汽车大学校(学校法人中央技术学园,专科学校)

(6)东京工科汽车大学校 世田谷校(学校法人小山学园,专科学校)

(7)千叶汽车综合大学校(学校法人日整学园,专科学校)

(8)中部国际汽车大学校(学校法人土岐学园,专科学校)

(9)静冈工科汽车大学校(学校法人静冈汽车学园,专科学校)

(10)冈山汽车大学校(学校法人第一原田学园,专科学校)

(11)广岛汽车大学校(学校法人古沢学园,专科学校)

(12)广岛工学院大学校(学校法人古沢学园,专科学校)

(13)北海道汽车整修大学校(学校法人吉田学园,专科学校)

(14)北日本汽车大学校(学校法人土岐学园,专科学校)

(15)日本汽车大学校(学校法人日荣学园,专科学校)

(16)日产栃木汽车大学校(学校法人日产学园,专科学校)

(17)日产爱知汽车大学校(学校法人日产学园,专科学校)

(18)日产京都汽车大学校(学校法人日产学园,专科学校)

(19)丰田东京汽车大学校(学校法人丰田东京整备学园,专科学校)

(20)丰田神户汽车大学校(学校法人丰田神户整备学园,专科学校)

(21)丰田名古屋汽车大学校(学校法人丰田名古屋整备学园,专科学校)

(22)水户汽车大学校(学校法人八文字学园,专科学校)

(23)关东工业汽车大学校(学校法人正兴产业,专科学校)

(24)北九州汽车大学校(学校法人善良学园,专科学校)

(25)麻生工科汽车大学校(2008年建校)(学校法人麻生塾,专科学校)

(26)埼玉汽车大学校(学校法人佐藤荣学园,专科学校)

(27)岛根汽车工学专门大学校(学校法人平成坪内学园,专科学校)

12.市民大学校

·信州短期大学生涯大学校(学校法人佐久学园)

八、政党设立的大学校

1.自由民主党神奈川政治大学校(自由民主党神奈川县支部联合会)

2.自由民主党政治大学校浪花节塾(自由民主党大阪府支部联合会)

3.京都青年政治大学校(自由民主党京都府支部联合会)

九、财团法人成立的大学校

1.国际资源大学校(财团法人国际资源大学校)

2.中国四国酪农大学校(财团法人中国四国酪农大学校)

3.八岳中央农业实践大学校(财团法人农村更生协会,专科学校)

4.自然农法大学校(财团法人微生物应用技术研究所)

5.汽车大学校

(1)专门学校花坛汽车整备大学校(财团法人角川学园,专科学校)

(2)专门学校花坛赤门汽车整备大学校(财团法人赤门学志院,专科学校)

6.日本信息处理短期大学校(财团法人筑波职业训练教育财团,指定职业训练成立的职业能力开发短期大学校)

7.市民大学校

· 商人大学校(财团法人东京都中小企业振兴公用事业)

十、社团法人成立的大学校

1.金泽志愿者大学校(社团法人金泽志愿者大学校)

十一、特定非营利法人设立的大学校

1.国际自然大学校(特定非营利活动法人国际自然大学校)

2. 北九州自然大学校（特定非营利活动法人北九州国际自然大学校）

3. 日本创业家培养大学校（特定非营利活动法人日本创业家培养大学校）

4. 发明大学校（特定非营利活动法人发明大学校）

5. 健康大学校（特定非营利活动法人健康大学校）

6. 直接交易协议会通信销售大学校（特定非营利活动法人直接交易协议会通信销售大学校）

7. 市民大学校

（1）环境市民大学校（特定非营利活动法人环境市民大学校）

（2）生活者大学校（特定非营利活动法人迟笔堂文库研究）

（3）北海道手工艺人私塾大学校（特定非营利活动法人北海道手工艺人私塾大学校）

十二、工商联合会设立的大学校

1. 汽车大学校

（1）千叶汽车大学校（千叶县汽车整修工商联合会，专科学校）

十三、协同工会设立的大学校

1. 长野县 JA 大学校（农业协同工会，2006 停止招生）

2. 市民大学校

（1）静冈日本酒大学校（静冈酒制造协同工会）

十四、业界团体设立的大学校

1. 市民大学校

（1）酿酒大学校（日本酿酒协会）

十五、个人成立的大学校

1. 汽车大学校

（1）日产爱媛汽车大学校（冈勉个人专科学校）

（2）北海道推销大学校（原田和昭事务所）

十六、任意团体

1. 网络大学校

2. 国际印刷大学校

参 考 文 献

（一）国外文献

著作类

[1]（日）市川昭午、慌井克弘：《大学校研究》，玉川大学出版部 1993 年版。

[2]（日）隅谷三喜男：《日本职业训练发展史（上）（下）》，日本劳动协会 1970、1971 年。

[3]（日）田中万年、大木容一：《终身职业能力开发—劳动者的"学习论"》，蓝欣等译，南开大学出版社 2008 年版。

[4]（日）田中万年：《日本职业训练课程》，烛台社 1986 年版。

[5]（日）田中万年：《职业训练原理》，职业训练教材研究会 2006 年版。

[6]（日）大木荣一：《现代人力资源管理》，学文社 2004 年版。

[7]（日）山胁与平：《技术论与技术教育》，青木书店 1986 年版。

[8]（日）佐藤顺一、太田忠男：《教育制度》，学文社 1986 年版。

[9]（日）三好信浩：《日本教育史》，福村出版 1993 年版。

[10]（日）日本社会教育学会编：《终身教育政策与社会教育》，东洋馆 1986 年版。

[11]（日）市川昭午：《教育体系的日本特质》，教育开发研究所 1990 年版。

[12]（日）竹内宏、麻生诚：《改变日本的学历社会》，有斐阁 1981 年版。

[13]（日）森英良：《职业训练的现状与课题》，劳务行政研究所 1982 年版。

[14]（日）山崎隆三：《现代日本经济史》，有斐阁 1985 年版。

[15]（日）崛尾辉久：《现代社会与教育》，岩波书店 1999 年版。

[16]（日）伊藤正则：《日本的企业管理》，中国经济出版社 1986 年版。

[17]（日）坂寄俊雄：《社会保障》，岩波书店 1979 年版。

[18]（日）尾高煌之助：《企业内教育的时代》，岩波书店 1993 年版。

[19]（日）日本厚生劳动省：《劳动经济白书·平成 18 年》，2006 年版。

[20]（日）日本人才开发研究会：《日本的职业能力开发·平成 18 年》，2007 年版。

[21]（日）东京东洋经济新报社：《新版日本经济读》，1960 年版。

[22]（日）日本国立教育研究所：《日本近代教育百年史》，文唱堂 1974 年版。

[23]（日）日本劳动省职业安定局：《失业保险十年史》，日刊劳动通讯社 1960 年版。

[24]（日）松田明：《防卫大学校—其教育本质》，起源出版中心 1989 年版。

[25]（日）喜多村和之：《高等教育的比较研究》，玉川大学出版部 1986 年版。

[26]（日）现代教育学讲座：《日本近代教育史》，岩波书店 1962 年版。

[27]（日）梅根悟监修、世界教育史研究会编：《世界教育史大系—日本教育史》，讲谈社 1978 年版。

[28]（日）天野郁夫：《近代日本高等教育研究》，玉川大学出版部 1998 年版。

[29]（日）土屋基规：《现代日本教师的养成》，鲍良译，上海教育出版社 2004 年版。

[30]（日）职业能力开发综合大学校史编纂委员会：《职业能力开发综合大学校四十年史》，2002 年版。

[31]（日）警察大学校史编纂委员会：《警察大学校史—干部教育百年历程》，1985 年版。

[32]（日）防卫大学校史编纂委员会：《防卫大学校五十年史》，2004 年版。

[33]（日）气象大学校史编纂委员会：《气象大学校四十年史》，2003 年版。

[34]（日）税务大学校史编纂委员会：《税务大学校三十年史》，1995 年版。

[35]（日）航空大学校史编纂委员会：《航空大学校四十年史》，2008 年版。

[36]（日）防卫大学校、防卫医科大学校、防卫研究所、技术研究本部、装备设施本部及防卫监察本部组织规则［EB/OL］，日本防卫省（http://law.e-gov.go.jp/htmldata/S29/S29F03101000039.html）。

[37]（日）专业研究生院制度概要［EB/OL］，日本文部科学省网站（http://www.mext.go.jp/）。

[38]（英）埃德温·赖肖尔：《日本人》，孟胜德译，上海译文出版社 1980 年版。

论文及报告类

[1]（日）田中万年：《终身学习与提高职业训练的课题》，《职业能力开发研究》1990 年 9 月。

[2]（日）田中万年：《日本人权意识中的职业训练观》，《产业教育研究》第 30 卷第 2 号，2000 年 7 月。

[3]（日）田中万年：《职业训练课程的历史研究》，《指导学科报告系列》1993 年。

[4]（日）田中万年：《职业训练与教育观点论析》，《职业能力开发研究》1995 年 3 月。

[5]（日）田中万年：《雇佣保险法的变迁及其职能》，《职业能力开发研究》1997 年 9 月。

[6]（日）田中万年：《职业训练指导员育成体系的再构造》，《职业能力开发研究》1999 年 8 月。

[7]（日）田中万年：《职业教育学的地位和结构》，《职业能力开发研究》2000 年 7 月。

[8]（日）六车正章：《省厅大学校设置的法令依据与学位授予》，《学位研究》2001 年 11 月。

[9]（日）寺田盛纪：《日本职业教育和训练的研究状况及其课题》，陆素菊译，《华东师范大学学报（教育科学版）》2001 年第 3 期。

[10]（日）楠原祖一郎：《对职业辅导的考察》，《社会事业研究》1923 年 3 月。

[11]（日）楠原祖一郎：《职业训练的课题》，《职业教育学论文集第 3 卷》，多摩出版 1984 年版。

[12]（日）户田胜也：《在职者训练的理论与实践》，《雇佣问题研究会编论文集》2001 年版。

[13]（日）奥津真里：《接受职业训练学员的意识与再就业行为—职业训练与求职活动》，《劳动政策报告书》2005 年。

[14]（日）今野浩一郎、大木荣一：《日本企业教育训练投资战略》，《企业和人才》2000 年 6 月。

[15]（日）日本劳动政策研究与研修机构：《亚洲诸国职业训练政策》，2005 年。

[16]（日）日本劳动政策研究与研修机构：《教育训练服务的现状与课题》，2007 年。

[17]（日）日本劳动政策研究与研修机构：《战后雇佣政策概况和 1990 年以来政策的转换》，2005 年。

（二）国内文献
著作类
[1] 李文英：《模仿、自立与创新—近代日本学习欧美教育研究》，河北教育出版社 2001 年版。

[2] 饶丛满、梁忠义：《当代日本职业训练》，山西教育出版社 1997 年版。

[3] 胡国勇：《日本高等职业教育研究》，上海教育出版社 2008 年版。

[4] 朱文富：《日本近代职业教育发展研究》，河北大学出版社 1999 年版。

[5] 梁忠义：《战后日本教育—日本经济现代化与教育》，吉林教育出版社 1988 年版。

[6] 翟海魂：《发达国家职业技术教育历史演进》，上海教育出版社 2008 年版。

[7] 匡瑛：《比较高等职业教育：发展与变革》，上海教育出版社 2006 年版。

[8] 瞿葆奎：《日本教育改革》，人民教育出版社 1991 年版。

[9] 李永连：《战后日本的人力开发与教育》，河北人民出版社 1984 年版。

[10] 丁建弘：《发达国家现代化道路》，北京大学出版社 1999 年版。

[11]吴建华:《东瀛史论》,人民出版社 2006 年版。

[12]孙执中:《战后日本经济史》,人民出版社 2006 年版。

[13]薛敬孝、白雪洁:《当代日本产业结构研究》,天津人民出版社 2002 年版。

[14]贺国庆:《外国教育专题研究文集》,河北大学出版社 2001 年版。

[15]陈永明:《日本教育—中日教育比较与展望》,高等教育出版社 2003 年版。

[16]白月桥:《课程变革概论》,河北教育出版社 1996 年版。

[17]王桂:《日本教育史》,吉林教育出版社 1985 年版。

[18]吴光辉:《转型与建构—日本高等教育现代化研究》,世界知识出版社 2007 年版。

[19]陈建安:《战后日本社会保障制度研究》,复旦大学出版社 1996 年版。

[20]吴遵民:《现代国际终身教育论》,中国人民大学出版社 2007 年版。

[21]张玉琴:《中日职业教育区域研究》,河北大学出版社 2005 年版。

[22]王忠烈、潘懋元:《学位与研究生教育比较研究》,中国人民大学出版社 2007 年版。

[23]范明:《高等教育与经济协调发展》,社会科学文献出版社 2006 年版。

[24]刘雅丽:《终身教育与终身学习的现代思考》,湖南人民出版社 2008 年版。

[25]郑励志:《日本公务员制度与政治过程》,上海财经大学出版社 2001 年版。

[26]黄长著:《国外专业人才培养战略与实施》,社会科学文献出版社 2006 年版。

[27]贺国庆、王保星、朱文富:《外国高等教育史》,人民教育出版社 2003 年版。

[28]于洪波:《日本教育的文化透视》,河北大学出版社 2003 年版。

[29]阎树森:《日本公务员制度研究》,国家行政学院出版社 2001 年版。

论文类

[1]梁忠义:《日本职业培训制度的特点、问题与发展趋势》,《外国教育研究》1994 年第 5 期。

[2]饶从满、宋达:《战后日本职业训练管理体制研究》,《东北师范大学学报(教育科学版)》1996 年第 2 期。

[3]李文英:《战后日本职业教育制度演进》,《教育与职业》2010 年第 5 期。

[4]孔海燕、闫燕:《以企业内职业训练为主的日本职业训练体系》,《日本问题研究》2000 年第 3 期。

[5]张继文:《日本的终身职业能力训练》,《中国职业技术教育》,2003 年第 9 期。

[6]李德方:《战后日本职业培训的沿革及发展现状》,《职教通讯》,2004 年第 10 期。

[7]李德方、远藤晃贤:《关于日本职业能力开发大学校的考察》,《职业技术教育》2002 年第 16 期。

[8]胡国勇:《发达国家公共职业训练政策比较》,《职教通讯》2007 年第 1 期。

［9］肖丽:《战后日本职业训练立法的历史沿革及其启示》,《职业与成人教育》2006年第1期。

［10］蓝欣:《日本职业技术教育体系研究与启示》,《天津职业技术师范学院学报》2004年第9期。

［11］王海龙:《日本公务员的能力建设》,《中国公务员》2003年第9期。

［12］孙艺兵、方伟:《能力为本,造就政府精英人才—日本公务员培训情况考察启示》,《唯实》2005年第4期。

［13］夏义:《值得借鉴的日本公务员培训制度》,《行政与法》2000年第4期。

［14］王妙:《职业能力培养的实践探索》,《教育发展研究》2004年第4期。

［15］张昌玉:《日本公务员培训制度的改革及其对我国的启示》,《现代日本经济》2003年第5期。

［16］张洪霞、崔世广:《日本开展终身学习的政策措施与效果》,《日本学刊》2004年第6期。

［17］石伟平、徐国庆:《论高等职业教育课程的国际化比较》,《职教论坛》2001年第3期。

［18］陈永明:《日本职教发展的特点与改革趋向》,《外国教育资料》1998年第3期。

［19］高益民:《日本专业学位研究生教育的初步发展》,《比较教育研究》2007年第5期。

［20］孙爱东、袁韶莹:《职业型研究生院:日本21世纪高等教育的战略选择》,《外国教育研究》2007年第6期。

［21］庞文英、徐大真、孔巧丽:《我国职业能力开发的现状与展望》,《新疆职业教育研究》2010年第1期。

［22］邢雪艳:《变化中的日本雇佣体系》,《日本学刊》2007年第2期。

［23］苗月霞:《日本职业资格管理制度的经验及借鉴》,《国际人才交流》2010年第3期。

［24］田晓虹:《日本现代化进程中的家庭关系嬗变》,《日本学刊》2004年第1期。

［25］吉光瑜:《战后日本的职业教育及其特点》,《日本研究》2002年第1期。

［26］孟雅君等:《"一个国家,两轨高教"之谜—法国大学校社会地位的历史文化分析》,《民族教育研究》2008年第1期。

［27］黄福涛:《法国近代高等教育模式的演变与特征》,《厦门大学学报(哲学社会科学版)》1996年第4期。

后　记

　　本书是我在博士学位论文的基础上整理而成的。早年我曾在河北大学日本研究所工作，在这个新中国最早成立的日本研究机构里，耳濡目染，潜移默化，逐渐对日本政治、经济、教育、文化等方面的研究产生了浓厚兴趣。2006年考入河北大学攻读教育史博士学位，又师从在日本教育研究领域卓有成就、颇有影响的青年学者李文英教授，这对我来说是一个难得的拓展学术视野、提升学术水平的机遇。选题是博士论文写作的第一步，也是研究工作的起点。爱因斯坦曾说过："在科学面前，提出问题往往比解决问题更重要"。尽管我对日本教育有些泛泛的了解，但是由于涉猎不足，视野狭窄，论文选题迟迟未能确定。后求助于导师，希望能指点迷津。导师建议，战后日本构建起了一个在世界范围内独具特色的高等教育体系，它由实施普通高等教育的大学，实施高等职业教育的短期大学、高等专门学校和专修学校，实施高等职业训练的大学校三种不同属性的教育机构组成。其中，大学校所承担的高等职业训练职能也成为日本高等教育最具特色的制度设计之一。而国内外关于日本大学校的历史研究尚属空白，希望我以此为题进行深入研究。课题确定后，便进入资料的搜集、整理、翻译以及写作的艰难过程。在此过程中，无论是论文框架设计，还是思路指引，抑或是资料搜集，李文英教授都给予了悉心指导和帮助。她为学之严谨，学养之深厚，以及自由、宽容、民主、平等的学术作风，使我深受教益。近日，闻悉论文成书即将出版，又欣然作序。在此，谨向我的导师李文英教授表达深深敬意。

　　在博士论文写作过程中，河北大学教育学院的贺国庆教授、朱文富教授、傅松涛教授、吴洪成教授、王喜旺教授、何振海教授等老师从不同视角给予了有价值的建议和指导。河北大学外语学院的史艳玲老师、河北大学日

266

本研究所的马丽华老师在资料搜集和翻译等方面给予了热忱帮助。在博士论文答辩中,北京师范大学的张斌贤教授、南京师范大学的周采教授、华东师范大学的王保星教授提出了很多建设性意见,作为国内教育史学界的翘楚,以其严谨的学风、渊博的学识,敏锐的视角,使我获益良多。在此对曾关心、指导、帮助过我的各位老师表达我最真挚的谢意。

在论文即将付梓之际,首先感谢河北大学管理学院院长杨会良教授、河北大学特聘教授孙健夫等老师,在他们的关心和支持下,本书出版得到了河北省教育厅人文社科重点研究基地河北大学政府管理与公共政策研究中心的资助。其次还要感谢人民出版社给了我著作出版的机会,孙兴民老师和责任编辑为本书的出版做了大量细致的工作,付出了很多时间和精力,特此致谢。

最后,要特别感谢我的妻子许启伟以及家人的理解和支持。正因为妻子默默的付出和无私的奉献,才使我学有所成,业有所进;才使儿子健康成长,如愿升入大学。回首过往,深感亲情无价。

本书只是对日本大学校这种特殊学校类型的初步研究,鉴于本人水平有限,难免有疏漏和错谬之处,敬请方家批评指正。

责任编辑:孙兴民　李琳娜
装帧设计:汪　阳
责任校对:张　彦

图书在版编目(CIP)数据

日本大学校发展研究/王文利 著. -北京:人民出版社,2016.5
ISBN 978－7－01－015717－7

Ⅰ.①日…　Ⅱ.①王…　Ⅲ.①高等学校-发展-研究-日本
　Ⅳ.①G649.313.8

中国版本图书馆 CIP 数据核字(2016)第 007957 号

日本大学校发展研究
RIBEN DAXUEXIAO FAZHAN YANJIU

王文利　著

人民出版社 出版发行
(100706 北京市东城区隆福寺街 99 号)

保定市北方胶印有限公司印刷　新华书店经销

2016 年 5 月第 1 版　2016 年 5 月北京第 1 次印刷
开本:787 毫米×1092 毫米 1/16　印张:17.5
字数:258 千字

ISBN 978－7－01－015717－7　定价:40.00 元

邮购地址 100706　北京市东城区隆福寺街 99 号
人民东方图书销售中心　电话 (010)65250042　65289539